JN194656

地域研究からみた人道支援

アフリカ遊牧民の現場から問い直す

湖中真哉
太田　至
孫　暁剛　編

昭和堂

まえがき

本書は、ＪＳＰＳ科学研究費補助金（以下「科研」と略記）「接合領域接近法による東アフリカ牧畜社会における緊急人道支援枠組みのローカライズ（研究代表者：湖中真哉）」による五年間（二〇一三〜二〇一七年）の研究成果である。この間、構成メンバーの研究者たちは、アフリカの各地において、それぞれの専門分野の立場からフィールドワークを行いながら、ある共通のテーマで研究に取り込んできた。それは、各調査地におけるこれまでの緊急人道支援が地域住民にとってどのような意味をもち、どのような影響を及ぼしてきたのか、そしていまだに人道的な危機に直面している人びとの状況を改善するためにはどのような人道支援の理念と方法が必要かという問いであった。

アフリカの乾燥・半乾燥地域は、降水量が少なくて降雨の地域的・季節的な変動が大きく、そして旱魃などの自然災害が頻繁に発生する。この地域では約五〇〇〇万人の人びとが、ラクダ・ウシ・ヤギ・ヒツジを飼育し、専業遊牧や半農半牧を生業としている。人びとは、一九七〇年代にサヘル広域でおこった大旱魃、一九八四〜八五年に東アフリカを襲った大旱魃、そして一九九〇年代から顕著になった地球規模の気候変動にともなう旱魃や集中豪雨といった自然災害によって、たびたび生計手段である家畜を失い、極度の貧困と飢餓に陥った。一方、冷戦体制崩壊以降の一九九〇年代には、いくつかの国で内戦が頻発し、国家の周縁部に位置する遊牧民の居住地域には近代的武器が大量に流入した。その結果、かつて偶発的に起きていた家畜の略奪や牧草地と水場をめぐる争いが、政治的利権が絡んだ大規模な紛争へと発展した。紛争の長期化や被害地域の拡大によって、多くの遊牧民が難民や国内避難民となった。

このように過去半世紀のあいだに、東アフリカ遊牧社会は気候変動にともなう自然災害の増加とそれによる極度の貧困と飢餓、そして紛争やテロリズムといった絶え間ない人道的危機に直面してきた。一九八〇年代頃からはこうした危機に対処するために、国際機関や各国政府は旱魃救援食の配給をはじめ、大規模な開発・援助プロジェクトを実施するようになった。また、難民キャンプの設置や、難民や国内避難民を対象とした緊急人道支援も行われた。しかし現在、食糧援助をはじめ、人道的支援が常態化しているにもかかわらず、遊牧民の多くは依然として危機状態からの脱出と生活の再建ができていない。この状況に対して、現地で長く調査研究を行っている研究者からは、遊牧民の生活と社会・文化に即した人道支援と開発・援助の必要性が指摘される一方、人道支援の実務家からは援助への過剰な依存に対する懸念が示された。

日本では一九九〇年代頃から、近代国家に取り込まれていく遊牧民の社会変容や、生業遊牧と市場経済との接合に注目した研究が行われてきた。そして二〇〇〇年代以降には、政治的・経済的に周縁化されながらも遊牧を維持しようとする人びとの現状をふまえた開発・援助のあり方について議論されるようになった。たとえば、二〇〇八年にケニア共和国の首都ナイロビにおいて、日本の研究者が中心となって、国際ワークショップ「アフリカ遊牧社会の持続可能な発展に向けて——遊牧研究と開発実践を接合するための新たな可能性を探る」が開催された。このとき、ある遊牧民出身の参加者は「われわれにとって遊牧は生き方（way of life）だ。開発は遊牧を生産システムとしか見ていない。生き方と考えるなら、別の方向性が必要ではないか」と発言し、ワークショップに参加した研究者と開発・援助の実務家に強い印象を与えた。しかし人道支援や開発・援助の現場では、実務家は必ずしも遊牧民の生活と文化に精通しているわけではない。一方、研究者からの批判や提案も多くの場合、「ローカルな知識と実践を尊重せよ」という理念レベルに留まっているため、実際の政策への適用可能性が十分に考慮されているとはいいがたい。

この科研の構成メンバーの多くは長期にわたって遊牧民を対象に調査研究に従事してきた研究者であるが、まず遊牧社会に焦点を当てた従来の研究から、人道的支援と在来の遊牧文化の両者が組み合わさる領域（接合領域）に視点を移行させる試みを始めた。それによって、遊牧民が受動的に人道支援や開発・援助を受け入れ社会変容しているのではなく、自分たちの社会・文化に適合できるように人道支援を利用・改変し、危機からの脱出と生活の再建を試みている実状が見えてきた。そのうえ、各研究者は現地調査によるひとつひとつの事例の積み上げを通して、人道支援の現場での適用可能性を考慮したより具体性をともなった提言を目指した。さらに、より広い視野で比較研究を行うために、構成メンバーにアフリカの狩猟採集民や農耕民を研究対象とする研究者も参加している。

この科研は初年度の二〇一三年から年一回の研究集会を開催してきた。最初の二年間は、緊急人道支援のマニュアルとされる『スフィア・プロジェクト』の検討作業と、接合領域に注目する意義と共通の調査項目が立てられた。そして各構成メンバーはそれぞれの担当課題と共通課題について、ケニア、ウガンダ、アンゴラ、ガボン共和国等の遊牧民、農耕民、狩猟採集民を対象としたフィールドワークの結果を報告し、総合討論を行った。三年目の二〇一五年一二月には、静岡市の国際会議場において、国際ワークショップ"Reconsidering the Basic Human Needs for the East African Pastoralists: Towards the Localization of Humanitarian Aids"を開催した。海外からSaverio Krätli（英国）、Sada Mire（オランダ）、Mesfin Taffese（エチオピア）の三名の研究者／実務家を招聘し、一四件の報告と質疑応答、総合討論を実施した。このとき、海外の専門家からは、レジリエンス（Krätli）、文化的価値の不可視性（Mire）、国家からの周縁化（Taffese）など、本研究に新たな観点が提供された。

国際ワークショップの成果を踏まえて、四年目には日本アフリカ学会第五三回学術大会において、フォーラム「東アフリカ牧畜社会における緊急人道支援枠組みのローカライズ」を開催した。さらに、各構成メンバーは研究発表を踏まえて論文を執筆し、英文論文集"Localization of Humanitarian Assistance Frameworks for East African Pastoralists"を出版した。そして最終年度である二〇一七年八月には、自国に多くの遊牧民が暮らし、また近隣諸国から多くの難民を受け入れているウガンダ共和国において、"Situating Universal Concepts to the Reality of Marginalized African Nomads: A Challenge for Area Studies of "Citizenship" and "Humanitarianism""と題する国際ワークショップを開催した。ここでは、接合領域接近法を用いた事例研究として、ウガンダ北部の難民キャンプでの生計戦略、ケニア共和国北部の遊牧民のフード・セキュリティ、ケニア中部国内避難民のノンフード・アイテムズの入手と利用、そして暴力紛争による社会的・精神的な傷痕を伝統的な医療行為や近代医療を含めた多元的なヘルスケアを通して回復する試みについての調査研究等が紹介され、さらにそこから見出された緊急人道支援の理念と方法について総合討論を行った。ワークショップに参加した難民キャンプの青年リーダー、難民キャンプで人道支援を行う国際機関の現地担当者、そしてウガンダや南アフリカの研究者から盛んな質疑応答と高い評価が得られた。

このように、五年間にわたる共同研究の最終成果である本書では、さまざまな専門分野の学際的協働による総合的地域研究の立場から、人類普遍の前提に立つ人道支援枠組みを、遊牧社会の実状に即したものにローカライズすることで、地域の潜在能力を発掘し、援助依存から脱する道を探求した。本書を通して、東アフリカ遊牧社会だけではなく、現在もアフリカの各地で実施されている緊急人道支援や開発・援助プロジェクトにとって、地域社会の生活と文化を重視した政策と実践がいかに可能か、そして自立した地域社会の発展に向けて地域研究はどのように実践的に取り組むことができるのかを考えていただければ幸いである。

最後に、本書の刊行はJSPS科研費JP二五二五七〇〇五の助成を受けて実現したものである。本研究における現地調査では、対象地のアフリカの方々から多大な御協力をいただいた。また、本書は二〇一七年三月に出版された英文論文集（*Localization of Humanitarian Assistance Frameworks for East African Pastoralists* [*African Study Monographs, Supplementary Issue*, No. 53]）を各執筆者が加筆修正したものであり、英文論文集の出版に際しては京都大学アフリカ地域研究資料センターの岸田亜姫氏に大変お世話になった。なお、本研究プロジェクトには米川正子氏（立教大学）がメンバーとして加わっており、同氏の研究成果は英文論文集にも収録されているが、日本語では『あやつられる難民——政府、国連、NGOのはざまで』（筑摩書房、二〇一七年）として先行して出版されたため、本書には収録していない。同書も併せて参照していただければ幸いである。本書の編集・出版に際しては、昭和堂の松井久見子氏に大変お世話になった。以上の方々の御厚意と御協力に、心より御礼申し上げる。

孫　暁剛

目次

まえがき……孫 暁剛 i

序章 人道支援におけるグローバルとローカルの接合
東アフリカ遊牧社会の現場から……湖中真哉 1
1 地域住民の側から人道支援をとらえ直す 1
2 人道支援の歴史と東アフリカ遊牧社会 5
3 結論――東アフリカ遊牧社会における人道支援にいかにアプローチするか 12

第Ⅰ部 支援の現場から人道支援を再考する――食糧・物資・医療・教育

第1章 食糧援助からの脱却を目指して
ケニア北部の遊牧民レンディーレの食糧確保……孫 暁剛 27
1 序――遊牧民と食糧援助 27
2 遊牧と定住における食糧確保と食糧援助の利用 31
3 食糧の安定確保を支える地域セーフティネット 36

4　食糧確保手段の多様化　39
5　結論――食糧援助からの脱却を目指して　44

第2章　元遊牧民の多角的な生計戦略
ウガンダの難民居住地における南スーダン難民の実践……望月良憲　51
1　序――南スーダンの内戦とウガンダの難民居住地の支援　51
2　難民居住地における南スーダン難民の生計戦略　55
3　結論――多角的な生計戦略の実践　61

第3章　物質文化と配給生活物資の相補的関係
東アフリカ遊牧社会における国内避難民のモノの世界……湖中真哉　65
1　序――物質文化と人道支援の間への注目　65
2　紛争と調査の概要　69
3　国内避難民は、世帯用品をいかにして回復してきたのか　73
4　結論――遊牧民の物質文化と配給生活物資を相補的に組み合わせる可能性　84

第4章　武力に対抗する癒し
ウガンダ・ナイル系遊牧民の多文化医療……波佐間逸博　91
1　序――遊牧社会の多文化医療　91
2　東アフリカ遊牧民の生態と文化　93

3　健康の格差　94
4　紛争が健康に及ぼす影響　96
5　多様な医療の実践　99
6　クリニックの壁を超えて　105
7　結論——遊牧民がひらく新しい医療　111

第5章　科学知と在来知の協働
エチオピア・オロモ系遊牧民の民族獣医学的実践
……メスフィン・メテキア・タフェセ（孫暁剛 訳）　115

1　序——遊牧民を対象とした人道支援における民族獣医学的視点の欠落　115
2　旱魃と家畜　116
3　民族獣医学による在来知の記録　117
4　家畜乳腺炎の治療実践からみる在来家畜種の重要性　119
5　結論——接合領域としての科学知と在来知の協働　120

第6章　教育難民化を考える
ケニアのカクマ難民キャンプにおける教育の状況と課題……内海成治　121

1　序——難民と教育　121
2　南スーダン難民の状況と調査について　123
3　難民キャンプにおける教育　129

4　学校の状況　131
5　結論——学校調査からの考察　140

第Ⅱ部　政治的・文化的・社会的脈絡のなかで人道支援を再考する

第7章　難民開発援助の可能性と限界
ウガンダにおける生計支援の事例から……村橋　勲　151
1　序——ウガンダにおける難民支援の新たな展開　151
2　難民支援の歴史的展開　154
3　ウガンダにおける支援の実践と難民の応答　157
4　結論——ＲｅＨｏＰＥの可能性と限界　168

第8章　ベーシック・ヒューマン・ニーズとしての文化遺産
ソマリランドの生活文化と考古学的発見……サダ・マイヤー（孫暁剛 訳）　175
1　序——人道支援のローカライゼーション　175
2　遊牧文化の脈絡から互酬性・平和・包摂を考える　176
3　ベーシック・ニーズとしての文化遺産　181
4　結論——遊牧活動と自然資源の利用に関する考古学　183

第9章　レジリエントな社会の構築とソーシャル・キャピタル
エチオピアの遊牧民・農牧民コミュニティにおける旱魃対策支援……島田　剛・本村美紀　189
1　序――災害に強いレジリエントな社会には何が必要か　189
2　急増するアフリカの自然災害とその生活への影響　190
3　災害の被害にどう対処するか　197
4　旱魃が繰り返し発生する中での支援のあり方　199
5　結論――ソーシャル・キャピタルを重視した援助・支援に向けて　208

第10章　紛争後の農業再構築
アンゴラの農耕民がとった新生活戦略……村尾るみこ　213
1　序――南部アフリカの戦後復興　213
2　アンゴラ東部の農耕民ンブンダと緊急人道支援　215
3　農村における紛争の経験と生活　218
4　食糧確保と早生種トウモロコシ　223
5　結論――選択と補完の新生活戦略　228

第11章　困難に直面する森の民
アフリカ熱帯林に住む狩猟採集民の人道危機……松浦直毅　233
1　序――狩猟採集民の人道危機　233
2　人道危機を引き起こすもの　235

3　人道支援の実態と課題　241
4　結論――どのような人道支援のあり方が望まれるか？　243

第12章　人道支援を遊牧的にローカライズする
遊牧社会の脈絡を再定義する試み……サヴェリオ・クラトゥリ（湖中真哉 訳）　251
1　序――ローカライゼーション概念をとらえ直す　251
2　ローカライゼーションの問題をどうとらえるか　256

終　章　東アフリカ遊牧社会の現場からみた新しい人道支援モデルに向けて…湖中真哉　263
1　序――本章の構成　263
2　接合領域接近法による人道支援の時空間モデル　264
3　結論――内的シェルター支援モデルに向けて　271

あとがき――人道支援における協働に向けて……太田　至　283

索　引……iv

序　章　人道支援におけるグローバルとローカルの接合

東アフリカ遊牧社会の現場から

湖中真哉

1　地域住民の側から人道支援をとらえ直す

(1)「ラスト・マイル」を生きる東アフリカ遊牧民

本章では、本書の課題とねらいを提示し、本書の全体を概観する。おそらく、本書を手に取られた現代日本に生きる読者の方々の多くは、人道支援を必要とするような毎日を生きているわけではないであろう。私たちが暮らす日本の社会にも多くの課題が山積しており、その中には人道的な危機と呼ぶべきものもある。たとえば、東日本大震災は私たちの国家を襲った人道的な危機として記憶に新しい。東アジア情勢をめぐる安全保障上の危機が将来的に人道的な危機を招きうる可能性も指摘されている。それなのに、なぜ、私たちは、ここで東アフリカ遊牧民の人道支援の問題を考えようとしているのだろうか。

本書で扱うのは、おもに、東アフリカに暮らす遊牧民（East African pastoralist）である。東アフリカには、広大な乾燥地帯が広がっており、言語と文化を異にするさまざまな民族集団に区分されている。こうした遊牧民は、現在、ソマリア、エチオピア、ケニア、ウガンダ、南スーダン、タンザニア等の東アフリカ国家の周縁部に組み込まれているが、遊牧に基礎を置く経済的、社会的、文化的な特徴に国家を越えた共通性がみられる。

彼ら東アフリカ遊牧民が世界にもっとも知られているのは、何よりも人道支援の対象としてである。彼らの社会のように極度の貧困状況に置かれた社会を扱う場合には、いわゆる開発援助を含めた支援行為全般が人道支援として認識されることもあるが、本書は、いわゆる「緊急人道支援」をおもな対象としている。一九八三年のエチオピア飢饉は、いわゆる「飢餓に苦しむアフリカ」のイメージを世界中に広めた災害として、特筆すべき出来事である。一九八五年には、この飢饉をきっかけとして、マイケル・ジャクソンらのアーティストが集結して演奏した「ウィ・アー・ザ・ワールド」が、アフリカ飢餓救済のキャンペーンソングとして発売された。このように、このエチオピア飢饉は、「アフリカの飢餓」が、たんなるアフリカの一地方の問題ではなく、世界中の人びとが取り組むべき人道支援の課題として扱われた最初の出来事の一つとして歴史的な転換点となった。

このエチオピア飢饉から今日に至るまで、東アフリカ遊牧社会は、食糧安全保障上の問題を抱える地域として、人道支援の対象でありつづけてきた。国連の世界食糧計画（WFP: World Food Programme）、食糧農業機関（FAO: Food and Agricultural Organization）、米国国際開発庁（USAID: United States Agency for International Development）等の国際援助機関は、おもに救援食糧配給という方法によって、彼らの地域において飢饉が発生する度に、人道支援を継続的に実施してきた。わが国の国際協力機構（JICA: Japan International Corporation Agency）も、東アフリカ遊牧民の居住地を重点的な支援が必要な地域と位置づけ、さまざまな開発援助プロジェクトを実施してきた。また、一般に地球温暖化（global warming）とよばれる地球規模の気候変動（climate change）の影響で、この地域の飢饉の一因となっている旱魃がより悪化していくという予測も報告されている（IPCC, 2007）。

南スーダン、ソマリア、エチオピア南部、ウガンダ北部、ケニア北部等にわたる東アフリカ遊牧民が暮らす地域では、とりわけ、冷戦体制崩壊以降、紛争が頻発している。その結果、AK－四七式自動小銃に代表される強力な殺傷能力を持ったアサルトライフル銃が遊牧社会に蔓延し、多くの地域で紛争の規模を著しく拡大させた。東アフリカ遊牧民が暮らす国家の周縁部では、各国家の軍隊や警察による治安が及んでいないことが多く、テロリストや民兵が跋扈する事実上の無法地帯と化している地域もある。紛争の結果、多くの遊牧民が難民（refugee）や国内避難民（IDPs: Internally Displaced Persons）となり、避難先での不自由な暮らしを余儀なくされた。その一部の人びとは、国際機関等によって提供された人道支援に頼りつつ、かろうじて生命と生活を維持している。

このように東アフリカ遊牧民は、近年「ラスト・マイル（last mile: 援助や支援が世界中でもっとも届きにくい地域）」とよばれるようになった世界の最貧困層の一部を形成しており、彼らの社会では、人道的危機とそれにともなう人道的支援が常態化しつつある。そして、彼らは人道支援の何らかの影響を受けながら人道支援とともに暮らしているのである。

(2) 現場からのコペルニクス的転回

地域研究における人道支援研究の試みは、おもに東南アジア諸国をフィールドとする研究者によって自然災害を中心に取り組まれてきた（山本 二〇一四等）。しかしながら、わが国の地域研究においては、それに勝るとも劣らない人道的危機に直面してきたアフリカを対象とした人道支援の研究は、ほとんど先例がない。本書を執筆した私たち地域研究者の多くは、そのような東アフリカ遊牧民の人道危機や人道支援の現場に身を置いた経験を持つ。いうまでもなく、そこでは過酷な現実と絶望を突きつけられる。私たちも銃撃音を耳にしながら調査をしたこともあれば、夫を殺されて、乳児とともにナイロン袋一枚を唯一の持ち物として暮らす女性に衝撃を受けて絶句したこともある。当然のことであるが、東アフリカ遊牧民と私たちの間には、経済的裕福さにおいても、言語や文化においても、住んでいる環境においても、ありとあらゆる意味における隔たりがある。そしてその隔たりは、相手が究極の弱者であるだけに、知らず知らずのうちに、私たちを圧倒的な優位に置いてしまう非対称的な関係に基づいていることを忘れるべきではない。

しかし、本来の人道支援とは、そのような経済的、社会的、文化的な差異にかかわらず、そして人種や国籍にかかわらず、同じ人間である以上、なされるべき支援でなければならない。人道支援においては、少なくとも理念としては、同じ人間であるというそれ以外の一切の属性の差異は考慮されてはならない。緊急医療のトリアージ（triage）が、あくまで治療の緊急度や重症度のみによって判断されるように、本来、考慮されるべきは、それが生命にかかわる深刻な問題かどうかだけでなくてはならない。このように、人道支援を考える場合には、私たちは、国籍や階級や性別や文化にかかわりなく、同じ人類の一員としてのぞむのが基本姿勢である。私たちも確かに多くの問題を抱えていて、日々を生きるに精一杯だ。しかし、今まさに生命にかかわるより深刻な問題を抱えている人がもしどこかにいるならば――たとえそれが東アフリカ遊牧民のような私たちと遠い人たちであったとしても――その人たちのことを優先的に考える必要がある。それが人道支援の根本を貫く基本的な考えのはずだ。

しかしながら、私たちが身を置いてきた人道危機や人道支援の現場は、現実には、先に述べたように、ありとあらゆる差異と格差に満ちた現場でもある。逆説的だが、同じ人間としての人道支援は、実際の現場では、異なる人間間での見えない非対称的な隔たりの間で行われざるをえない。それでも、私たち地域研究者は、フィールドワークを通じて、その地域の住民に少しでも近づこうと努めてきた。その土地の言葉を話し、同じ場所で寝て、同じ食事をとってきた。その地域の住民のようにふるまえるようになろうとし、その地域の住民が考えるのと同じように考えられるようになろうと愚直に努めてきた。もちろん、完全になりきってしまうことは不可能であると知りながら。

その一方で、普遍主義に立脚する人道支援や国際協力の世界では、いつの間にか、さまざまなグローバルな綺麗ごとにみちた言葉や考え方が溢れるようになった。その中には、「援助依存」のように、いつの間にかその地域の住民や彼らが生きる具体的な場から切り離され、ステレオタイプ・イメージや偏見とともに一人歩きしはじめた言葉や考え方もあることが、現場に身を置くことによってはじめて見えてくるようになる。こうして地域研究の立場から、むしろ徹底的に人間の差異を考え抜くことで、逆に、別の意味での新しい普遍性を照らし出し、そこから新しい人道支援のあり方を創り上げていくことはできないだろうか。

通常、日本に暮らす私たちの多くは、支援の向こう側にある世界を十分に想像することなく、いつの間にか当たり前のように支援する側に立ち、支援する側からしかものごとをみなくなってしまう。かくいう私も恥ずかしながら現場に身を置く以前にはそうであった。しかし、ここで必要なのはコペルニクス的転回である。それとは反対側の、支援を受ける側の地域住民の側から、人道支援をもう一度とらえ直してみることはできないだろうか。人間を考えるにあたって私たち地域研究者は、無色透明な人間ではなく、常にある特定の地域の特定の環境の中で生きる具体的な人間を想定し、さまざまな顔を思い浮かべる。私が今これを書きながら思い浮かべているのは、東アフリカ遊牧社会で人道的危機に直面した一人ひとりの顔だ。本書は人道支援のローカライゼーションという課題を扱うが、ここでの「ローカライゼーション」とはたんに普遍的なものを各地域に適合するように改良する機械的作業を意味しない。具体的な特定の地域の脈絡の中で**特定の生を営んできた人びとの観点から、私たちのものの見方の前提を問い直すこと**なのである。地域研究の立場から、同じ人間として、ただし、実際には大きく異なる多様な人間の問題として、人道支援の問題に新たな光を当てること。これが本書のねらいである。

2　人道支援の歴史と東アフリカ遊牧社会

(1)　人道支援の歴史——基本原則の成立・政治性・標準化

つぎに、人道支援がこれまでたどってきた歴史を見直し、どのような課題があるのかを検討したい。まず、人道支援を支えている基本的な考え方は「人道主義（humanitarianism）」である。しかし、人道主義について、普遍的に受け容れられた単一の定義は存在しない。したがって、その成立の経緯をたどることが必要になる。人道主義は、西洋のキリスト教の考え方である利他主義（altruism）や慈善（charity）と深く結びついており（Minn, 2007）、こうした宗教と未分化の人道主義は、近代以前から存在していた。これに対して、近代西洋の概念としての人道主義の起源は、一八世紀に遡る。この時期に、ヨーロッパでは近代的な意味での国家の基準が定められるようになったが、そこでは、人権（human rights）を宗教と切り離して世俗的に宣言することが、近代国家として認知される上での重要な基準と見なされるようになったのである（Nichols, 1987）。その後、二つの世界大戦を経て、人道主義は、各国家内の問題から国際的な人道レジームへと発展を遂げるようになった。人道主義は、国籍を問わずに道徳的に果たさねばならない義務とされるようになり、赤十字社、国際連盟、国際連合に代表されるような人道主義のための国際的な機関が設置されるようになった。

さまざまな原理が人道支援の原則として提唱されているが、なかでも、中立性（neutrality）、不偏性（impartiality）、独立性（independence）は、国際的に認められた人道原則の中核を構成するようになった。これらの原則は、今日のあらゆる人道支援の基本的な前提となっている。これらの人道支援原則とともに、国民国家の枠組みを超えて、一切の区別なく、あくまで同じ人間として人間の苦痛を軽減する方向に人類は歩み出したのである。

冷戦体制が崩壊した一九九〇年代に相次いでソマリア、ボスニア、ルワンダ等で発生した新しいタイプの紛争は、人道支援にとっても大きな転換点となった。人道支援原則の理想に沿って実施された活動が、多くの研究者や実務家によって、批判の対象となったのである（ポルマン 二〇一二、米川 二〇一七、五十嵐 二〇一六、Harrell-Bond, 1986, Prendergast, 1996, de Waal, 1997, Terry, 2002, Kurimoto, 2005）。そこでの批判点は各著者によって異なっているが、主要な批判点の一つは、人道支援がもたらす経済的・政治的な資源が紛争それ自体に対して影響を及ぼすことを、人道支援を提供する側が十分に認識してこなかったことである。メアリー・アンダーソン（二〇〇六）が指摘するように、人道支援によって提供される救援食糧のような資源は、しばしば、兵士によって盗まれて売却され、兵器を購入する資金源となってきた。さらに、人道支援によって救援食糧が無料で配給されることによって、現地の市場や業者が打撃を被ってしまうことも報告されている。先に述べた人道支援原則は、原則としては正しくても、現実には、中立性や不偏性のような原則とは矛盾した結果をもたらしているというのである。

同様の現象は、「軍事的人道主義（military humanitarianism）」（Prendergast, 1996）、「人道主義的免責（humanitarian impunity）」（de Waal, 1997）、「難民戦士（refugee-warrior）」（Terry, 2002）、「人道主義的逆説（humanitarian paradox）」（Terry, 2002）等、さまざまな概念で表現されている。確かに、人道支援が武装勢力の軍事力を強化してしまったり、人道支援によって悪行が正当化されたりすることは、中立性や不偏性の理念からすれば、逆説や皮肉というより他ない。一九七一年に国境なき医師団（Médecins Sans Frontières）が赤十字社から分離した際にすでに政治的正しさ（political correctness）の問題は認識されてはいたが（ブローマン 二〇〇〇）、二〇〇〇年前後には、人道支援がもたらす負の影響について広く認識されるようになった。人道支援が、政治と無関係ではないことはもはや自明のことであるといわねばならない。

二〇〇〇年以降、人道支援に対するこうした数多くの批判に対応して、さまざまな人道支援機関は協力して批判を克服することを目指したプロジェクトを導入するようになった。ＣＤＡ（Collaborative for Development Action）による「平和へと向かう現地の力プロジェクト（LCPP: The Local Capacities for Peace Project）」はその一例である（アンダーソン 二〇〇六）。また、人道支援機関は、人道支援の質を維持するためにそれに関する標準、基準、ガイダンス・ノーツ、憲章などを制定するようになった。こうした標準化の試みとしては、スフィア・プロジェクト（二〇一二）による『人道支援と人道対応に関する最低基準（Humanitarian Charter and Minimum Standards in Humanitarian Response）』、ＣＨＳ連盟（CHS Alliance, 2014）による『中核的人道支援基準（Core Humanitarian Standard）』、アルナップ（ALNAP, 2013）による『人道的行動の評価（Evaluation of Humanitarian Action）』、イネー（二〇一一）による『教育ミニマムスタンダード（Minimum Standards for Education）』等がある。

これらの標準化の試みが人道支援に対するさまざまな批判に対しての適切な応答となりえているかどうかについて

は、私たちの手に余る作業であり、ここでは検討しない。むしろ、ここで強調しておきたいのは、多くの問題点を抱えているからといって人道支援の試みそれ自体を全面的に否定するのではなく、批判を踏まえつつ、人道支援を改善し、それを再構築していくことが重要であるということである。人道支援によって人道的危機に陥った人びとの苦境が軽減されてきたことを現場で目撃してきた私たちは、問題点を抱えているからといってすべての人道支援を廃止すべきだという主張には同意できない。テリー（Terry 2002: 245）がいうように、「人道的行動が完全な達成に至ることなどありえない。最善の世界を目指すのではなく、次善の世界を目指し、それに応じた調整を行うべきなのである」。

(2) 人道的支援と文化的多様性

ここまで検討してきたさまざまな議論に加えて、人道支援の改善と再創造のために、ここで地域研究の立場からもう一つの論点を加えてみたい。それは、人道支援における文化的多様性の問題である。人道支援の言説においては、私たちは常に、国籍、人種、宗教的信念にかかわらず、世界中の人類の誰に対しても平等の態度で接するように要求される。たとえば、赤十字社は、普遍性（universality）を七つめの原則として定めている（ICRC, 1996: 17）。

私たちは、こうした意味における平等性や普遍性が人道支援において決定的に重要であるという点については完全に同意しており、こうした原則それ自体を批判するつもりはまったくない。問題なのは、こうした人道支援の原則が、人道支援を受ける人びとのたんなる同質化（homogenization）に転化してしまいかねないことである。リサ・マルッキ（Malkki, 1996: 388）が指摘するように、人間は、一人ひとりがとてつもなく広い範囲の文化的、個人的背景を持っているにもかかわらず、人道主義的な言説や行動においては、単一化され、標準化され、同一化され、脱人格化され、普遍的な存在として認識され、そのように扱われてしまう。確かに、先に挙げたようなさまざまな人道支援基準においても、文化的多様性の問題は、ある程度考慮されている。しかし、ほとんどの人道支援基準は、それ自体が、人間普遍の前提のもとに、文字通り、ひとそれぞれの多様性をも同質化してしまう働きを持っている。

しかしながら、現場においては、人道支援は、人類普遍の現象でもなければ、無文化的（acultural）な現象でもない。人道的危機に対してもっとも脆弱な第三世界や、あるいは第四世界で生きる人びとは、国家や国際的な諸体系の周縁部で生を営んでいる。それゆえ、彼らは、科学や教育等、他の知的資源へのアクセスを著しく制限されており、実質的に独特の文化に依存せざるをえない状況に追い込まれていることがある。それゆえ、人道的支援活動の多くは、必然的に、極めて大きな文化的ギャップの中で行われることになる。「支援の与え手と受け手は、危機がもたらす当面の影響を取り除くことについては関心を同じくするかもしれないが、両者は異なる文化的観点からそうするのである（NOHA, 1998: 2）」。「地域のさまざまな状況が、文化的、宗教的、政治的なレンズにフィルターをかけ、人道的な行動が知覚されるやり方に影響を与えるのである（Abu-Sada, 2012: 27）」。

この問題に関するもう一つの重要な要素は、人権の不可欠な要素を構成している文化的な権利（cultural rights）の問題である。文化的な権利については、国連の諸機関が、世界人権宣言（Universal Declaration of Human Rights［一九四九年］）、ユネスコ文化的多様性に関する世界宣言（UNESCO Universal Declaration on Cultural Diversity［二〇〇一年］）、ユネスコ無形文化遺産の保護に関する条約（UNESCO Convention for the Safeguarding of the Intangible Cultural Heritage［二〇〇三年］）、国連先住民族の権利に関する宣言（United Nations Declaration on the Rights of Indigenous Peoples［二〇〇七年］）等において繰り返しその重要性を強調してきた。文化的権利はある意味で見えない権利であるが、人間の生きる意味や尊厳を形作っており、その意味で決定的な重要性を持っている。人道的危機の犠牲になってきた人びとに対しては、文化的な権利などとくに考慮する必要などないと考えることは、明らかに間違っているといわざるをえない。

それにもかかわらず、人道支援と文化的多様性の関係を探求する試みは極めてわずかしか存在しない（Lensu, 2003, Abu-Sada, 2012）。確かに特定地域の研究に携わってきた研究者が、開発や人道支援において、うまく貢献することが難しいことは指摘されてきた（Benadusi & Riccio, 2011）。しかしながら、その難しさを乗り越えて、フィールドワークによる資料を用いて、人道支援と文化的多様性の間の関係を探求し、それによって人道支援の枠組みを再考し、再創造することとは、今まさに求められている新たな課題といわねばならない。そのような探求は、文化的背景の多様性に基づいて人道支援枠組みをローカライズ（localize）することを可能にするだろう。それは、人道支援と文化的多様性の間を調整することによって、人道支援の枠組みを標準化するだけではなく、多様化する方向に新しい道を拓くに違いない。

⑶　東アフリカ遊牧社会はなぜ人道的危機に直面してきたのか

つぎに、本書がおもな対象とする東アフリカ遊牧民における人道支援の問題を検討する。植民地期から現在に至るまで、東アフリカ遊牧社会は、自然災害や人為的な災害に繰り返し襲われ、度重なる人道的危機に直面してきた。彼らは、旱魃、飢饉、内戦、低強度紛争、強制的な移住等によって、人道的支援や開発援助の半恒常的な受け手となってきたのである。

東アフリカ遊牧社会がなぜこのような度重なる人道的危機に直面してきたのかという要因については、人道支援をおもな課題とする本書では十分に議論する余地がないが、ここでごく手短にふれておきたい。もちろん、人道的危機の要因は、それぞれのケースによって異なっており、また、複雑な要因が絡み合っているケースが多いため、容易には分析できない。ただし、それらの要因の背景には、植民地国家、そしてポスト植民地国家からの周縁化（marginalization）という巨大な構造的問題が横たわっていることを指摘しておきたい（cf. Horowitz & Little, 1987, Spencer, 1998, Fratkin, 2001, Markakis, 2004, Pavanello, 2009, Catley et al., 2013）。東アフリカ遊牧社会は、そもそも各国家の開発計画の対象外に置かれ、長らく国家から簒奪されるばかりで、その恩恵を被ることがほとんどなかったのである。その結果、東アフリカ遊牧社会は、構造的暴力（structural violence）にさらされつづけている（ガルトゥング一九九一、Farmer, 2004）。構造的暴力においては、「暴力は構造のなかに組み込まれており、不平等な力関係として、それゆえに生活の機会の不平等としてあらわれる（ガルトゥング 一九九一：一一一‐一二）。さらに注意しなければならないことは、こうした構造的暴力の問題が、環境や文化による要因にすり替えられてしまうことである（de Waal, 1997, Krätli, 2001, Krätli & Dyer, 2006）。たとえば、遊牧社会で初等教育が普及していないことは、しばしば、遊牧社会には教育を受け容れない文化があるからだと責任転嫁されるが、実際には、政府が彼らの地域に十分な数の学校を建設していないことに原因がある。学校を建設しさえすれば、遊牧民の児童は就学したのである（湖中 二〇一二）。

東アフリカ遊牧社会の人道的危機は、確かに、こうした彼らの社会の周縁化と構造的暴力が取り除かれない限り、根本的には解消しないと思われる。それならば、私たちは、人道支援について議論するよりも、人道的危機の原因を生み出す周縁化や構造的暴力の問題について優先的に議論すべきなのだろうか。しかし、残念ながら、こうした周縁化や構造的暴力が根本的に改善しつつある兆しは、現在のところほとんどない。仮にそれに成功するとしても、おそらく長い年月を要するだろう。しかし、その間にも人道的危機は頻発し、さらに人びとが苦しめられる可能性は極めて高い。ならば、私たちは、当面、東アフリカ遊牧社会における人道支援のあり方についても優先的に考えざるをえない。

東アフリカ遊牧社会と開発の関係については多くの先行研究が積み重ねられてきた（Galaty & Saltzman, 1981, Galaty et al. 1981, Raikes, 1981, Sandford, 1983, Evengelou, 1984, Scoones, 1995, Fratkin, 1991, 1997, Majok & Schwabe, 1996, Catley et al., 2013）。しかしながら、東アフリカ遊牧社会と人道支援の関係については、ごくわずかな関心しか払われてこなかった。東アフリカ遊牧社会を、人道支援やあるいはその二次的な影響とかかわりのないものとして描くことは、もはや不正確といわねばならない。少なくとも、彼らの一部は、人道支援を生活の一部とし、人びとは人道支援と共生しながら生きているのである。それゆえ、東アフリカ遊牧社会と人道支援の関係について探求を開始しなければならない。

3　結論――東アフリカ遊牧社会における人道支援にいかにアプローチするか

(1)　グローバルとローカルの接合領域へのアプローチ

それでは、こうした東アフリカ遊牧社会という具体的な特定地域を対象とした場合、人道支援の問題に対して、どのようにしてアプローチしたらよいのかを最後に考えてみたい。ここでまず考えられるのは、人道支援と遊牧民の伝統文化の関係を探求することである。しかしながら、今日、私たちがこの「文化」という概念を扱うにあたっては、慎重な態度が求められる。多くの文化人類学者が、文化を、首尾一貫したもの、無時間的なもの、明確な境界を持ったものとみる見方を批判してきた（クリフォード 二〇〇三、アパデュライ 二〇〇四、Fabian, 1983, Abu-Lughod, 1991, Gupta & Ferguson, 1997）。とりわけ、この地域を対象とする研究においては、多くの研究者が、東アフリカ遊牧民に対するステレオタイプ・イメージや神話化について批判している（ダイソン＝ハドソン 一九九八、Livingstone, 1977, Johnson, 1981, Knowles & Collett, 1989, Galaty & Bonte, 1991, Fratkin et al., 1994, Hodgson, 2000, Kratz & Gordon, 2002, Straight, 2009）。彼らは、東アフリカ遊牧民が描かれる際の姿が、過度に、好戦的、攻撃的、保守的、非合理的、家父長的であることを批判してきた。それゆえ、私たちは、「一般的・学術的なアフリカの見方に広まっている遊牧民についての一連の神話、誤解、単純化、過度の一般化」を避ける必要がある（Galaty & Bonte, 1991）。

それゆえ、私たちは、遊牧文化に対するこうした歪められたイメージを前提として、それと人道支援の間の関係にアプローチするつもりはないし、本書でいうローカライゼーションは、そのようなイメージへのローカライゼーションのことではない。私たちがここで着目するのは、グローバルなものとローカルなものの間の「接合領域（articulation sphere）」である。ここでいう接合領域とは、グローバルなものとローカルなものとの間に位置し、両者のネットワークを接続したり切断したりする領域を意味する。ただし、接合領域接近法がとくに注目するのは、接合による「変化が生じた後」に起こったさまざまな現象である。この接近法は、グローバルなものやローカルなものが、接合以前にあらかじめ存在していたことを前提とはしない。私たちが現在グローバルなものやローカルなものとみなしている現象は、むしろ、この接合領域によって創り出されたものとして見直すべきである。本書でいうローカライゼーションは、この接合領域へのローカライゼーションを意味する。

私たちは、この接合領域接近法を、東アフリカ遊牧社会における生業経済と市場経済の接合や、生計用具と商品経済の接合の民族誌的研究においてすでに試みている（湖中 二〇〇六、二〇〇七）。この意味において、人道支援とは、それぞれの現場で、グローバルな支援とローカルな生の多様性がぶつかり合いながら、接合あるいは切断している現象とみることができる。そして、その結果は、多くの場合、現場に着地する際に、グローバル側にとって「想定外の結果」をもたらしている（栗本 二〇一一：六五、佐藤 二〇一六、湖中 二〇一八、Tsing, 2005）。現場からみたグローバリゼーションとは、グローバルなプログラムが計画通りに進行していく過程ではない。むしろ、それは、このような予測不可能性（unpredictability）に満ちた過程なのである。接合領域接近法が目を向けようとしているのは、まさにこの予測不可能性に他ならない。

この接合領域という概念は、古典的な文化の概念とは異なっている。古典的な文化の概念においては、文化は純粋で、伝統的で、首尾一貫していて、変化がなく、明確な境界を持ち、常に同質的な特徴を持つとされてきた。これに対して、接合領域の概念は、混成的で、不連続的で、首尾一貫しておらず、常に変化し、明確な境界をもたず、異質性を特徴としている。それゆえ、私たちがここでいう文化的多様性へのローカライゼーションとは、あくまで、こうした意味における異質性を含み混んだ不定形な文化の多様性へのローカライゼーションであり、決して、古典的な文化概念がいうような確固たる同質的な体系性を備えた文化の多様性へのローカライゼーションのことではない。

その一方で、私たちは、とりわけ人道支援の脈絡においては、文化の概念を完全に否定してしまうべきではないと考えている。なぜなら、文化の概念をまったく失ってしまえば、仮に研究上は好都合であっても、人道的危機に瀕した人びとの立場からみれば、前述のような彼ら自身の文化的権利を主張できる根拠を奪うことにつながってしまうからである。また、研究・実践上においても、文化的差異の問題などあたかも一切存在しないかのように扱うことは、現実とはかけ離れた文化帝国主義的な主張に加担する結果となるだろう。ここで、私たちが、接合領域にアプローチすることを提唱するのは、文化の概念を全面的に放棄したいからではなく、従来の文化概念が持つ欠点を修正して、グローバリゼーションに直面する人びとの現実に即した概念となるように改良するためである。

(2) 本書の構成と各章の紹介

つぎに、本書の構成と各章の内容についてごく簡単に紹介しておきたい。本書は、各六本の論文を収める二部から構成されており、この序章と最後の終章がその二部を挟んでいる。なお、本書のおもな内容は、京都大学アフリカ地域研究資料センター（The Center for African Area Studies, Kyoto University）が二〇一七年に発行した英文学術誌特集号 *African Study Monographs. Supplementary Issue* 五三号の英文原稿をもとに構成されているが、各稿の内容は、日本語訳にあたって大幅に加筆修正されている。

第Ⅰ部「支援の現場から人道支援を再考する――食糧・物資・医療・教育」では、人道支援を考えるにあたって不可欠な構成要素である食糧・物資・医療・教育について、東アフリカ遊牧民を対象とした臨地地調査成果に基づく六本の論考が収められている。孫による第1章「食糧援助からの脱却を目指して――ケニア北部の遊牧民レンディーレの食糧確保」は、このうち食糧の問題を扱っている。孫は、気候変動にともなう自然災害の増加にさらされているレンディーレが、食糧援助をどのようにローカライズしているのかに注目し、そこから食糧援助からの脱却につながるような地域内で自立した食糧安全保障のあり方を検討している。たとえば、レンディーレの集落の人びとが援助機関のスタッフが帰った後、受け取った食糧を一か所に集めて、レンディーレ式の配分方法により全世帯に再分配したという孫の報告は、現場からみた人道支援のあり方について、私たちに再考を迫るだろう。

つづく望月による第2章「元遊牧民の多角的な生計戦略――ウガンダの難民居住地における南スーダン難民の実

践」は、ウガンダ北部に避難した南スーダン難民を対象として、彼らの食糧確保にかかわる生計戦略について考察した調査報告である。調査対象は、現在難民居住地で生活し、生計手段を失っている元遊牧民である点が前章の事例と異なる。望月は、元遊牧民の生計戦略を「作物の栽培による食糧の補完」、「家畜の飼育による生計の復元」、「市場へのアクセス」の三つに分類している。

第3章「物質文化と配給生活物資の相補的関係――東アフリカ遊牧社会における国内避難民のモノの世界」では、湖中が、緊急時に配給される生活物資の問題を扱っている。こうした生活物資は、人道支援の基準においては、救援食糧以外に必要な物資であるという意味で「ノン・フード・アイテムズ」とよばれてきた。一方、文化人類学や考古学の領域では、人間とモノの世界は「物質文化」とよばれてきた。湖中は、世帯用品の悉皆追跡調査を行うことによって、この両者の接合領域を探求し、そこから五つの政策提言を導いている。

波佐間による第4章「武力に対抗する癒し――ウガンダ・ナイル系遊牧民の多文化医療」では医療の問題が扱われる。波佐間は、「多文化医療」を、遊牧民たち自身の手による新しい医療の体系としてとらえ直し、それは社会動態のただなかにある人びとのより良き生への希求にかかわる営みであるという。波佐間は、ウガンダの遊牧社会における「暴力に起因する病」とその治療実践を扱いながら、たとえば、「モバイル・クリニック」においては集団間の境界線を超えて繊細に織られた関係の力が、平和構築に向かう力として作動していることを見出している。そして、生物学的・医学的な意味だけでなく、道徳的・社会的な意味をも含有する医療支援の可能性が指摘されている。

第5章「科学知と在来知の協働――エチオピア・オロモ系遊牧民の民族獣医学的実践」を執筆したタフェセは、エチオピアの獣医師であり、遊牧民を対象とした支援活動を行う国際NGOの役員を務めている実務家でもある。彼は、旱魃に際して、ヒトに対する食糧援助はあるが、家畜に対する食糧援助は存在しないことを指摘し、家畜のヘルスケアに注意を促している。タフェセは、このエッセイのなかで、従来の治療と民族獣医学的実践の融合には、地域に根ざした精神を持つ必要があることを指摘している。

第Ⅰ部の最後となる第6章「教育難民化を考える――ケニアのカクマ難民キャンプにおける教育の状況と課題」では、内海によって教育支援の問題が扱われる。内海は、カクマ難民キャンプにおける教育支援の現場を調査し、その現状と課題を探求している。内海は、教育を受けるために難民になることを「教育難民化」としてとらえており、遊牧民の生徒が教育機会を求めて単独で難民キャンプに来ていることを報告している。教育への志向性が難民を生んでいるこのような現象は、ＥＦＡ（Education for All: 普遍的初等教育）のパラドックスだという内海の指摘は、教育支援の重要な課題を浮き彫りにしている。

第Ⅱ部「政治的・文化的・社会的脈絡のなかで人道支援を再考する」では、第Ⅰ部のような人道支援の基礎的構成要素別の取り上げ方ではなく、政治的・文化的・社会的等の多岐にわたる諸側面から人道支援のあり方を掘り下げていく。第7章「難民開発援助の可能性と限界――ウガンダにおける生計支援の事例から」では、村橋が人道支援の政治的な側面を照射している。村橋は、「持続可能な開発」アプローチの分析を踏まえつつ、キリヤンドンゴ難民居住地における生計支援の実践と難民の応答の事例を検討している。村橋は、支援側と受益者の目標や利害が一致することもあれば、ギャップもみられる点を指摘しながら、支援者と受益者が協働する可能性について考察している。

第8章「ベーシック・ヒューマン・ニーズとしての文化遺産――ソマリランドの生活文化と考古学的発見」ではマイヤーが人道支援の文化的な側面を照射している。マイヤーは、難民となった経験を持つソマリ人の考古学者であり、互恵性、平和構築、マイノリティ、文化的権利、ベーシック・ヒューマン・ニーズ、文化遺産、環境問題等、多岐にわたる課題を扱いながら、「知識中心型アプローチ（knowledge-centered approach）」という注目すべきアプローチを提唱している。

第9章「レジリエントな社会の構築とソーシャル・キャピタル――エチオピアの遊牧民・農牧民コミュニティにおける旱魃対策支援」では、島田と本村が人道支援の社会的な側面を照射している。島田と本村は一九九〇年代以降、気候変動の影響によって急増した自然災害の経済的影響について定量的な分析を行い、地域的な差はあるものの遊牧社会への影響が大きいことを解明した。そして、両氏が試みたエチオピア・オロミア州における国際協力機構（ＪＩＣＡ）の旱魃対策プロジェクトの事例をとりあげ、ソーシャル・キャピタルを重視した支援のあり方に解決の鍵があることを論じている。

ここまでの章はすべて東アフリカ遊牧社会を主要な対象としているが、つづく第10章と第11章では、遊牧民との比較のために、農耕民と狩猟採集民の事例が扱われる。第10章「紛争後の農業再構築――アンゴラの農耕民がとった新生活戦略」では、村尾が、アンゴラ東部の焼畑農耕民を対象とした調査について報告している。村尾は、農耕民が、避難と帰還の過程で達成してきた農業再構築に焦点を当て、彼らがいかに緊急人道支援物資を日常生活のなかに組み込んできたのかを解明している。とくに、品種ごとの栽培特性や収穫期の違いを活用した自給自足の達成、味の嗜好性の変化、労働力配分等の点から、彼らの新生活戦略が分析され、それが農耕社会としていかなる特徴を持つのかが考察されている。

つづく第11章「困難に直面する森の民――アフリカ熱帯林に住む狩猟採集民の人道危機」では、松浦が、ピグミーが直面している人道危機とそれに対する支援の取り組みについて報告している。彼らの社会では、資源開発、環境保全政策、紛争等が危機をもたらす要因となっており、それらに対する人道支援も課題を抱えているが、松浦は、ピグミーの社会文化的な特徴を考慮した人道支援のあり方を検討している。

第Ⅱ部の最後となる第12章「人道支援を遊牧的にローカライズする――遊牧社会の脈絡を再定義する試み」は、理論的な総括と新たな展望を試みた意欲的な論考である。自然科学と哲学の両方の素養を持ち、遊牧民と開発についての膨大な知識と調査経験を有するクラトゥリは、生態学モデルの変遷を踏まえつつ、遊牧民に対する物語り方（narrative）の罠や開発問題の実体化に対して警鐘を鳴らしている。クラトゥリは、それらの議論を踏まえつつ、可変性（variability）と関係性（relationship）に着目した新たな遊牧社会へのアプローチを大胆に提案している。

湖中による終章「東アフリカ遊牧社会の現場からみた新しい人道支援モデルに向けて」では、東アフリカ遊牧民に対する人道支援のローカライゼーションに関して、人的、時間的、空間的な三つの枠組みからなるモデルが提示される。そして、湖中は、本書の各議論を総括した到達点から「内的シェルター支援モデル」を打ち出すことを試みている。最後に、地域研究の立場から、「普遍的普遍主義」に基づく人道支援のあり方を展望することで本書を締め括っている。

もとより、本書の各章では、単純には要約しきれないさまざまな議論と詳細な民族誌的事例が提示されており、東アフリカ遊牧社会における人道支援の問題が、各調査地における資料とそれに対する学際的アプローチによって多様に照射されている。その成果は、私たちが持つアフリカや遊牧民や難民についてのさまざまなステレオタイプ・イメージを裏切りつつも、人道的危機の渦中で、人道支援とともに生きてきたさまざまな人間を考える新しい手がかりを届けてくれるものと期待している。本書が提供するのは、決して単一のメッセージには回収できない、地域研究によるさまざまな思考の可能性である。読者の方々に、筆者たちが予想もしなかった新しい可能性を本書の各稿から引き出していただくことを願って序章を閉じたい。

謝辞

現地調査でお世話になった東アフリカ遊牧民の国内避難民の皆様には数々の御協力をいただいた。本研究はＪＳＰＳ科研費ＪＰ二五二五七〇〇五、ＪＰ二〇四〇一〇一〇、ＪＰ一六Ｋ一三三〇五、ＪＰ二四六五一二七五、静岡県立大学教員特別研究推進費の助成を受けて行われた。また、本科研プロジェクトのメンバーの先生方には有益な御助言をいただいた。以上の方々の御厚意と御協力に、心より御礼申し上げる。

参考文献

アパデュライ、Ａ　二〇〇四『さまよえる近代——グローバル化の文化研究』門田健一訳、平凡社。
アンダーソン、ＭＡ　二〇〇六『諸刃の援助』大平剛訳、明石書店。
五十嵐元道　二〇一六『支配する人道主義——植民地統治から平和構築まで』岩波書店。

イネー（INEE）二〇一一『教育ミニマムスタンダード（緊急時の教育のための最低基準）二〇一〇――準備・対応・復興』お茶の水大学国際協力論ゼミ訳、お茶の水大学グローバル協力センター。

ガルトゥング、J　一九九一『構造的暴力と平和』高柳先男他訳、中央大学出版部。

クリフォード、J　二〇〇三『文化の窮状――二十世紀の民族誌、文学、芸術』太田好信他訳、人文書院。

栗本英世　二〇一一「意図せざる食の経済――人道支援と難民キャンプにおける食の充足」中嶋康博（編）『食の経済　食の文化フォーラム　二九』ドメス出版、六四―八六頁。

湖中真哉　二〇〇六『牧畜二重経済の人類学――ケニア・サンブルの民族誌的研究』世界思想社。

湖中真哉　二〇〇七「小生産物（商品）の微細なグローバリゼーション――ケニア中北部・サンブルの廃物資源利用」小川了（編）『資源人類学　〇四　躍動する小生産物』弘文堂、二五一―六二頁。

湖中真哉　二〇一二「遊牧民の生活と学校教育――ケニア中北部・サンブルの事例」澤村信英・内海成治（編）『ケニアの教育と開発――アフリカ教育研究のダイナミズム』明石書店、三六―五八頁。

湖中真哉　二〇一八「グローバリゼーションと移動」桑山敬己・綾部真雄（編）『詳論文化人類学』ミネルヴァ書房、頁数未定。

佐藤仁　二〇一六『野蛮から生存の開発論――越境する援助のデザイン』ミネルヴァ書房。

スフィア・プロジェクト（編）二〇一二『スフィア・プロジェクト――人道憲章と人道対応に関する最低基準』特定非営利活動法人　難民支援協会訳、特定非営利活動法人　難民支援協会。

ダイソン＝ハドソン、N　一九九八「牧畜生産システムと畜産開発プロジェクト――東アフリカにおける視点」チェルネア、MM（編）『開発は誰のために――援助の社会学・人類学』〝開発援助と人類学〟勉強会訳、社団法人日本林業技術協会、一五三―一七九頁。

ブローマン、R　二〇〇〇『人道援助、そのジレンマ――「国境なき医師団」の経験から』産業図書。

ポルマン、L　二〇一二『クライシス・キャラバン――紛争地における人道援助の真実』東洋経済新報社。

米川正子　二〇一七『あやつられる難民――政府、国連、NGOのはざまで』筑摩書房。

山本博之　二〇一四『復興の文化空間学――ビックデータと人道支援の時代』京都大学学術出版会。

Abu-Lughod, L. 1991. Writing against culture. In (R. Fox, ed.) *Recapturing Anthropology: Working in the Present*, pp. 137–162.

School of American Research Press, Santa Fe.

Abu-Sada, C. (ed.) 2012. *In the Eyes of Others: How People in Crises Perceive Humanitarian Aid*. Médecins Sans Frontières (MSF), Geneva.

Active Learning Network for Accountability and Performance (ALNAP). 2013. *Evaluation of Humanitarian Action*. Overseas Development Institute, London.

Benadusi, M. & B. Riccio 2011. Introduction. In (M. Benadusi, C. Brambilla & B. Riccio, eds.) *Disasters, Development and Humanitarian Aid: New Challenges for Anthropology*, pp. 7–12. Guaraldi, Rimini.

Catley, A., J. Lind & I. Scoones (eds.) 2013. *Pastoralism and Development in Africa: Dynamic Change at the Margins*. Routledge, London.

CHS Alliance. 2014. *The Core Humanitarian Standard on Quality and Accountability*. Groupe URD, Plaisians.

de Waal, A. 1997. *Famine Crimes: Politics and the Disaster Relief Industry in Africa*. James Currey, Oxford.

Evangelou, P. 1984. *Livestock Development in Kenya's Maasailand: Pastoralists' Transition to a Market Economy*. Westview Press, London.

Fabian, J. 1983. *Time and the Other: How Anthropology Makes Its Object*. Columbia University Press, New York.

Farmer, P. 2004. An anthropology of structural violence. *Current Anthropology*, 45: 305–325.

Fratkin, E. 1991. *Surviving Drought and Development: Ariaal Pastoralists of Northern Kenya*. Westview Press, Boulder.

Fratkin, E. 1997. Pastoralism: Governance & development issues. *Annual Review of Anthropology*, 26: 235–261.

Fratkin, E. 2001. East African pastoralism in transition: Maasai, Boran, and Rendille cases. *African Studies Review*, 44(3): 1–25.

Fratkin, E., K.A. Galvin & E.A. Roth 1994. Introduction. In (E. Fratkin, K.A. Galvin & E.A. Roth, eds.) *African Pastoralist Systems: An Integrated Approach*, pp. 1–15, Lynne Rienner Publishers, London.

Galaty, J.G. & P.C. Salzman (eds.) 1981. *Change and Development in Nomadic and Pastoral Societies*. E.J. Brill, Leiden.

Galaty, J.G., D. Anderson, P.C. Salzman & A. Chouinard (eds.) 1981. *The Future of Pastoral Peoples: Proceedings of a Conference*

Held in Nairobi, Kenya, 4–8 August 1980. International Development Research Centre, Ottawa.

Galaty, J.G. & P. Bonte (eds.) 1991. *Herders, Warriors, and Traders: Pastoralism in Africa.* Westview Press, Boulder.

Gupta, A. & J. Ferguson (eds.) 1997. *Culture, Power, Place: Explorations in Critical Anthropology.* Duke University Press, Durham.

Harrell-Bond, B.E. 1986. *Imposing Aid: Emergency Assistance to Refugees.* Oxford University Press, Oxford.

Hodgson, D.L. (ed.) 2000. *Rethinking Pastoralism in Africa: Gender, Culture & the Myth of the Patriarchal Pastoralist.* James Currey, Oxford.

Horowitz, M. & P. Little 1987. African pastoralism and poverty: Some implications for drought and famine. In (M. Glantz, ed.) *Drought and Hunger in Africa*, pp. 59–82. Cambridge University Press, Cambridge.

Intergovernmental Panel on Climate Change (IPCC) 2007. *Climate Change 2007: Impacts, Adaptation and Vulnerability.* Cambridge University Press, Cambridge.

International Committee of the Red Cross (ICRC) 1996. *The Fundamental Principles of the Red Cross and Red Crescent.* Geneva.

Johnson, D.H. 1981. The fighting Nuer: Primary sources and the origins of a stereotype. *Africa*, 51: 508–527.

Knowles, J.N. & D.P. Collett 1989. Nature as myth, symbol and action: Notes towards an historical understanding of development and conservation in Kenyan maasailand. *Africa*, 59(4): 433–460.

Krätli S. 2001. *Education Provision to Nomadic Pastoralists, A Literature Review.* IDS Working Paper 126, World Bank, New York.

Krätli, S. & C. Dyer 2006. Education and development for nomads: The issues and the evidence. In (C. Dyer, ed.) *The Education of Nomadic Peoples: Current Issues, Future Prospects*, pp. 8–34. Berghahn Books, Oxford.

Kratz, C.A. & R.J. Gordon 2002. Persistent popular images of pastoralists. *Visual Anthropology*, 15: 247–265.

Kurimoto, E. 2005. Multidimensional impact of refugees and settlers in the Gambela Region, Western Ethiopia. In (I. Ohta and Y. D. Gebre eds.) *Displacement Risks in Africa: Refugees, Resettlers and their Host Population*, pp. 338-358. Kyoto University Press, Kyoto.

Lensu, M. 2003. *Respect for Culture and Customs in International Humanitarian Assistance: Implications for Principles and Policy.*

Ph.D. Dissertation, Department of Government, London School of Economics and Political Science.

Livingstone, I. 1977. Economic irrationality among pastoral peoples: Myth or reality? *Development and Change*, 8: 209–230.

Majok, A.A. & C.W. Schwabe 1996. *Development among Africa's Migratory Pastoralists*. Bergin & Garvey, Westport.

Malkki, L. 1996. Speechless emissaries: Refugees, humanitarianism, and dehistoricization. *Cultural Anthropology*, 11(3): 377–404.

Markakis, J. 2004. *Pastoralism on the Margin*. Minority Rights Group International, London.

Minn, P. 2007. Toward an anthropology of humanitarianism. *The Journal of Humanitarian Assistance*. August 6, 2007. Online. (https://sites.tufts.edu/jha/archives/51　二〇一五年一〇月一〇日閲覧)

Network on Humanitarian Assistance (NOHA) 1998. *Anthropology in Humanitarian Assistance, Second Edition*. Office for Official Publications of the European Communities, Luxembourg.

Nichols, B. 1987. Rubberband humanitarianism. *Ethics and International Affairs*, 1: 191–210.

Pavanello, S. 2009. *Pastoralists' Vulnerability in the Horn of Africa: Exploring Political Marginalization, Donors' Policies, and Cross-Border Issues*. Humanitarian Policy Group (HPG) Overseas Development Institute, London.

Prendergast, J. 1996. *Frontline Diplomacy: Humanitarian Aid and Conflict in Africa*. Lynne Reinner Publishers, Boulder.

Raikes, P.L. 1981. *Livestock Development and Policy in East Africa*. Scandinavian Institute of African Studies, Uppsala.

Roth, E. A. & E. Fratkin 2005. Introduction: The social, health, and economic consequences of pastoral sedenterization in Marsabit District, northern Kenya. In (E. Fratkin & E.A. Roth, eds.) *As Pastoralists Settle: Social, Health, and Economic Consequences of Pastoral Sedentarization in Marsabit District, Kenya*, pp. 1–28, Kluwer Academic Publisher, New York.

Sandford S. 1983. *Management of Pastoral Development in the Third World*. John Wiley and Sons, Chichester.

Scoones, I. (ed.) 1995. *Living with Uncertainty: New Directions in Pastoral Development in Africa*. Intermediate Technology Publications, London.

Spencer, P. 1998. *The Pastoral Continuum: The Marginalization of Tradition in East Africa*. Clarendon Press, Oxford.

Straight, B. 2009. Making sense of violence in the "badlands" of Kenya, *Anthropology & Humanism*, 34(1): 21–30.

Terry, F. 2002. *Condemned to Repeat? The Paradox of Humanitarian Action*. Cornell University Press, Ithaca.
Tsing, A. L. 2005. *Friction: An Ethnography of Global Connection*. Princeton University Press, Princeton.

第Ⅰ部　支援の現場から人道支援を再考する

——食糧・物資・医療・教育

第1章　食糧援助からの脱却を目指して

ケニア北部の遊牧民レンディーレの食糧確保

孫　暁剛

1　序——遊牧民と食糧援助

(1)　東アフリカ遊牧民を対象とした開発援助とその影響

東アフリカに広がるサバンナや半砂漠草原といった乾燥地域は、降雨量が少なく、旱魃がひんぱんに発生する地域である。農業生産が不安定で生産性が低いため、多くの人びとは遊牧や半農半牧といった生計手段で家畜とともに生活している。その数は五〇〇〇万人といわれる（African Union, 2010）。遊牧民にとって旱魃は家畜に大きなダメージを与え、人びとの生活基盤を脅かす災害である。そのため人びとは長い間に、食性や適応能力が異なる家畜種を組み合わせて飼養し、家畜を複数の放牧地に分散させるとともに、牧草地や水場を共同利用して高い移動性を維持する適応戦略を実践してきた（Dahl & Hjort, 1976, 太田 一九九八）。

しかし過去一世紀の間に、食糧援助をはじめ、定住化政策や大規模な開発プロジェクト、そして貨幣経済の浸透の影響をうけ、遊牧民の暮らしは大きく変化した。まず、一九世紀末からはじまったヨーロッパ列強による植民地支配によって、「部族放牧区」を強制的に画定され、遊牧民と家畜の移動が制限された（佐藤 二〇〇二）。つぎに、一九六〇年代に東アフリカ諸国が独立した後、各国の政府は遊牧民を国家の政治・経済システムに統合させるために定住化政策を進めた（Kituyi, 1990）。そして、一九七〇年代後半のサヘル地域の大旱魃と一九八四～八五年に発生した東アフリカ大旱魃は、数十万人の犠牲者を出した大規模な自然災害として世界中に注目され、緊急人道支援として救援食糧（relief food）の配給が定着した。さらに、大旱魃に対する救済をきっかけに、遊牧民を対象とした大規模な開発プロジェクトが行われるようになった。先進国や国際機関が主導する開発プロジェクトは、「時代遅れ」で「環境破壊的」と見なされた遊牧を市場向けの畜産システムへ転換させようとした（Dyson-Hudson, 1985, Fratkin, 1991, 1998）。

遊牧社会では、こうした大きな社会的・経済的な影響をうけて、放牧地の私有化、政治的な周縁化、そして経済的な貧富格差の拡大といった変容が起きた（Galaty, 1994, Campbell, 1993, Fratkin & Roth, 1990, Spencer, 1998, Catley et al., 2013）。とくに開発援助の拠点となるローカルな町の周辺に遊牧民の集落が定着するようになり、旱魃で家畜を失った人びとや、遊牧活動に参加しない高齢者と乳幼児、学生などが定住するようになった。彼らは安定した生計手段がなく、食糧援助に依存しており、慢性的な食糧不足と栄養不良の生活が今日までつづいている（Fratkin & Roth, 2005, Sun, 2005）。

(2) 自然災害の増加と食糧援助の限界

さまざまな社会変容を経験し脆弱性が増大している遊牧民は近年、地球規模の気候変動にともなう自然災害の増加というさらなる脅威にさらされている（Galvin et al., 2001, IPCC, 2007, Collier et al., 2008）。東アフリカ乾燥地域は熱帯収束帯の移動にともなって、一年のうち、一月から三月中旬までが小乾季、六月から一一月末までが大乾季、それを挟んで大雨季（三月下旬～六月上旬）と小雨季（一二月～一月上旬）がある。しかし、必ずしも期待どおりに雨季に雨が降るわけではない。植物のほとんどは雨季にいっせいに発芽・成長する生理生態を持つため、雨が降らなければ植物も育たない。そして二年以上つづく少雨は大旱魃を引き起こす。

北部ケニアの過去の旱魃の発生頻度をみると、一九七〇年以前には約一〇年に一回（一九三九、一九四九、一九五八、一九六八）、一九七〇年から二〇〇〇年までは約一〇年に二回（一九七〇～七一、一九七八、一九八四～八五、一九八八、一九九〇～九二、一九九六）、そして二〇〇〇年から二〇一七年まではすでに五回（二〇〇〇～〇一、二〇〇五～〇六、二〇〇八～〇九、二〇一〇～一二、二〇一六～一七）発生している。このような旱魃の増加傾向について遊牧民の間では、「おじいさんは旱魃が一〇年に一度起きたといい、お父さんは五年に一度起きたという。しかし今では二～三年に一度起きている」と広く伝えられている。

遊牧民の話によると、旱魃の被害を受けたヤギ・ヒツジの群れは元のサイズに回復するまで三～五年が必要で、ウシの群れは一〇年かかる。旱魃が短いサイクルで繰り返されると、植生が十分に回復できず、ダメージを受けた家畜群の回復も遅れる。その顕著な例は二〇一〇～一二年の東アフリカ大旱魃である。この旱魃による被害は過去六〇年間のうち最大の規模で、被災地域がソマリア南部からケニア東部と北部、そしてエチオピア南部と東部に広がり、被災者数が一二〇〇万人にのぼったと報道されている（OCHA and Paddy Allen, 2011, USAID, 2011, Oxfam, 2011）。しかしこの被害は単発的な自然災害によるものではなく、二〇〇五～〇六年、二〇〇八～〇九年、そして二〇一〇～一二年という短いサイクルで旱魃が繰り返されたことによる悪循環と考えるべきであろう。

一方、雨季の雨も広域に降るのではなく、短期間に局地的に降る集中豪雨が大半である。普段まったく水が流れていない河川には、こうした集中豪雨によって流れの早い洪水が発生する。一九九七年と二〇〇七年にはエルニーニョによる集中豪雨で東アフリカ広域に洪水被害が出た。旱魃はゆっくり発生し人や動植物の体力を消耗しながら広域に被害をもたらすのに対して、集中豪雨は狭い範囲に短期間で深刻な被害をもたらすとされる。

このような予測を超える広い範囲での自然災害の増加傾向のもとで、救援食糧の備蓄不足や配給が間に合わないなどの事態が被害をさらに拡大させる恐れがあるため、従来の食糧援助に依存した旱魃対策はもはや限界であると指摘されている（Save the Children and Oxfam, 2012）。一方、遊牧民の気候変動に対する脆弱性と対応能力について合同調査を行った国際開発援助機関は、「近年の気候変動はこの地域に気温の上昇、旱魃の発生頻度の増加、そして季節外れの集中豪雨の発生をもたらしている。さらに政治的・社会的な問題が加担しているため、伝統社会の多くは従来の適応戦略では対処できなくなり、新たな生計戦略への転換を迫られている」（Riché et al., 2009: 3）と報告している。このように遊牧民にとって、食糧援助に依存した旱魃対策から脱却し、自然災害に対応できる食糧の安全保障が確立できるかどうかは、生業の持続性にかかわる重要課題である。

しかし、過去半世紀にわたる開発援助の影響で、遊牧民の多くは食糧援助を、災害時の人道支援としてではなく、食糧確保手段の一つとしてとらえている。食糧援助からの脱却を目指すには、まず遊牧民は現在どのように食糧を確保しているのか、そのなかで食糧援助がどのような役割を果たしているのかを理解する必要がある。そのためには、本書の序章で提起したグローバルとローカルの接合領域に焦点を当てるアプローチが有効である。つまり、遊牧民の食糧確保を、食糧援助を含めた地域全体の食糧生産・流通・利用のなかで理解するとともに、食糧援助が遊牧民によってどのようにローカライズされ利用されているのかに注目するアプローチである。

本章では、ケニア北部の遊牧民レンディーレの食糧確保に注目し、食糧援助からの脱却と地域の自立した食糧安全保障のあり方を検討する。まず、定住化が進むなかでのレンディーレの食糧確保とそのなかに組み込まれた食糧援助の役割を明らかにする。つぎに、遊牧民と地域商人との「つけ買い」関係に注目し、食糧の安定確保を支える地域セーフティネットを明らかにする。そして、近年の通信技術や交通手段の改善にともなって活発化している人の移動と、新たな援助の仕方としての現金移転事業に注目し、食糧援助に頼らない食糧確保の可能性を探る。最後に、食糧確保をめぐる地域セーフティネットの強化・活用と、地域の自立した食糧生産・流通・利用のネットワークの構築をとおして、食糧援助からの脱却と地域の新たな食糧安全保障のあり方を提言する。

2　遊牧と定住における食糧確保と食糧援助の利用

(1)　食糧の生産・流通・利用ネットワークと食糧援助

レンディーレは北部ケニアのカイスト砂漠（Kaisut Desert）を本拠地とし、ラクダと小家畜（ヤギとヒツジ）、そして少数のウシを飼養する専業的遊牧民で、その人口は政府の統計によると約六万人を数える（Oparanya, 2010）。カイスト砂漠は年間降水量が二〇〇ミリメートル程度で、東アフリカのなかでもっとも乾燥が厳しい地域の一つである。植生は灌木草原と半砂漠草原が面積の八割以上を占め、農耕はほとんどできない。人びとの生計を支える遊牧も変動が激しい降雨、乏しい牧草、そして限られた水場によって大きく制限されている。

レンディーレの暮らしは過去半世紀にわたる食糧援助や開発援助とともに変化してきた。一九七〇年代からのキリスト教の布教・慈善団体による食糧配給にはじまり、一九八〇年代にはさまざまな国際機関が大旱魃に対する人道支援や開発援助プロジェクトの一環として食糧援助を実施した（Fratkin, 1998）。そして一九九〇年代後半から現在までは、国連世界食糧計画（WFP: World Food Programme）の主導で旱魃時における救援食糧の配給と脆弱世帯（vulnerable household）を対象とした定期的な食糧援助が行われている（WFP, 2000）。

食糧援助と開発プロジェクトがこの地域にさまざまな変化をもたらし、とりわけローカルな町の発展とそれにともなう遊牧民集落の定住化は人びとのライフスタイルを大きく変えた。一九七〇年代の調査によるとレンディーレは高い移動性を有する集落と放牧キャンプを持ち、家畜から得る畜産物や行商人との交換から得る農産物に依存して遊牧生活を営んでいた（Sato, 1980）。一九八〇年代には開発援助プロジェクトの拠点として町が整備され、行政機関のオフィスや小学校、診療所などの施設が作られ、食糧や日用品を販売する店も増えた。辺境地で交通アクセスが非常に悪いため、旱魃時の救援食糧も町を拠点に配給されるようになった（Fratkin, 1998）。配給にもれなく参加し、食糧を

写真 1-1　開発援助とともに発展したコル町（町中心に携帯電話のアンテナが目立つ）

写真 1-2　町近郊の半砂漠草原にある定住集落

自力で集落まで運ぶためには、町から近い場所に集落を作ったほうが有利である。こうして放牧地に分散していた遊牧民の集落が町の近くに集まるようになった。現在、レンディーレの集落のほとんどは開発プロジェクトの拠点となる町の周辺に定着している（写真1‐1、1‐2）。

レンディーレの人口がもっとも集中しているコル地区で私が行った調査では、コル町を中心に放射状に計四一の集落が作られ、四三七四世帯の約二万人が居住している。集落のサイズは三〇～一五〇世帯で、集落は基本的に同じクランかサブクランの成員で作られるので、出自にもとづく結束が強い。

しかし町の周辺では放牧できる場所が限られているため、人びとは定住集落とは別に放牧キャンプを作り、牧草と水場の状況に合わせてひんぱんに移動している（孫 二〇一二）。キャンプでは若者たちを中心に家畜の放牧管理に従事し、一方の定住集落には高齢者や既婚女性、そして子どもたちが住む。このような定住的な集落と移動性を持つ放牧キャンプの二分制居住形態は、レンディーレだけではなく、今日の北部ケニアの遊牧民に共通する特徴である。

集落の食生活は配給される救援食糧（トウモロコシの粒や豆類、植物性油など）と町から購入する農産物類（トウモロコシ粉と粒、少量の米と豆類）でまかなっている。食事は基本的に各世帯単位で行うが、食糧が不足しているときは住民同士で助け合うことがよくある。各世帯は通常五～六頭の搾乳用小家畜を飼っている。一日の搾乳量は多いときでも五〇〇ミリリットル程度で、乳幼児に飲ませたり、嗜好品のミルクティーを作ったりするために使われる。

レンディーレは家畜種ごとに放牧キャンプを作る。そのうち、乾燥に強いラクダをもっとも高く評価している。ラクダ放牧キャンプは同じ集落のラクダを集めて作られ、同じクラン出身の青年たちによって管理される。キャンプの平均サイズはラクダ一〇群れ（約五〇〇頭）と牧夫二〇～三〇人である。キャンプの食糧はすべて畜産物でまかなう。雨季にはラクダが水分をたくさん含んだ植物を食べるので泌乳量が多く、牧夫はミルクだけで充分な食糧を得ている。一方、乾季にはラクダの頸静脈から血を採取し、ミルクと混ぜて作る混血乳が利用される。ラクダ放牧キャンプでは群れのサイズに関係なく、得られた畜産物がすべて一か所に集められ、牧夫全員に平等に配分される（写真1-3）。

写真1-3　ラクダキャンプで牧夫全員に食糧が配分される

ウシ放牧キャンプも同じ集落のウシを集めて作ることが好まれる。しかしウシを積極的に増やすようになったのは近年のことである（孫 二〇〇四）。そのためウシを所有していない世帯が多く、キャンプの規模はラクダより小さい。放牧管理を担当するのは青年か少年である。ウシは雨季の間は泌乳量が多いが、乾季にはミルクが出ないときもある。キャンプの人びとは雨季の間は畜産物を主食とし、乾季には町から購入する農産物を利用する。キャンプには食糧を運ぶためのロバが一、二頭用意されている。キャンプの食糧が不足すると、牧夫はウシ所有者に食糧を要求する。ウシ所有者は町から農産物を購入してキャンプに届ける。救援食糧の配給があれば、その食糧の一部をキャンプに送ることもある。

小家畜は成長が早く個体数が多いため、どの世帯も自分の群れを持っている。キャンプは同じ集落出身の数世帯が集まって作る。小家畜の放牧管理は既婚男性かその子どもが担っている。雨季には家族全員でキャンプに滞在することもある。キャンプの食事は年間をとおして農産物とミルクである。家畜群の移動中に町の近くを通るときには、持ち主が家畜マーケットで小家畜を売却して食糧を購入する。そのときお金の一部を集落に残された家族に送ることもある。マーケットで売却できなかった場合、売店の商人と直接交渉して家畜と食糧を交換することもある。またウシキャンプと同様、救援食糧の配給があるときには集落から食糧の一部を送ってもらうこともある。

このように定住化が進むレンディーレ社会では、放牧キャンプ・集落・町の間に構成するネットワークをとおして食糧の生産・流通・利用を行っている。このうち、畜産物だけで食糧を自給できるのはラクダ放牧キャンプのみである。それに対して、食糧自給率がもっとも低いのは高齢者や乳幼児が多く住む集落で、食糧の安全保障からみてもっとも脆弱である。救援食糧は定住集落の食糧確保にとって重要であるだけではなく、その一部は集落からウシ・小家畜の放牧キャンプに送られ、乾季や旱魃時に食糧が不足している放牧キャンプの食糧確保にも貢献している。つまり、食糧援助は遊牧民の生計戦略に組み込まれているといえる。

(2) 旱魃時の食糧確保と救援食糧の再分配

つぎに、自然災害が発生したときに、この町・集落・キャンプからなる食糧生産・流通・利用のネットワークの中で食糧援助はどのような役割を果たしているのか、二〇一〇～一二年の大旱魃時におけるレンディーレの対応からみてみよう。

二〇一〇年末の小雨季には雨にめぐまれなかったため、レンディーレはカイスト砂漠中央の半砂漠草原にいる小家畜とウシ群を南東部の疎林草原に移動させた。そこはケニアとエチオピアをむすぶ幹線道路が通っているため、道路沿いの町にある家畜マーケットや食糧などの売店にアクセスしやすかった。そして二〇一一年三月の大雨季に入っても雨が降らなかったため、人びとは家畜を連れて南下しはじめた。最終的には南隣するイシオロ郡に流れる大河ワソ・ニョロ川の北岸に到達し、そこで旱魃をしのいだ。この場所は集落があるコル地区から南東に二〇〇キロメートル以上離れていて、小家畜を連れて移動する場合は一〇日間かかる。人びとはイシオロ市の家畜マーケットで家畜を売却して食糧を購入した。そして食糧不足を補うために川辺林からヤシの実などの野生植物を採集した。このとき、乾燥に強いラクダも集落から南東に約八〇キロメートル離れたライサミス地区に移動した。旱魃をしのぐために、キャンプの人びとは一年以上集落に帰ることができなかった。それでも避難のタイミングが早かったため、二〇〇五〜〇六年の旱魃よりも家畜が受けたダメージは少なかった。

一方集落に残された人びとは、主として食糧援助に頼っていた。二〇一一年の一年間、世界食糧計画が一か月半おきに救援食糧の配給を行った。配給の内容はトウモロコシの粒、米、豆類などの主食と、調理用油、そして栄養不良の子ども向けのユニミックス（Unimix）とよばれる栄養食であった。配給は世界食糧計画の委託をうけたケニア赤十字が担当した。配給対象は集落全員ではなく、世界食糧計画の基準にもとづいて認定された脆弱世帯だけであった。これは食糧のばらまきを防ぎ、本当に必要な人に食糧を与えるという食糧援助の基本方針に基づいたものである。対象世帯の認定はケニア赤十字のスタッフと各集落の長老代表者によって組織された救援委員会（Relief Committee）が担当した。実際には高齢者と乳幼児、そして寡婦などの社会的弱者がいる世帯が認定された。救援食糧はトラックで集落まで運ばれ、担当スタッフが脆弱世帯の名簿にそって配給を行った。対象者である高齢者や乳幼児などが受け取りに来られない場合、その親族が代理で受け取った。

しかし集落の人びとは援助機関のスタッフが帰った後、受け取った食糧を一か所に集めて、その総量に応じて集落にいる全世帯に再分配した。このことについて人びとは次のように説明している。「旱魃の間に放牧キャンプが遠くへ行ってしまったため、どこの家も家畜がいなくて、みんな助け合って暮らしている。高齢者や寡婦（いわゆる脆弱世帯）ほどまわりの人たちに助けられている。もし彼（彼女）らがもらった食糧を自分の家だけで消費するなら、食糧がなくなって困ったとき、まわりの誰も助けないだろう」。集落の人びとにとって、慢性的な食糧不足と不確実な自然災害の脅威のなかで生活を維持するためには、相互扶助の社会関係がもっとも重要である。そのため、救援食糧の配給から生じる不均衡によって相互扶助関係が崩れないように自ら再調整したのである。

このように、レンディーレの定住集落と放牧キャンプはそれぞれの対策で大旱魃を乗り切ろうとした。放牧キャンプは高い移動性を活かして早いタイミングで避難したことによって、唯一の財産である家畜を守ることができた。一方、家畜が遠く離れて畜産物にアクセスできなくなった集落の人びとは、食糧援助に頼って継続的に食糧を入手し、生活を維持することができた。このことから、自然災害時における救援食糧の配給は定住集落に住む人びとにとって食糧を安定的に確保するために重要であることが確認できた。一方、援助の公平性を重視し脆弱世帯を対象とする食糧配給よりも、相互扶助の関係にもとづく集落全員への食糧の再分配のほうが、災害時における食糧の安全保障にとって重要な意味を持つことが明らかになった。

3　食糧の安定確保を支える地域セーフティネット

(1)「つけ買い」による食糧確保

現在、レンディーレが救援食糧の配給を受けられるのは自然災害が発生したときに限られている。食糧援助がないとき、定住集落の人びとは町から農産物を購入して生活している。レンディーレのおもな現金収入源は家畜の売却である。しかし旱魃で家畜が遠方に避難したり、家畜の健康状況がよくなかったり、家畜マーケットへのアクセスが悪かったりする場合もあり、人びとは常に現金収入があるわけではない。それにもかかわらず食糧を確保できるのは、町の売店で「つけ買い」できるからである。

「つけ買い」とは、売店の帳簿に名前、購入品目、購入日を記入するだけで、その場でお金を払わなくても買い物ができるしくみである。つけができる期間は通常一〜三か月間で、返済は購入金額の合計額で、利息はつかない。町の商人は「つけ」のことを英語の「credit」とよぶが、集落の人びとは一般的に「書く」という意味の「*chiira*」という表現をつかう。それは、売店で品物を注文した後、店員が数量や金額を帳簿に記入するためである。

食糧などのつけ買いがはじめられたのは一九九〇年代とされる。コル町で二世代にわたって卸売りと小売りをしている商人の話によると、この商人の父がコル町に店を開いた一九八〇年代はじめには定住集落がなく、人びとは遠方からロバを連れて買い物に来て、一度に二か月分の食糧や日用品を購入していた。一九八四～八五年の大旱魃に対する食糧援助をきっかけに町周辺に集落が定着するようになった。そして、一九九二年に近隣地域で起きた民族対立と家畜の略奪によって、多くのレンディーレがコル町周辺に移住してきた。

町へのアクセスが容易になると、以前のように一度に大量に食糧を購入する必要がなくなり、定住集落の既婚女性たちは二～三日おきに町に買い物に来るようになった。同じ店にひんぱんに買い物に来ると、商人とも知り合いになる。そして一時的に現金が不足しても、先に食糧を持って帰って後日に清算しに来る人も現れた。はじめは資金を持つ卸売商人の店だけが信用できる人にこのようなつけ買いをさせたが、その人の親戚や同じ集落の人びとも頼みに来た。集落には現金を持っていない人が多いため、この方法がすぐに広まった。

(2)「つけ買い」を支える信頼関係

商人にとってつけ買いの一番のメリットは、多くの顧客を確保できることである。いったんつけ買い関係ができると、集落の人びとは数年にわたって同じ店で買い物しつづける。また、人びとは集落と放牧キャンプの間を行き来しているので、集落だけではなくキャンプの食糧も一緒につけ買いする。そのため、毎月のつけ買い金額は五〇〇〇～一万ケニアシリングの間で変動する。つけが高額になって返済してもらえなくなるリスクを避けるため、商人は顧客の出身や家計に関する情報を集め、それぞれの顧客の家計状況に応じて一～三か月の期間で返済を要求する。毎月返済できるのは、出稼ぎ者がいて送金がある世帯だけである。遊牧を営む世帯では家畜を売却しなければ現金が得られないため、返済時期が不確定である。ある程度つけがたまると、商人は顧客にその額を知らせて返済について話し合

写真 1-4　つけ買いの顧客が多い店では食糧品を大量に備蓄している

う。全額が返済できなくても、一部が返済されれば、次のつけができるようになっている。また、お金の管理があまり得意ではない新婚女性などに対して、商人が毎月のつけ買い額を決めてあげることもある。このように、つけ買いは商人と顧客の信頼関係がなければ成立しない。

レンディーレと商人がつけの返済について話し合うときは、「モグ（*mog*）」という言葉をよく使う。「モグ」は、もともとレンディーレ社会固有の家畜をめぐる貸し借り関係の一つで、オス家畜（ラクダ・ヤギ・ヒツジ・ロバ）が対象である。借り手は家畜を必要とする具体的な理由（たとえば所有家畜を略奪によって失った、食糧に困った、子どもが生まれてお祝いのために家畜を屠殺したい）を示して「モグ」を申し出る。それに対して貸し手は、借り手との社会関係や社会的弱者に対する救済などの立場から「モグ」に応じる。この貸し借りをめぐる交渉は通常三日から一週間かかる。交渉がいったん成立すれば、借り手は必要に応じて借りたオス家畜を屠殺したり、売却したりすることができ、貸し手に返済を求められるまで返す必要がない。また返済は貸し借り双方が納得する家畜であればよく、最初に貸した家畜にこだわらない。「モグ」は当事者の信用関係にもとづくもので、保証人や担保がない。しかし、借り手がたくさんの家畜を借りて返済できなくなることを防ぐために、一生に六回しか「モグ」で借りることができないという規則がある。また、「モグは期限切れしない（*mog musuusuhtoo*）」という語りがあるように、この貸し借りは人びとの記憶に残り、数世代にわたってつづく。とくに、旱魃などによって自分の家畜を失った貸し手やその子孫が、かつての「モグ」の借り手やその子孫に対して返済を求めることができるとされる。一方、売店でのつけ買いの返済が「モグ」とよばれるのは、家畜の「モグ」と同じように返済が完了するまで貸し借り関係が解消できないことを強調しているからだと思われる。

多くの固定客を持つ商人は、常に食糧の在庫を確保する必要がある（写真１‐４）。店に食糧がなくなると、人びとは、ほかの店に行って食糧を買わなければならないため、以前のつけを返済してもらえなくなる心配がある。また、急な値上げなども嫌われるので、食糧価格の安定にも気を配らなければならない。ケニアでは農産物価格の上昇が激しいため、トラックを持つ卸売商人は農産物価格が安い隣国エチオピアまで食糧を調達に行くこともある。このように、食糧流通の担い手である地域商人は、遊牧民が暮らす乾燥地域における食糧の安定供給に重要な役割を果たしている。つけ買いで結ばれる遊牧民と地域商人の関係は、乾燥地域の食糧の安全保障を支えるセーフティネットの役割を果たしている。

４　食糧確保手段の多様化

(1)　活発化する人の移動と畜産物利用

二〇一〇〜一一年の東アフリカ大旱魃の後、遊牧民を対象とした食糧援助は減少した。その理由は、ケニアの地方分権化にともなって旱魃対策の責任が中央政府から郡政府に代わったことや、世界食糧計画が援助の重点を旱魃対策から脆弱世帯と学校給食への継続的な支援にシフトしたこと、北部ケニアで新たな援助として現金移転事業（HSNP: Hunger Safety Net Programme）が実施されたことなどである。二〇一六〜一七年に五年ぶりに旱魃が発生したが、私が二〇一七年三月に行った調査では、キリスト教の慈善団体による小規模な救済活動を除けば、従来の旱魃時のようなケニア政府や援助機関による食糧援助は実施されなかった。一方、定住集落の人びとが食糧を確保するためのさまざまな対応がみられた。もっとも顕著な対応は、定住集落から一〇〇キロメートル以上を隔てている放牧キャンプに既婚女性や乳幼児を含めて世帯人口の大半が移り住んだことである。

兄弟である二人の長老を中心とした拡大家族の成員の分散居住を調査した結果、成員総数三二人のうち、家長である六〇代の既婚男性、新婚の娘二人、小学校教師の次男、町に住む第二夫人と乳幼児三人、家長の弟の第二夫人とその乳児の計一〇人が集落や町に留まっていたが、二二人（六九％）が調査時に放牧キャンプに滞在していた。このうち、キャンプで家畜の放牧管理を担当しているのは、家長の長男、三男、家長の弟とその長女と長男の五人だけで、それ以外の一七人は放牧活動に参加しなかった。

これまで、旱魃に対する食糧援助は町を拠点に行われることや、旱魃時に畜産物の生産量が少なく放牧キャンプに多くの人を収容できないことから、牧夫を除いて人びとは救援食糧を受け取るために集落に留まることが多かった。今回のように定住集落を空けて多くの世帯員が放牧キャンプに移住したことについて、集落の人びとは次のような理由を挙げた。

「これまでの旱魃と違って救援食糧の配給に関する情報がなく、集落に留まっても食糧がない。旱魃が進行するにつれ、集落周辺の牧草がなくなり、搾乳用に集落に残された数頭のヤギも飼育できなくなった。町からつけ買いで農産物を入手できるが、畜産物がまったくないため、妊婦や授乳中の女性とその幼児を中心に口唇が腫れたり、目眩がしたりするなどの病気が増えた。その原因は食糧不足と栄養不良によるものと思われ、まだ少量でもミルクが得られる放牧キャンプに女性と子どもたちを送ることにした」。

これまでも旱魃が起きる度に多くの集落住民に栄養不良の症状がみられたが、放牧キャンプに移住することはなかった。その理由として、二〇一四年から携帯電話のネットワークが定住集落と放牧地の全域をカバーできるようになったため、放牧キャンプの現在地と食糧事情、そして家畜の健康状態や泌乳量を確認できるようになり、移住の判断がしやすくなったことが挙げられた。また、二〇一六年より幹線道路が舗装され、乗り合いバスやバイクタクシーなどのローカルな交通手段が急速に増えた。これまで既婚女性が乳幼児を連れて徒歩で長距離を移動することは難しかったが、それらの交通手段を利用すれば、放牧キャンプの近くまで行けるようになった。そこから携帯電話で放牧キャンプの牧夫と連絡を取り、キャンプから荷物を運ぶためのロバをよび寄せて、乳幼児を乗せてキャンプまで移動できるようになった。

このとき放牧キャンプが滞在していた放牧地は、二〇一六年四～五月の大雨季に雨に恵まれ、ある程度牧草が残っている地域であった。また大きな季節河川が通っていて、その川床を二～三メートル掘れば水が出る。ラクダとヤギはミルクが出ているので、キャンプに滞在すれば畜産物を消費できる。また、放牧キャンプから約二〇キロメートル離れた幹線道路沿いの町に援助機関によって大きな家畜マーケットが作られた。幹線道路が舗装されてから、マーケットを利用した家畜の売買がさかんになった。人びとは放牧キャンプから家畜を連れてきてマーケットで売り、町の店でキャンプの食糧を購入した。

このように、近年の通信技術と交通手段の改善は、集落・放牧キャンプ・町で構成する食糧生産・流通・利用ネットワークにおける人びとの移動と畜産物の利用を促進している。定住集落の人びとは健康状況や、放牧キャンプへのアクセス、畜産物の生産量と食糧の入手方法などを総合的にみて放牧キャンプへの移住を判断した。

(2) 新たな援助としての現金移転事業

近年、新しい援助の仕方として現金移転事業が注目されている。この事業は、ケニアの北部と東部の乾燥・半乾燥地域において、慢性的な食糧不足に苦しむ人びとを対象に、定期的に現金を支給することによって、極度の貧困と飢餓を改善するパイロット事業である。第一フェーズが二〇〇八～一二年に実施され、現在は第二フェーズ（二〇一二～一七年）が実施されている。資金は主として英国国際開発省（DFID: Department for International Development）が提供し、ケニアではOxfam, Care, Save the Childrenなどの国際開発援助機関と国際ＮＧＯが共同で運営している。

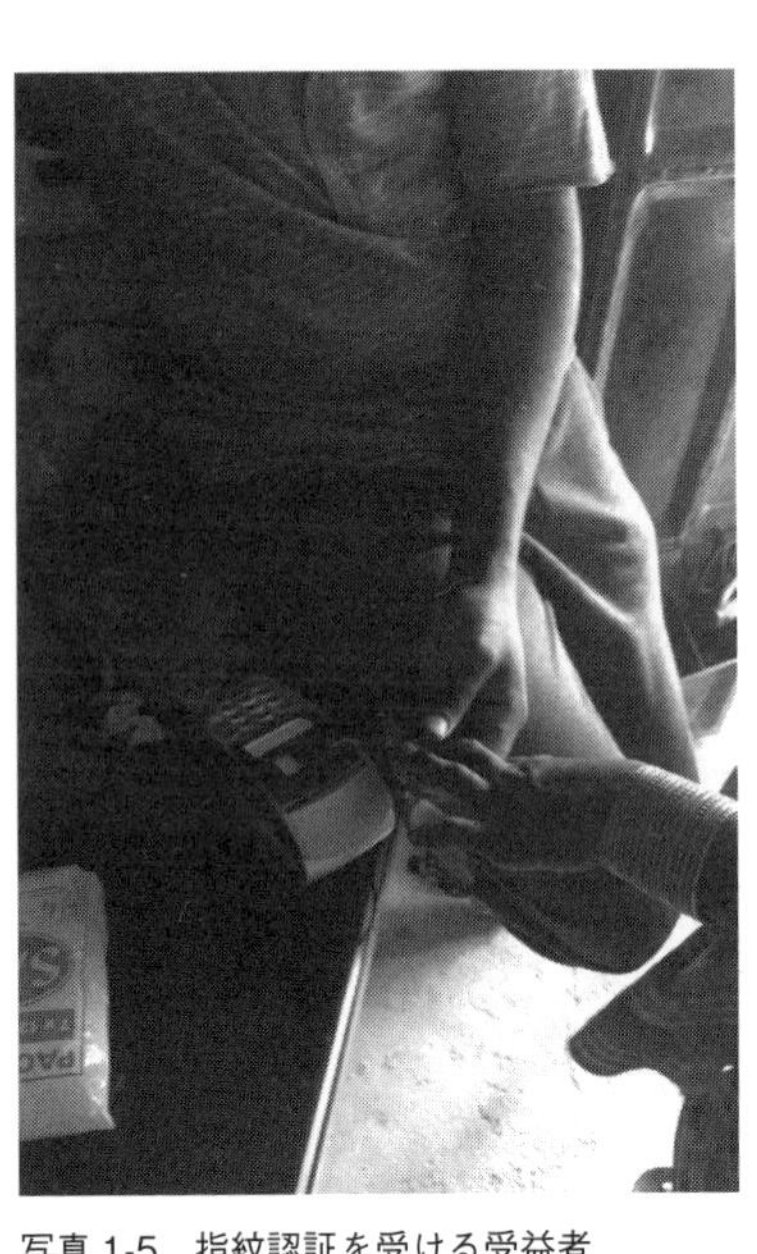

写真 1-5　指紋認証を受ける受益者

　この事業でもっとも注目されているのは、民間銀行とケニアの携帯電話会社が共同開発したスマートカードによる個人認証システムである。受益者として選定された脆弱世帯の世帯主には、写真付きで個人情報や指紋データ、出入金情報が含まれたスマートカードが配布される。彼らに対しては毎月二七〇〇ケニアシリングが支給されるが、そのお金は銀行から二か月に一度スマートカードに入金される。事業対象地区では、地域住民の信頼が高い町の商人が銀行と代理店契約を交わして、スマートカードを読み取る機械を操作し、受益者に現金を支給する。受益者はスマートカードと身分証明書を持って店に行き、機械でカードの読込と指紋の認証を受け（写真1-5）、残高を確認してから現金を受け取る。その月に現金を受給しなければ、そのままスマートカードの口座に貯金される。この個人認証システムは現金支給型の援助において懸念されてきた現金の横領や不正受領を防ぐことができるため、実施機関や受益者の間で高く評価されている。

　それでは、この事業は人びとの食糧確保と生活環境の改善にどのような効果があったのか、受益者の現金利用に注目し、食糧援助と比較しながらみてみよう。

　レンディーレの二つの集落（世帯数は一二〇世帯、一〇五世帯）を対象に調査した結果、それぞれの集落の約三割の世帯が現金移転事業の受益者として認定されていることがわかった。食糧確保について受益者がもっとも高く評価しているのは、支給された現金で粉ミルクや米、そして紅茶の葉と砂糖といった遊牧民が嗜好する食糧品を購入できることである。とくに旱魃が長引いて集落で搾乳用の小家畜を飼育できなくなったとき、乳幼児やその母親たちを中心に栄養不良による病人が増える。このようなときに栄養価の高いミルク製品は貴重である。町の商人は遊牧民の嗜好や需要を把握しているため、このような食糧品は町の売店で購入できる。これに対して現金移転事業によらない食糧援助では、ドナーや実施機関によって配給品目が決められ、トウモロコシの粒や粉、豆類、少量の調理用油に限られる場合が多い。

一方、各受益世帯の世帯構成や経済状況の違いから、支給された現金の使い方にも違いがみられた。世帯構成員に高齢者や乳幼児が多い世帯や、同居または扶養する別の世帯を持つ受益世帯、家畜の所有数が少なく遊牧以外の生計手段を持たない貧困世帯などでは、支給される現金のほとんどを食糧の購入に使っている。一方、構成員が少ない世帯や世帯主が教育を受けた世帯では、支給額の一部を貯金して家畜の購入に使ったり、学校に通う子どものために使ったりしている。さらに、受益世帯のうち、支給された現金で集落の別の世帯から仔家畜を購入する人もいる。家畜を大きく育ててマーケットで売れば、支給される現金を上回るお金を手に入る。また、集落の既婚女性たちは女性グループを作り、支給された現金の一部を集めて町の売店から食糧品を仕入れて、集落のなかで販売する経済活動をはじめた。

また前節で述べたように、食糧援助を除けば、町の売店からつけ買いで農産物を購入することは定住集落の人びとの唯一の食糧確保手段である。しかし、商人はすべての人につけ買いをさせるのではなく、返済の見込みがない貧困世帯に対して「つけ」を断ったり、「つけ」の上限金額を低く設定したりすることはある。これらの貧困世帯は現金移転事業の受益者に認定されることによって、「つけ」の返済が保証され、つけ買いができるようになった。事業の代理店に指定された商人によると、貯金の考えと経験を持たない受益者に対して、定期的に残高を知らせ、計画的につけ買いするようにアドバイスしている。さらに、集落の人びとは病気の治療など緊急時に現金が必要な場合、スマートカードを担保に商人からお金を借りることもあった。

このように、新たな援助の仕方として注目される現金移転事業は、受益者自身が現金の使い方を決めるため、遊牧民の嗜好や食生活に合わせて食糧を購入したり、世帯の経済状況に合わせて食糧購入以外の経済活動に使ったりするなど、受益者の主導性と柔軟性が発揮できる。さらに、遊牧民と地域商人がつけ買いをとおして形成した食糧確保のセーフティネットを強化する効果もある。食糧援助に代わって地域の食糧安全保障に貢献する新しい援助として大きな可能性があるといえる。

5　結論——食糧援助からの脱却を目指して

二〇一〇〜一一年の大旱魃に対して、被害を受けた東アフリカ諸国の政府とこの地域の開発援助に携わってきた国際機関は、「アフリカの角地域の危機サミット」(The Summit on the Horn of Africa Crisis) をはじめ、さまざまな形で災害の教訓と対策について議論を重ねた (EAC and IGAD, 2011)。そして今後の指針としては、食糧援助を中心とした災害対策から脱却し、地域における食糧安全保障の確立とともに、住民の対応力を高め、増加する自然災害に対応できる社会を構築することが強調された (EAC and IGAD, 2011, USAID, 2012, IGAD, 2013, Krätli et al., 2013)。このように過去半世紀にわたって旱魃対策と人道支援の基本であった食糧援助はいま新たな局面を迎えている。開発援助機関は食糧援助に代わる効果的な援助方法を検討する一方、遊牧民も食糧援助に頼らない新たな生計戦略を模索している。そこで、本章においてみてきたレンディーレの食糧確保から、遊牧民にとって食糧援助に頼らない食糧安全保障の構築とそのための支援を考察する。

レンディーレは開発援助と定住化といった社会変化や増加する自然災害による影響を受けながら、生計維持と社会文化の基盤として遊牧を維持している。それを可能にしているのは高い移動性を持つ放牧キャンプである。放牧キャンプの食糧確保をみると、ラクダキャンプでは畜産物だけで食糧を確保し、牧夫全員への平等分配をとおして食糧の自給を実現している。ウシと小家畜のキャンプでは畜産物を利用しながら、家畜の売却などをとおして農産物を購入し利用している。それに対して集落には定住化政策や食糧援助の影響を受けて町の周辺に定着した高齢者や乳幼児が多く住むが、彼らは生計手段をもたず、食糧の安全保障からみてもっとも脆弱である。とくに旱魃が発生し放牧キャンプが遠くに避難したとき、定住集落の人びとはほとんど救援食糧に頼っている。このように食糧援助は、災害時における遊牧民の食糧安全保障に大きな役割を果たしてきたといえる。食糧援助からの脱却を目指すには、このような定住集落において、いかに自立した食糧確保ができるかが鍵となる。

食糧援助を除けば、定住集落の人びとは町の売店でのつけ買いをとおして食糧を確保している。つけ買いで結ばれる遊牧民と地域商人の関係は、この地域の食糧の安全保障を支えるセーフティネットの役割を果たしている。そのため、このセーフティネットを強化し、活用することができれば、食糧援助に対する依存を軽減するとともに災害への対応能力を高めることができる。まず、地域商人は食糧流通の担い手であり、食糧供給を安定させる役割を持っている。彼らの食糧備蓄能力を高めることができれば、災害時の食糧不足や食糧価格の高騰に備えることができる。つぎに、地域セーフティネットを維持するためには遊牧民による定期的なつけの返済が必要である。被災した遊牧民が一時的に返済できなくても食糧のつけ買いがつづけられるような担保や保険制度を、開発援助機関や行政が開発し導入できれば、災害時に食糧援助に頼らなくても食糧を確保できる。現在、新しい援助として注目されている現金移転事業はこの地域セーフティネットと連携することによって、災害対策としてさまざまな効果が期待されている。たとえば、つけの返済が難しかった貧困世帯は事業の受益者に認定されたことでつけの返済が保証され、商人と新たなつけ買い関係を結ぶことができた。商人は増えるつけ買い関係に対応するために、より多くの資金を投入して、運送用のトラックを購入したり、大きな倉庫を建てたりして、食糧の安定供給に努めている。また受益者のなかから、つけ買いで食糧を確保する一方、支給された現金で家畜を購入して増やす人や、互助グループを形成して、商人から食糧を仕入れて集落で販売する既婚女性たちがいる。彼ら／彼女らは地域セーフティネットを活用しながら、現金移転事業がもたらす経済機会を利用して、自立した生計手段を獲得するために努力している。

また、集落と放牧キャンプの間の人びとの移動や家畜・畜産物の流通を促進することも、定住集落の自立した食糧確保に有効である。旱魃が起きると、放牧活動に参加しない人びとや他の生計手段を持たない人びとは食糧援助に対する期待から定住集落に集まり、救援食糧の配給を待つ。彼らに旱魃の進行状況と食糧援助に関する正確な情報を早期に伝えることができれば、それを参考に自ら対策を立てることができる。たとえば、畜産物を必要とする人びとは放牧キャンプが集落から遠く離れて避難する前にキャンプに移り住むことができる。二〇一六〜一七年の旱魃時のレンディーレの対応をみると、近年の通信技術と交通手段の改善にともなって、定住集落の人びとは携帯電話を利用して放牧キャンプの場所やキャンプにおける畜産物の生産状況や食糧の入手方法などを確認したうえで、ローカルな交通手段を利用して栄養不良の乳幼児とその母親たちをキャンプに移住させることができた。このような場合、集落と放牧キャンプの間の家畜・畜産物の流通を促進するサポートがあれば、集落の人びとの健康状況を改善することも期待できる。

このように、食糧援助からの脱却と新たな食糧安全保障を確立するためには、食糧確保をめぐる地域セーフティネットに災害に対する予防・対応能力をもたせるとともに、遊牧民の自立した生計手段の獲得をサポートし、地域全体の食糧生産・流通・利用を強化していくことが重要である。

謝辞

本研究はＪＳＰＳ科研費ＪＰ二五二五七〇〇五の助成を受けたものである。現地調査では遊牧民レンディーレの人びとをはじめ、地域商人や食糧援助に携わるローカルスタッフの方々に多大な協力をいただいた。また、研究成果をまとめるのに本科研の先生方から多くの御助言をいただいた。この場を借りて心よりお礼申し上げる。

参考文献

太田至　一九九八「アフリカの牧畜民社会における開発援助と社会変容」高村泰雄・重田眞義（共編）『アフリカ農業の諸問題』京

都大学学術出版会、二八七—三一八頁。
佐藤俊　二〇〇一「ケニア植民地政府による部族放牧区とレンディーレランドの画定」和田正平（編）『現代アフリカの民族関係』明石書店、四八五—五一〇頁。
孫暁剛　二〇〇四「「搾乳される」ラクダと「食べられる」ウシ——遊牧民レンディーレの生業多角化への試み」田中二郎ほか（編）『遊動民——アフリカの原野に生きる』昭和堂、六三〇—六四九頁。
孫暁剛　二〇一二『遊牧と定住の人類学——ケニア・レンディーレ社会の持続と変容』昭和堂。
African Union. 2010. *Policy Framework for Pastoralism in Africa.* Addis Ababa.
Campbell, J.D. 1993. Land as ours, land as mine: Economic, political and ecological marginalization in Kajiado District. In (T. Spear & R. Waller, eds) *Being Maasai: Ethnicity and Identity in East Africa*, pp. 258-272. James Curry, London.
Catley. A., J. Lind & I. Scoones (eds.) 2013. *Pastoralism and Development in Africa: Dynamic Change at the Margins.* Routledge, Oxon.
Collier, P., G. Conway & T. Venables 2008. Climate change and Africa. *Oxford Review of Economic Policy*, 24(2): 337-353.
Dahl, G. & A. Hjort 1976. *Having Herds: Pastoral Herd Growth and Household Economy.* Stockholm Studies in Social Anthropology, University of Stockholm.
Dyson-Hudson, N. 1985. Pastoral production systems and livestock development projects: An East African perspective. In (M. M. Cernea, ed.) *Putting People First: Sociological Variables in Rural Development*, pp. 157-186. Oxford University Press.
EAC（East Africa Community）and IGAD（Intergovernmental Authority on Development）2011. *Ending Drought Emergencies: A Commitment to Sustainable Solutions.* Joint Declaration of the Summit on the Horn of Africa Crisis.（http://www.disasterriskreduction.net/east-central-africa/documents/detail/en/c/1896/　二〇一四年一一月二六日閲覧）
Fratkin, E. 1991. *Surviving Drought and Development: Ariaal Pastoralists of Northern Kenya.* Westview Press, Boulder.
Fratkin, E. 1998. *Surviving Drought and Development in Africa's Arid Lands: Ariaal Pastoralists of Kenya.* Allyn and Bacon, Massachusetts.

Fratkin, E. & E. A. Roth 1990. Drought and economic differentiation among Ariaal pastoralists of Kenya. *Human Ecology*, 18(4): 385-403.

Fratkin, E. & E.A. Roth (eds.) 2005. *As Pastoralists Settle: Social, Health, and Economic Consequences of Pastoral Sedentarization in Marsabit District, Kenya.* Kluwer Academic Publishers, New York and London.

Galaty, J.G. 1994. Rangeland tenure and pastoralism in Africa. In (E. Fratkin, K.A. Galvin & E.A. Roth, eds.) *African Pastoralist Systems: An Integrated Approach*, pp. 185-204. Lynne Rienner Publishers, Colorado.

Galvin, K., R. Boone, N. Smith & S. Lynn 2001. Impacts of climate variability on East African pastoralists: Linking social and remote sensing. *Climate Research*, 19: 161-172.

IGAD (Intergovernmental Authority on Development) 2013. *The IDDRSI Strategy: IGAD Drought Disaster Resilience and Sustainability Initiative.*

IPCC 2007. *Climate Change 2007: Impacts, Adaptation and Vulnerability.* Cambridge University Press, Cambridge.

Kituyi, M. 1990. *Becoming Kenyans: Socio-Economic Transformation of the Pastoral Massai.* Acts Press, African Center for Technology Studies, Nairobi.

Krätli, S., C. Huelsebusch, S. Brooks & B. Kaufmann 2013. Pastoralism: A critical asset for food security under global climate change. *Animal Frontiers*, 3（1）: 42-50.

OCHA & Paddy Allen 2011. Horn of Africa drought. *The Guardian*, August 2.（http://www.theguardian.com/global-development/interactive/2011/jul/04/somalia-hornofafrica-drought-map-interactive　二〇一一年九月二一日閲覧）

Oparanya, A. 2010. *2009 Population & Housing Census Results.* August 31.

Oxfam 2011. Briefing on the Horn of Africa drought: Climate change and future impacts on food security.（http://www.oxfam.org/sites/www.oxfam.org/files/briefing-hornofafrica-drought-climatechange-foodsecurity-020811.pdf　二〇一四年一一月二六日閲覧）

Riché, B., E. Hachileka, C. Awuor, & A. Hammill 2009. *Climate-related Vulnerability and Adaptive-capacity in Ethiopia's Borana and Somali Communities*. Save the Children, Care, IISD, and IUCN.

Sato, S. 1980. Pastoral movements and the subsistence unit of the Rendille of northern Kenya: With special reference to camel ecology. *Senri Ethnological Studies*, 6: 1-78.

Save the Children and Oxfam 2012. A dangerous delay: The cost of late response to early warnings in the 2011 drought in the Horn of Africa. Joint Agency Briefing Paper. (http://www.alnap.org/resource/6291.aspx　二〇一三年九月一七日閲覧)

Spencer, P. 1998. *The Pastoral Continuum: The Marginalization of Tradition in East Africa*. Clarendon Press, Oxford.

Sun, X. 2005. Dynamics of continuity and changes of pastoral subsistence among the Rendille in northern Kenya: With special reference to livestock management and response to socio-economic changes. *Supplementary Issue of African Study Monographs* 31: 1-94.

USAID 2011. Famine spreads into Bay region: 750,000 people face imminent starvation. (http://www.fsnau.org/in-focus/famine-spreads-bay-region-750000-people-face-imminent-starvation　二〇一一年九月五日閲覧)

USAID 2012. Building resilience and fostering growth in the Horn of Africa. (http://www.alnap.org/resource/7610.aspx　二〇一三年九月一九日閲覧)

WFP 2000. *Kenya's Drought: No Sign of Any Let Up*. WFP, Rome.

第2章　元遊牧民の多角的な生計戦略
ウガンダの難民居住地における南スーダン難民の実践

望月良憲

1　序——南スーダンの内戦とウガンダの難民居住地の支援

(1)　南スーダン独立後の内戦から逃れた人びと

本章では、ウガンダ北部に避難した南スーダン難民の生計戦略について考察する。ここでいう生計戦略とは、人びとが生計を維持するために選択する試みの組み合わせである（Eldis, 2017）。生活基盤を失って逃れてきた南スーダン難民は、日々の糧を得るためにさまざまな試みを実践している。これらの生計戦略は、難民自身が南スーダンから持ち込んだり、直接の人道支援によって提供されたりした物資だけでなく、ホスト社会における社会的関係や環境も含む資源を活用することで具現化される。そして、これら戦略の目的は、難民居住地という多くの制約がある場所にもかかわらず、生活を再構築し、生き延びる可能性を広げることである。本章は、生計戦略の類型化を試み、それらがどのようなアクターによって実践されているのかを明らかにすることを目的とする。

南スーダン共和国は二〇一一年七月、スーダン共和国から分離独立した。しかし、国家建設の成果が実質化するより前の二〇一三年一二月、首都ジュバでサルヴァ・キール・マヤルディット大統領派（SPLM/A: Sudan People's Liberation Movement/Army）とリエック・マチャル・テニィ前副大統領派（SPLM-IO: Sudan People's Liberation Movement-in-Opposition）の間で武力衝突が起こり、内戦へと発展した。現在も展開している国連ＰＫＯ＝国際連合南スーダン共和国ミッション（UNMISS: United Nations Mission in the Republic of South Sudan）には自衛隊の施設部隊も派遣されたが、二〇一七年五月末までに撤収している。その後も内戦の混乱は治まらず、二〇一七年七月現在、国内避難民、および隣国に逃れた難民ともにそれぞれ二〇〇万人近くに上る（UNOCHA, 2017）。本章で扱うウガンダ北部のアジュマニ県でも多数の難民が保護されている。なお、この内戦の経緯とアジュマニ県での南スーダン難民への支援についてはすでにさまざまな国際ＮＧＯや研究者が報告している（International Crisis Group, 2014, International Refugee Rights Initiative, 2015, 村橋 二〇一五など）。

(2) ウガンダの難民居住地における支援

つぎに、調査時におけるウガンダ北部での南スーダン難民保護のプロセス、および難民居住地での生活について概説する。

南スーダンのニムレから国境を越えてウガンダのエレグに渡った避難民は、ウガンダ首相府（OPM: Office of the Prime Minister）の難民管轄部局が国境近くに設置した一次登録センターで庇護申請者として登録される。その際、年齢にかかわらず一人ひとりに世界食糧計画（WFP: World Food Programme）の高エネルギービスケット三パックが支給される。登録された避難民はトラックまたはバスでザイピにあるレセプション・センターに移送される。なお、ザイピは急増した避難民を収容するには狭すぎたため、レセプション・センターは、二〇一四年初頭に新設されたより広いニュマンジに移された。また、急増する避難民を収容するため近隣のパギリニャにもレセプション・センターが新設されている。庇護申請者はＯＰＭによって難民登録され、レセプション・センターで国連難民高等弁務官事務所（UNHCR: United Nations High Commissioner for Refugees）から配給カードを受け取った後、アジュマニ、アルア、コボコ、ユンベの各県にある合計二一の難民居住地のいずれかに移送される[1]（UNHCR, 2016a）。

難民はWFPから食糧の配給を受けることになるが、同時にOPMから世帯ごとに二五×二五メートルの区画を割り当てられ、野菜などを栽培することが推奨されている（RWC, 2016）。WFPからは主食としてソルガムが世帯規模に応じて配給される。しかし、この「赤いソルガム」は、南スーダンからの難民の多くにとっておいしくないと評価されており、不人気である。さらに、配給されるソルガムは粒のままであり、地域ホスト住民が設置した製粉機で挽いてもらうため、その代金を追加で払う必要がある。

UNHCRと協働関係にあるNGOは、難民の生活支援ために作物の種子やときには家畜を支給している。そのほかに、南スーダンとウガンダとの間の難民を含む人びとの往来により、さまざまな商品や家畜も輸送されている。これらの商品や家畜は、難民の間だけでなく、地域ホスト住民との間でも取引されている。難民は、支援物資に頼るだけでなく、地域ホスト住民との関係を保つことで可能になっている多角的な生計戦略を実践することによって生き残りを図っている。

(3) 調査地の概要と調査の方法

調査は二〇一四年一二月、二〇一五年八月、二〇一六年八月の三回、ウガンダ北部のアジュマニ県にあるニュマンジ難民居住地で実施した。ウガンダに逃れた南スーダン難民のうち二〇万人近くがアジュマニ県の難民居住地で保護されている（UNHCR, 2016b）。

アジュマニ県は南スーダンに隣接しており、ウガンダ北部の低地に位置している。広大なサバンナ草原が広がっており、森林が点在している。年間降雨量は、七五〇〜一二五〇ミリメートルであり、乾季が比較的長い。地域ホスト住民はマディ、ルグバラ、アチョリ等の民族集団出身者から構成されており、人口は約二三万三〇〇〇人であ

表 2-1　インタビュー調査対象の 24 世帯の概要（すべての世帯主は女性）

世帯	世帯主の年齢	世帯人数（18歳以下）	夫の職業	難民居住地での生業
A	44	6（5）	SPLA の兵士、内戦で戦死	難民居住地内の区画で複数の作物を栽培
B	33	6（5）	南スーダンで死亡	難民居住地内の区画で複数の作物を栽培
C	31	5（4）	内戦で行方不明	難民居住地内の区画と地域ホスト住民の土地で複数の作物を栽培
D	43	3（2）	南スーダンで牧畜	難民居住地内の区画でカボチャだけを栽培
E	29	6（5）	南スーダンで牧畜	難民居住地内の区画で複数の作物を栽培
F	30	6（5）	SPLA の兵士	難民居住地内の区画でカボチャだけ栽培。刺繍した衣類を市場で販売
G	24	5（4）	SPLA の兵士	難民居住地内の区画で複数の作物を栽培。ときどき地域ホスト住民から炭を譲り受けている
H	25	4（3）	ジュバで学生	難民居住地内の区画で複数の作物を栽培
I	不明	7（6）	内戦で行方不明	難民居住地内の区画で複数の作物を栽培
J	31	6（5）	南スーダンで牧畜	難民居住地内の区画で複数の作物を栽培
K	不明	9（8）	南スーダンで牧畜	難民居住地内の区画で複数の作物を栽培。4 頭のウシを飼育
L	35	10（9）	内戦で行方不明	難民居住地内の区画で複数の作物を栽培。9 頭のヤギを飼育
M	61	1	内戦で行方不明	何も栽培せず。特別な支援を必要とする難民として NGO がメスヤギを支給
N	不明	16（10）	内戦で行方不明	難民居住地内の区画で複数の作物を栽培。23 頭のヤギを飼育
O	36	6（5）	SPLA の兵士、南スーダンで病死	難民居住地内の区画で複数の作物を栽培
P	24	8（3）	南スーダン・ジュバの文民保護区に滞在	難民居住地内の区画で複数の作物を栽培
Q	29	4（2）	南スーダンの様子を見に戻る	難民居住地内の区画で複数の作物を栽培
R	30	7（5）	南スーダンの様子を見に戻る	難民居住地内の区画で複数の作物を栽培
S	25	6（4）	南スーダンの様子を見に戻る	難民居住地内の区画で複数の作物を栽培。区画脇に雑貨店を構えたが資金不足で休業中
T	19	7（6）	SPLA の兵士	難民居住地内の区画で複数の作物を栽培
U	60	8（6）	南スーダンで牧畜	難民居住地内の区画で複数の作物を栽培。配給のソルガムを地域ホスト住民の炭と交換
V	27	5（4）	南スーダンで牧畜	難民居住地内の区画で複数の作物を栽培
W	36	9（7）	高齢のため南スーダンに残留	難民居住地内の区画で複数の作物を栽培
X	30	4（2）	SPLA の兵士の後、南スーダンで無職	難民居住地内の区画で複数の作物を栽培。拾い集めた薪を地域ホスト住民のカボチャと交換

る。農業がおもな産業だが、広大な土地があるにもかかわらず、商品作物の生産はそれほどさかんではない（Fountain Publishers, 2011, UBOS, 2014）。

ニュマンジ難民居住地の面積は二〇一五年八月現在、およそ三・四平方キロメートルである。難民の人口は約四万二五〇〇人に上る（OPM, 2017）。この難民居住地の北にある丘からは、ホワイトナイルと南スーダン側の国境の町ニムレを望むことができ、南スーダンからの携帯電話の電波を受信することも可能である。

調査対象は、ニュマンジ難民居住地の人口の大多数を占め、南スーダンでは遊牧民であったディンカであり、半構造的インタビューを実施した。表２-１は、インタビュー調査の対象とした二四世帯の概要を示している。いずれも二〇一三年一二月から二〇一四年三月までに南スーダンのジョングレイ州と上ナイル州から避難してきた人びとであり、調査時のすべての世帯主は女性であった。[2] 彼女らの夫は南スーダンに残り、または、戻り、家畜の世話をしたり、政府軍の兵士だったりするほか、戦死者、行方不明者が含まれる。Ａ～Ｎの一四世帯は二〇一五年から調査を実施した世帯であり、Ｏ～Ｘの一〇世帯は二〇一六年の調査で追加して補足インタビューを実施した世帯である。また、地域ホスト住民、ＯＰＭ、ＵＮＨＣＲ、および、協働関係にあるＮＧＯを対象にインタビューを実施した。次節では、これらの調査に基づき、難民が難民居住地でいかにして生業を確保しているかを分析する。

２　難民居住地における南スーダン難民の生計戦略

(1)　作物の栽培による食糧の補完

難民の多くは、配給される食糧だけでは足りないため、難民居住地内に割り当てられた区画で作物を栽培することにより、食糧の補完に努めている。表２-２は、調査時に栽培されていた作物別の世帯数を示している。これらの作物の種子の多くは、ノルウェー難民評議会（NRC: Norwegian Refugee Council）によって提供されている。これらのうち、

表2-2　調査時に栽培されていた作物別の世帯数（n=24）

作物	トウモロコシ	オクラ	カボチャ	スクマウィキ	ソルガム	タマネギ	トマト	ゴマ	ピーナッツ	キャベツ	タバコ
世帯数	22	22	18	14	12	7	3	2	2	2	2

トウモロコシとオクラは、調査対象の二四世帯のうちもっとも多い二二世帯が栽培していた。つぎに多いカボチャは一八世帯が栽培していた。これらは、調査世帯が避難以前に南スーダンでよく食べていた作物である。四番目に多いのは、スクマウィキ（*sukuma wiki*）とよばれるケールの一種であり、一四世帯が栽培していた。五番目に多いソルガムは、一二世帯が栽培していた。そのほか、タマネギ、トマト、ゴマ、ピーナッツ、キャベツが栽培されていた。なお、嗜好品ではあるが、二世帯が南スーダンから持ってきたタバコを栽培していた。タバコは、自分たちで吸うほか、地域ホスト住民に売ることもあるという。

トウモロコシ、オクラ、カボチャ、スクマウィキに関しては、その種子を地域ホスト住民から譲り受けている例がみられた。また、拾い集めた薪を地域ホスト住民のカボチャと交換しているものもいた。その一方で、薪を拾いに行って地域ホスト住民に見つかると彼らに殴られることもあるという。しかし、この人物は、WFPによって食糧として配給されるソルガムを地域ホスト住民の炭と交換することで燃料を確保するようになった。栽培されているソルガムは多くの場合、WFPが配給したものを種子としていた。

一方で、難民居住地で家畜を飼育している四世帯は、主食となるソルガムを栽培していなかった。作物をまったく栽培していない一世帯を除く三世帯は、家畜を飼育し、増やすことで、乳や肉を食糧として確保しようとしていると考えられる。あえておいしくない「赤いソルガム」を栽培するまでもないと考えた可能性がある。また、南スーダンから避難する際に携えてきた「白いソルガム」を栽培する例は四世帯でみられた。

このようにNRCがさまざまな作物の種子を難民に支給したほか[3]、地域ホスト住民もトウモロコシ、オクラ、カボチャ、スクマウィキを提供している。カボチャに関しては、多くの世帯は、葉や茎も食用となるという理由から栽培することを選択していた。スクマウィキは、多くの難民が、南スーダンでは栽培していなかった。しかし、彼らはスクマウィキの味を気に入ったため、南スーダンに戻るときは持って帰ると話した。彼らは、スクマウィキを食物の選択肢として新たに加え、食文化を調整した。これは、ウガンダへの強制的な移動を通じて、新しい食事の選択肢が追加されたことを意味する。さらに、地域ホスト住民との関係は、NGOによる支援が十分ゆき届かない部分を補完している。

地域ホスト住民が作物や燃料を提供するだけでなく、土地を貸し与える事例もみられた。世帯Cの世帯主である女性は、二〇一五年の調査時には、地域ホスト住民が提供した土地を開墾している途中であった。彼女は、この土地の所有者に、地代として収穫した作物の一部を引き渡す約束をした。しかし、二〇一六年の調査時点では、彼女は土地の所有者である地域ホスト住民から地代は求められておらず、あいさつを交わすのみだ、と発言していた。難民と地域ホスト住民との間に一定の関係が築かれたためであると考えられる。

これらの事例から明らかなように、難民は生計を補完するために作物を選択・栽培する。さらに、家畜の飼育は栽培作物の選択に影響を及ぼしている。家畜を持たない五世帯は、味が気に入らなくても、WFPが配給するソルガムを食用としてだけでなく、作物として栽培し、追加の食糧を得ようとしていた。これは、家畜を飼育する世帯とは対照的である。家畜を飼育する三世帯は、他の多くの世帯と同様、トウモロコシ、オクラ、カボチャを栽培するものの、ソルガムは栽培していない。家畜の乳と肉を期待する一方で、嗜好に合わないソルガムは栽培していないのである。

(2) 家畜の飼育による生計の復元

家畜の飼育は生計に建設的な影響を与える可能性がある。しかし、すべての世帯が家畜を入手できるわけではない。南スーダンから避難する際に一緒にウガンダに家畜を連れて来ることが可能であった難民は数えるほどしかいない。以下では、難民が家畜を入手する方法について見ていく。

複数のNGOは、家畜の支給が難民の生計を向上させると考えており、とくに作物の栽培が困難な世帯を支援の対象としている。デンマーク難民評議会（DRC: Danish Refugee Council）は、世帯Mのような高齢者や、未亡人、障がい者など特別な支援を必要とする難民にメスヤギ一頭を支給した。ルーテル世界連盟（LWF: Lutheran World Federation）も同様に特別な支援を必要とする難民にヤギをつがいで支給していた[4]（RWC, 2016）。しかし、ここで述べたような、特別な支援を必要とする難民のためにNGOが家畜を支給した事例は多くは確認できなかった。また、支援のありかたとして家畜を供給することの難しさを検討した研究もある（Hogg, 1985, Heffernan and Rushton, 2000）。

一方で、南スーダンから家畜とともに避難してきた三世帯に出会うことができた。一つめの世帯は、ウガンダに避難してきた二〇一三年一二月から二〇一五年八月までに、一二頭だったヤギを一三頭に増やしていた。二つめの世帯は同様に三頭から九頭に増やすことに成功していた。しかし、これら二世帯は二〇一六年の調査時には、いずれかへ移転しており、フォローアップ調査が不可能であった。三つめの世帯は、二〇一四年には南スーダンから連れてきた三頭のウシを飼育していたが、二〇一五年に南スーダンからさらに一頭を連れてきていた。この世帯は、自分の区画内に打ちつけた杭に綱でウシをつないでいたが、二〇一六年には、隣接する敷地に六・五平方メートルの木製の囲い柵を作り、そこで他の数世帯が所有するウシ九頭とともに飼育していた。ここでウシを飼育する男性は次のように話してくれた。

「南スーダンでは三〇頭のウシと二〇頭のヤギを飼育していました。しかし、反政府勢力が私から家畜を奪っていきました。私は少しばかりの現金を持ってウガンダに逃げました。ここでヤギを買い、育てました。そして、オヤム県でアンコレ牛を買いました。いまは四頭のウシを飼っています。ウシは私の生活をヤギ以上に向上させてくれます。

ここの柵は二〇一六年七月に作られました。それ以前はウシを自分の区画で杭につないでいたのですが、盗まれないようにここに連れてきました。ここの他のウシの所有者たちは親戚ではなく、難民居住地ではじめて会った人びとです。所有者は順番でウシの放牧をすることになっています」。

この男性は、ヤギをウシと交換し、富を増やしていった。これは、彼の南スーダンでの生業であり、ウガンダの難民居住地でも同様に試みている。彼だけでなく、他の難民もそのような試みを実践している。そうして、共通の利益のために、共同で囲い柵を作ったと考えられる。実際、彼がウシを飼育している囲い柵がニュマンジ難民居住地における唯一のものではなく、他の難民たちもより大規模な囲い柵を作っている。難民居住地の西にある牧草地では、一〇〇頭近くのウシが放牧されていた。このグループだけではなく、他のグループもウシとヤギをそこで放牧している。付近では、前述のグループの場合と同様、複数の世帯のウシが柵に囲われ、飼育されていた。

放牧地が限定されている難民居住地であっても、現在のところ、数世帯での共同管理による遊牧は可能にみえる。家畜の飼育による生計の復元は、かつて南スーダンで行っていた生業の再建に役立つといえよう。

(3) 市場へのアクセス

難民は、配給食糧や作物の栽培、家畜の飼育だけでは、生活を営むことができないため、市場で必要な物資を得ている。ここでは、市場の概要を説明し、難民が市場を利用する事例を紹介する。

ニュマンジ難民居住地東にある南北に延びる主要道路の北端には、道沿いに三〇〇メートルを超える市場が形成されている。この市場は、二〇一四年に難民居住地が設置された後に形成された。二〇一五年の調査時には、道路の両脇に合計一二〇店舗が開いていた。基本的には、この道路の西側（難民居住地）の店主は難民であり、東側（地域ホスト住民の土地）の店主は地域ホスト住民である。一部の難民は、店舗を開くために十分な現金を所持してウガンダに避難してきていた。他の難民の店舗は、これまでに述べた生計戦略を通じて得た利益などで開店するに至った可能性がある。多くの店舗は、食料品や雑貨を商っている。また、東側の店舗には、オートバイの修理に使用する部品などを扱う店舗があり、この界隈でもボダボダ（*boda boda*）とよばれるバイクタクシーが行き交っている。この市場の客には、難民だけでなく、地元の地域ホスト住民も含まれている。

この市場は、東側の奥にも広がっている。そこでは、地べたで地域ホスト住民の女性たちが農作物を売っているが、難民の女性もそこに交じって、WFPによって配給されたソルガムをもっぱら地域ホスト住民向けに売っている。一カップのソルガムは一〇〇〇シリングで売られていた。多くの難民は、WFPが配給している「赤いソルガム」が、彼らが南スーダンで栽培し食べていた「白いソルガム」よりも甘くないと主張する。そのため、調理しても子どもが食べてくれないので、母親は味を調整するために砂糖を購入しなくてはならなかった。また、世帯によっては、蚊帳、野菜、子どもが学校に通うための制服を購入している。

写真 2-1　女性用衣類に刺繍をほどこす女性

マーケットマスター（市場の徴税担当者）は、難民が配給食糧を売っていることをOPMは好ましく思っていないが、規制はしていないと指摘した。難民が市場で生活に必要なものを得るために、配給食糧を売ることは黙認されている。

世帯Fの世帯主である女性は、市場の仲買人から女性用衣類への刺繍作業を受注し、一着につき三万〜二〇万シリングの報酬を受けている（写真2 - 1）。彼女が栽培しているのはカボチャだけだが、刺繍による収入で必要な食糧と物資を市場で購入している。彼女は二〇一六年には、ヤギを買うことができた。

このように、配給されたソルガムは難民の嗜好に合わないが、市場で食糧や物資を調達することを可能にしているため、重要な役割を果たしているといえる。

3　結論——多角的な生計戦略の実践

ウガンダの難民居住地における南スーダン難民の生計戦略は、複数のものが組み合わされ実践されることが多い。たとえば、ほとんどの世帯はカボチャを含む五種類以上の作物を栽培しているが、世帯Ｆは、カボチャのみを栽培することを選択している。それは、刺繍をほどこした衣類を販売し、必要な食糧と物資を市場で購入できるからである。さらに、彼女はその収入でヤギを購入することができ、ヤギの数を増やすことで乳と肉が得られることを期待しているため、多くの作物を栽培しなくてもよいと判断していると考えられる。

これまで見てきたように、ウガンダの難民居住地での生計戦略は三つのカテゴリーに分類することができる。一つめは「作物の栽培による食糧の補完」である。難民は栽培する作物を選択し、生計を補完している。ＮＧＯや地域ホスト住民は難民に作物の種子や苗を提供している。これらは難民が南スーダンに住んでいたときに日常的に食べていた作物であることが多い。一方、新しい作物も彼らの食文化に柔軟に取り入れられている。さらに、難民居住地で家畜を飼育しているかどうかは、彼らが栽培する作物の選択に影響していると考えられる。二つめは「家畜の飼育による生計の復元」である。家畜は、現金と同様の財産として扱われている。家畜は、交換が可能な重要な財産である。家畜の飼育は、難民たちがかつて南スーダンで行っていた生業であり、彼らの生活の再構築を意味する。最後のカテゴリーは「市場へのアクセス」である。難民は、生活を南スーダンで営んでいたときと同様のレベルに近づけるために、市場を利用して必要な食糧と物資を得ている。配給されたソルガムは、多くの難民の嗜好に合わないが、市場を通じた物資の獲得において重要な役割を果たしている。

これらの生計戦略によって、難民はようやく最小限の食糧を確保し、自らの生存を可能にしている。さらに、生計戦略は、南スーダンでかつて難民が営んでいた生業を再構築する実践でもある。そこには、食糧の確保と同様に家畜の飼育が含まれている。家畜がすぐには泌乳せず、食肉にならないとしても、難民は、家畜を繁殖させることが富を増やすことにつながると期待している。この期待は一定の規模以下ならば実現できそうである。しかし、まだわからないこともある。難民居住地という限られた空間では、おのずと飼育できる家畜の総数には限界があり、家畜の数が増えすぎた場合、元遊牧民である難民たちはどのように対処するのか、あらたに家畜の飼育をはじめたい難民の参入は可能なのか、さらに、難民居住地外での飼育を地域ホスト住民は許容するのか――などである。また、難民は、南スーダンで日常的に食していた「白いソルガム」を含む従来の食文化に固執していない。しかし、彼らはその食文化を放棄しているわけでもなく、同時に、ウガンダで出会ったスクマウィキのような新しい食材を積極的に取り入れている。彼らは柔軟に生業を再構築しようとしている。これらの生計戦略は、難民の間だけではなく、地域ホスト住民やNGOなどとの関係によって達成されるものである。

謝辞
本研究はJSPS科研費JP二五二五七〇〇五の助成を受けたものである。ウガンダ・ニュマンジ難民居住地で難民として暮らす南スーダン人の皆さまには、多大な協力をいただいた。また、本科研プロジェクトの研究代表者である湖中真哉氏をはじめとするメンバーの先生方には多くのご助言をいただいた。心よりお礼申し上げる。

注

1　ウガンダ西部のキリヤンドンゴ県にあるキリヤンドンゴ難民居住地では二〇一六年八月までに、難民の収容定員を超えたため受け入れを中止し、ユンベ県のビディビディ難民居住地に難民を移送することを決めた（村橋 二〇一七）。

2　一方で、二〇一六年八月一〇日にエレグの一次登録センターに保護されていた人びとのうち二〇人に聴き取り調査を実施したところ、一五人がジュバから避難してきた。そのうち一二人が上ナイル州の出身であり、二〇一三、二〇一四年にジュバに一時避難していた人びとであった。全員が当日のうちに、または、二日以内にエレグに到着していた。出身民族集団は、シルックが一〇人、マディが三人などで、ディンカは一人であった。また、男性が三人、女性が一七人である。ジュバから避難してきた女性は、政府軍兵士から逃げてきたと述べた。同日にニュマンジ・レセプション・センターで同様に三三人に聴き取り調査をしたところ、二九人がジュバとニムレを結ぶ東エクアトリア州の幹線道路沿いの町から、七、八月に避難してきており、出身民族集団はマディが三一人で、ディンカは皆無だった。男性が一二人、女性が二一人であった。

3　NRCは二〇一六年、豆、スクマウィキ、オクラ、タマネギ、トマト、ニンジン、カボチャ、ゴマ、ピーナッツなどを支給していた（RWC, 2016）。

4　LWFからヤギを支給されたという世帯は、まったく子どもを産む気配がないと残念がっていた。

参考文献

村橋勲　二〇一五「戦火の一年——南スーダンにおける内戦と和平の行方」『JANESニュースレター』二二：二三—三四。

村橋勲　二〇一七「難民とホスト住民との平和的共存に向けた課題——ウガンダにおける南スーダン難民の移送をめぐるコンフリクトの事例から」『未来共生学』四：一六一—一八五。

Electronic Development and Environment Information System (Eldis) 2017. *Livelihood Strategies*. Online.（http://www.eldis.org/go/topics/resource-guides/livelihoods-and-social-protection/what-are-livelihoods-approaches/livelihood-strategies#.WIrxT5LgRMY（二〇一七年一月二七日閲覧）

Fountain Publishers 2011. *Uganda Districts Information Handbook Expanded Edition 2011–2012*, Kampala.

Heffernan, C. & J. Rushton 2000. Restocking: A critical evaluation. *Nomadic Peoples* 4(1): 110–124.

Hogg, R. 1985. *Re-Stocking Pastoralist in Kenya: A Strategy for Relief and Rehabilitation, ODI Pastoral Development Network Paper 19c*. Overseas Development Institute, London.

International Crisis Group 2014. *South Sudan: A Civil War by Any Other Name, Africa Report 217*, Brussels.

International Refugee Rights Initiative 2015. *South Sudanese Refugees in Adjumani District, Uganda: Telling a New Story?* Kampala.

Office of the Prime Minister (OPM) 2017. Interview via Email with the Commandant of Nyumanzi Refugee Settlement, Office of the Prime Minister, Adjumani District, Uganda, January 18, 2017.

Refugee Welfare Council (RWC) 2016. Interview with a Member of One of the Refugee Welfare Councils in Nyumanzi Refugee Settlement, Adjumani District, Uganda, August 15, 2016.

Uganda Bureau of Statistics (UBOS) 2014. *National Population and Housing Census 2014, Provisional Results*, Revised Edition. Kampala.

UNHCR 2016b. *Uganda-Refugees and Asylum-Seekers in Country*, August 31, 2016. UNHCR.

United Nations High Commissioner for Refugees (UNHCR) 2016a. Interview via Email with a UNHCR Officer in Pakele, Adjumani District, Uganda, September 14, 2016. UNHCR.

United Nations Office for the Coordination of Humanitarian Affairs (UNOCHA) 2017. *Humanitarian Bulletin South Sudan* Issue 11, July 15, 2017. UNOCHA.

第3章　物質文化と配給生活物資の相補的関係
東アフリカ遊牧社会における国内避難民のモノの世界

湖中真哉

1　序——物質文化と人道支援の間への注目

(1)　東アフリカ遊牧民と配給生活物資

本章は、臨地調査による民族誌的研究に基づいて、東アフリカ遊牧民が持つ物質文化と人道支援における配給生活物資の関係を探求することを目的とする。本章における「物質文化（material culture）」とは、対象となる地域に暮らす地域住民が、歴史的に彼らの日常生活のなかで形成してきた人とモノの関係のあり方を指す。また、ここでいう人道支援における「配給生活物資」とは、人道支援において避難地で配給される食糧以外の生活必需品を指す。さまざまな国際機関が共通に定めた人道支援の基準（スフィア・プロジェクト 二〇一二）では、このような生活物資は、「ノン・フード・アイテムズ（non-food items）」とよばれている。つまり、本章が扱うのは、人道支援が実施され、生活物資が配給された場合に、遊牧民の物質文化と人道支援の食糧以外の生活物資がいかなる関係を取り結ぶのかという課題である。

この課題に対して、本章では、序章で提起した接合領域接近法によってアプローチする。つまり、遊牧民の物質文化と人道支援で配給された生活物資の両者のうち、どちらか一方のみに着目したり、どちらか一方のみに還元したりするのではなく、人道支援物資の配給後に発生した両者の併存状況に着目して、その両者の相互関係を解明することを目指す。

一九八三年のエチオピア飢饉以来、東アフリカ遊牧民の居住地で飢饉が発生する度に、国連の世界食糧計画（WFP: World Food Programme）、食糧農業機関（FAO: Food and Agricultural Organization）、米国国際開発庁（USAID: United States Agency for International Development）等の国際援助機関は、おもに食糧支援の形態で、人道支援を実施してきた。この食糧支援が抱えるさまざまな課題については、本書の第1章で孫が詳述しているが、東アフリカ遊牧民の人道支援において長らく中心的な位置を占めてきたことは疑いえない。つまり、東アフリカ遊牧社会にとっての人道支援といえば、とりもなおさず、飢饉対策の食糧支援を意味すると暗黙のうちに仮定されてきたのである。

しかしながら、東アフリカ遊牧民が置かれている窮状は、旱魃によってもたらされた飢饉のみに集約されるわけではない。とりわけ冷戦終結後東アフリカ諸国の国家間、あるいは国家内で頻発した武力紛争の惨禍を逃れるために、大量の東アフリカ遊牧民が難民（refugee）や国内避難民（IDPs: internally displaced persons）となった。東アフリカ遊牧民が暮らす地域では、これらの難民や国内避難民は当該国家からも国際機関からも無視されることが多かった。しかしながら、序章で述べた通り、この種の強制立ち退き（displacement）は、遊牧民が、家畜のために牧草や水を求めて行う遊牧的移動とは、まったく性質を異にしているのである。基本的に、遊牧民は、通常の遊牧的移動においては、彼らが所持している生活用品を運ぶことが可能であるが、とりわけ紛争における緊急避難の際に移動を強いられた遊牧民は、家畜群のみならず彼らの所有物をほとんどすべて放棄することを余儀なくされてしまう。それゆえ、避難した遊牧民は、食糧以外にも、避難住居（shelter）、衣類、食器や調理器具等の欠如に苦しみ、外部からの支援が必要な状況に置かれることになる。つまり、旱魃によって発生した飢饉に対する人道支援の場合は、確かに食糧を中心に考える必要があるが、紛争からの避難の場合には、食糧以外の生活物資の支援を考える必要が生じることに注意を払わねばならない。

⑵　東アフリカ遊牧民の物質文化とその歴史的経緯

緊急時に配給される生活物資は、人道支援の基準においては、「ノン・フード・アイテムズ」とよばれてきた。一方、文化人類学や考古学の領域では、人間とモノの世界は「物質文化」とよばれてきた。この東アフリカ遊牧民の物質文化については、多くの研究が蓄積されてきた（Robbins, 1973, Larik, 1986, 1987, Prussin, 1995, 1996, Kassam & Megerssa. 1996, Bianco, 2000, Kratz & Pido, 2000, Grillo, 2014）。そこで、問題とされつづけてきたのは、東アフリカ遊牧民がたどってきた歴史的な経緯である。

東アフリカ遊牧民は、一九世紀後半以降の植民地期およびポスト植民地期を通じて、さまざまな変化を経験してきたが、それにともない彼らの物質文化も大きく変化してきた。とくに二〇世紀後半の遊牧民にとって最大の変化の一つは、定住化（sedentarization）であり、それが彼らの物質文化を、移動を前提とした性格のものから、定住を前提とした性格のものへと大きく変えてきたのである。もう一つの大きな変化は、家畜取引市場の民営化に伴う市場経済・商品経済の浸透である（湖中 二〇〇六、二〇〇七）。遊牧民は、家畜市で家畜を売却して、その売上金で、さまざまな商品を購入するようになった。たとえば、ヤギの皮でできた女性用のスカートを着用する代わりに東南アジア製の合成繊維による衣類が着用されるようになり、かつて用いられた木製の水容器は姿を消し、国内工場製のポリエチレン繊維による容器に取って代わられた。

それゆえ、東アフリカ遊牧民の物質文化は、もはや、純粋で、伝統的で、自然の素材から作られ、移動生活や自給自足的な生業経済を指向したものとばかりとはいえなくなった。むしろ、彼らの現在の物質文化は、在来の物質文化と外部からの商品文化の接合によって特徴づけられる（湖中 二〇〇七）。しかしながら、在来の物質文化と外部からの商品文化との接合によって形成されるこうした領域には、これまでほとんど研究関心が払われてこなかった。それゆえ、本章で扱うような現在的な意味における物質文化とは、いわゆる伝統的な物質文化のことではなく、このような在来の物質文化と外部からの商品経済の接合によって生み出される新しい状況を意味する。

(3) 国内避難民の立場からモノの世界を見直す

もし、このような観点から物質文化を再定義すれば、人道支援で配給される生活物資と伝統的な物質文化の接合ではなく、人道支援で配給される生活物資と現在的な意味における新しい物質文化との接合がより問題となる。ところが、人道支援の実務家は、彼らが配給する生活物資を、遊牧民の現在的な物質文化の観点からはとらえてこなかった。逆に、遊牧民の物質文化の研究者は、現在的な物質文化のあり方には注意を向けず、さらに、人道支援における配給生活物資を、そうした物質文化との関連においてとらえてはこなかった。しかしながら、ここで重要なことは、人道支援の実務家や研究者の観点ではなく、遊牧民出身の避難者自身の観点である。彼らの観点から見ると、人道支援によって配給される生活物資も、彼らが元から有していた物質文化も同様に彼らの日常生活を構成している一つの要素に過ぎない。それらを区別し、そのどちらか一方しか扱わないのは、実務家や研究者による関心の偏りの結果であって、避難生活を生きる彼らにとっては、すべてが日々の生活を成り立たせるために必要なモノであり、一切区別はされていないのである。

以上の問題意識と方向性に基づいて、本章では、東アフリカ遊牧社会を対象として、人道支援の生活物資と遊牧民の物質文化の接合領域を探求する。この領域を解明するために、筆者は、遊牧民出身の国内避難民を対象とした、世帯単位での物品の調査を実施した。この調査は、各世帯が保有しているすべての物品を一切の区別なく調査の対象として扱い、その各物品の一つひとつについて調査対象者にインタビューする方法で行った。この調査手法を用いて得られた調査資料を分析することによって、遊牧民の国内避難民にとって、どのような物品が避難後の生活における必要不可欠な基本的生活財を構成しており、彼らがどのようにして生活の基本を回復してきたのかをたどることが可能になると考えたのである。そこから、遊牧民出身者の国内避難民に対する人道支援の課題を具体的に考えることが可能になるだろう。この調査結果については、いくつかの論考に分けて発表しているが、本章では、世帯物品の回復過程に焦点を合わせたその調査成果の一部について報告する。

なお、本章では、民族名、国名については、仮名を用いて表記し、あえて明示しない。これは、本報告が、劣悪な国家ガヴァナンスに苦しめられ、深刻な人権侵害を受けている人びとを対象としており、本報告が彼らに及ぼす影響に配慮する必要があると考えたからである。

2 紛争と調査の概要

(1) 紛争と国内避難民の概要——政治的要因による紛争

本節では、この研究が世帯用品の悉皆調査の対象とする遊牧民出身の国内避難民が発生する原因となった紛争の概要と彼らの避難の概要について述べる。

本章で扱うのは、東アフリカの某国で近年発生した三つの民族集団A、B、Cをめぐる紛争である。この三つの民族集団は隣接した地域に居住している。Bは比較的遊牧に特化した遊牧民であるが、民族集団A、Cは雨水によるトウモロコシやミレット等の農耕と遊牧の両方を営む農牧民である。民族集団Bは標高約一五〇〇メートルの高地サバンナ、民族集団A、Cは標高約一〇〇〇メートルのサバンナをおもな居住地としている。家畜に価値を置く文化的特徴はどの民族集団にも共通している。

この紛争は、殺人、傷害のほか、家畜の略奪、家屋や家財の焼き討ち等、多大な被害をこの地域にもたらした。一連の紛争は、ほとんど報道されることがなく、ある国際機関の報告（IDMC 2006）でも、紛争についての情報が不足し、紛争によって発生した国内避難民が無視されてきたことが指摘されている。

一連の紛争の主因については別稿（湖中 二〇一二a）でおもに分析したため、ここでは概略のみを示す。メディアや国際機関は、遊牧民の間での伝統的な家畜略奪や民族対立、旱魃によって稀少化した資源をめぐる競争等の地域住民側の主因を指摘してきたが、いずれも的外れな指摘に過ぎない。紛争の主因は政治的要因によるものであり、民族集団Aのある国会議員Xが、選挙の集票目的で、地域住民を先導し、周辺の民族集団に対して紛争を引きおこした。彼は、二〇〇〇年ごろから、国会議員の選挙運動期間中に、近隣民族集団への敵対心を煽る政治演説を繰り返し、領土侵略をほのめかすことで、自らの政治的人気を獲得するようになった。そして、隣国の紛争地から大量のアサルトライフル銃を密輸して、地域の行政首長に仲介させながら、民族集団Aの若者たちに近隣民族集団の襲撃を命じたのである。紛争は結果的には相互の報復を招いたが、このように当初、近隣民族集団に攻撃をしかけたのは、民族集団Aであり、紛争の直接的な要因は民族集団Aの政治家による扇動である。民族集団B、Cは、いずれもAからの攻撃を受けた側に当たる。

民族集団Aの最初の標的となったのは、東に隣接する民族集団Bであった。この民族集団AとBの紛争についてはすでに別稿（湖中 二〇一二a、二〇一二b、二〇一二c、二〇一二d、二〇一二e、二〇一五、二〇一六）で報告したため、ここでは概略のみ示す。両者の紛争は、二〇〇四年にはじまり、二〇一〇年に終結した。筆者の調査累計では、死者の総数は五六七人を数える。この紛争によって発生した国内避難民の数について、ある国際機関は二〇〇六年一〇月時点の国内避難民総数を二万二〇〇〇人と推計している。

紛争被害地に居住する民族集団Bの人びとは、襲撃直後には比較的安全な方面に全員避難したため、それまでその地域の人びとが暮らしていた居住地は、いったん完全な無人地帯となった。しかし、国内避難民は会合を重ねて、いくつかの拠点に「群集集落（clustered settlement）」を形成して、その無人地帯に戻り、集団で防衛と相互扶助にあたることを取り決めた。つまり、群集集落は、援助機関、国家、そして同じ地域の民族集団Aの人びとが、十分な支援を行わなかったために、地域住民が自律的に生存のために創り上げた国内避難民キャンプである。筆者が確認した限りでは、おもな群集集落は一〇か所に形成されており、合計約六七〇〇人が群集集落で避難生活を送っていた計算になる。

民族集団AとBの紛争は、二〇一〇年までにほぼ終結した。その理由の一つは、国内治安大臣によって政治的な圧力がかけられたからであるが、もう一つの理由は、民族集団Aが民族集団Bの圧倒的軍事力に恐れを成したことである。二〇〇九年九月の紛争では、民族集団Aは民族集団Bの防衛拠点である、ある群集集落を攻略しようとして大軍を派兵したが、防衛戦術に徹した民族集団Bから激しく迎撃され、犠牲者一二〇人を出す結果となった。

そこで、民族集団Aは、攻撃の矛先を南に隣接する民族集団Cに向けるようになった。民族集団Aは、二〇一二年の五月から一一月にかけて、民族集団Cを襲撃した。死者数の総計は二二名、放火された民家総数は三二軒、放火・略奪された学校総数は八校を数える。略奪された家畜総数は、ウシが三四〇頭、ヤギ・ヒツジが四七六八頭を数える。国内避難民の総数は一万人と新聞報道されている。民族集団Cは民族集団Bのように集合的な防衛拠点となる大集落を形成しておらず、分散して居住している。

(2) 調査の概要と方法——世帯の物品をすべて調査する

この一連の紛争の影響によって、多くの遊牧民がそれまでの居住地を追われて国内避難民となった。そこで、筆者は、冒頭で述べた通り、人道支援で配給される生活物資と国内避難民の物質文化の接合を探求し、彼らがどのような物質的基盤のもとに生活を成り立たせているのかを解明するために、国内避難民の世帯を対象として、世帯用品（household commodity）の悉皆調査を実施した。調査は、民族集団BとCの遊牧民出身の国内避難民のいくつかの調査対象世帯が調査実施時点で保有しているすべての物品を対象として実施した。まず、その物品をデジタルカメラで撮影し、その後、その物品の保有者に対してその物品に関する半構造的インタビュー（semi-structured interview: ある程度の質問内容を決めておきながらも、その場で臨機応変に質問していくタイプのインタビュー）を実施した。調査の対象とした物品は、調査当日に家屋内、およびその周辺にあった物品で、着衣などすべての物品を含んでいるが、調査時点で外出していた世帯構成員の着衣や持ち物は含まれていない。筆者は、この調査手法を、「世帯用品の悉皆調査（inventory survey of household commodities）」とよんでいる。

調査の対象としたのは、その地域の中で、もっとも深刻な被害を被った世帯であり、とりわけ、家畜をすべて、あるいはほとんど失って避難した世帯や、もっとも保有しているモノが少ない世帯を対象として調査を実施した。東アフリカ遊牧民の社会は、家畜に高い社会的価値を置くことを共通の社会的特徴としている。それゆえ、こうした社会において家畜を失うことは、経済的にも、社会文化的にも極めて深刻な事態を意味する。しかし、遊牧社会間の紛争では、略奪の主要な標的とされるのは敵方の集団にとっても価値が高い家畜である。それゆえ、人びとが襲撃の標的である家畜を連れて避難することはまれであり、多くの場合、家畜を放棄して避難することを余儀なくされる。こうした場合、避難民は、当然、家畜のみならず、金銭、家屋、家財などほとんどの財産を放棄して、文字通り着の身着のまま家族だけを連れて逃げることになる。序章で述べた通り、東アフリカ遊牧民を対象とした研究においては、ほとんどの研究が家畜を保有している遊牧民を対象としており、家畜を失った元遊牧民（ex-pastoralists）が対象とされることはまれである。しかしながら、紛争や災害に際して、もっとも深刻なダメージを被っているのがそのような元遊牧民である以上、家畜を有している世帯から家畜を失った世帯へと視点を転換し、調査研究の対象としてより重点的に扱わなければならないと考えられる。

民族集団Bの国内避難民を対象とする世帯用品の悉皆調査は、紛争終結後三年が経過した二〇一一年八月から九月にかけて実施した。調査対象世帯が最初に避難した時期は、二〇〇五年から二〇〇九年にわたっている。さらに初回調査から三年後の二〇一四年の八月から九月にかけて、筆者は、同じ世帯を再訪して、世帯用品の追跡調査を実施した。この追跡調査は、前回の調査で撮影したデジタルカメラの画像を使用しながら、その世帯用品の現在の状況について質問し、また、新たに得られた世帯用品を調べる方法で実施した。筆者は、この世帯用品の追跡悉皆調査を通じて、彼らの世帯用品がいかにして回復していくのかを跡づけることができると考えたのである。

調査対象とした世帯は、民族集団Bの群集集落のうちもっとも規模が大きな二つの集落に暮らす世帯のうち全家畜を失って避難した世帯である。全家畜を失った世帯はもっとも規模が大きな世帯では一四世帯、二番目に大きな世帯では九世帯を数え、合計二三世帯である。この二三世帯が保有していた世帯用品は全部で五六七であった。各世帯の世帯構成員数は、二〇一一年時点で三・五人、二〇一四年で三・七人を数える。

民族集団Cを対象とする世帯用品の悉皆調査は、二〇一三年の八月から九月にかけて実施した。民族集団Cは民族集団Bとは異なる言語と文化を有する農牧民（agro-pastoralist）である。調査対象とした世帯は、すべて二〇一二年一〇月に、それまで生活していた地域から南方に避難した世帯である。調査対象は、この地域の中でもっとも貧困な世帯といわれていた一〇世帯を選択した。わずかながら家畜を飼育している世帯もあり、世帯平均二・六頭のウシ、一七・二頭のヤギ、一・五頭のヒツジを保有していた。各世帯の世帯構成員数は、調査時点で五・一人を数える。

3　国内避難民は、世帯用品をいかにして回復してきたのか

(1)　世帯用品回復過程の概要

つぎに、民族集団Bの世帯用品の追跡悉皆調査の成果を通じて、遊牧民出身の国内避難民がいかにして世帯用品を回復してきたのかを跡づけることを試みる。世帯当たりの平均世帯用品数は、二〇一一年時点では二四・七点を数えたが、二〇一四年時点では三〇点を数えた。世帯当たりの世帯用品の平均増加数は、一〇・三点であり、減少数は六・〇点である。減少は、おもに、世帯用品の消耗によるものである。二〇一一年から二〇一四年にかけての世帯用品の純増数は四・七点（二一九％）を数える。

筆者は、紛争以前の二〇〇三年に民族集団Bの二世帯を対象として世帯が保有する全世帯用品を同様に悉皆調査したことがあるが、それぞれ二〇五点と二二〇点を示しており、平均二一二・五点を数える。この二世帯は、当時、紛争の直接的な被害を被ってはいなかったため、これらの二世帯の平均値を民族集団Bの通常の世帯と仮定すると、国内避難民の世帯は、二〇一一年時点で通常世帯の約一一・六％、二〇一四年時点で通常世帯の一四・一％の世帯用品を保有しているに過ぎない。民族集団Bの国内避難民のうち家畜をすべて失った世帯は、少なくとも物質的にみて、極めて少ない物品で生活していることがわかる。

つまり、この調査結果は、遊牧民出身の国内避難民は、避難後多くの年月を経てもなお、平均的な世帯用品の水準に遠く及ばず、世帯用品の回復には成功していないことを示している。しかしながら、同時にこの結果は、遊牧民出身の国内避難民は、ごく緩やかなペースではあるが、世帯用品を徐々に回復させつつあることも示しているといえよう。

(2) 国内避難民の世帯用品はどのような種類のモノから構成されているか

つぎに、遊牧民出身の国内避難民の世帯用品が、種類別にみた場合、いかに構成されているかを分析する。表3-1は、二〇一一年の時点で、民族集団Bの遊牧民出身の国内避難民が有していた世帯用品の種類別構成割合を示したものである。もっとも高い割合を占めていたのは衣類であり三九・三％を占める。二番目につづくのが、食器・調理器具で、二二・〇％を占め、三番目につづくのが、装身具で一四・一％を占める。表3-2は、同じ世帯が有する世帯用品のうち、二〇一一年から二〇一四年にかけて増加した世帯用品の構成割合をみたものである。衣類の増加が際立っており、六〇・一％の増加を示している。二〇一一年に比べると、一三四点増加している。食器・調理用器具がそれにつづき、四二・四％の増加を示している。水容器の増加も際だっており、八一・〇％の増加を示している（二〇一一年の二一点から二〇一四年の三八点に増加）。世帯用品の中で、表3-1と表3-2の両方のうち、もっとも高い割合を占めるのが衣類で、二〇一一年から二〇一四年にかけて増加した物品に占める衣類の割合のほうが、二〇一一年時点での衣類の構成割合を上回っている。それゆえ、遊牧民出身の国内避難民の世帯用品の回復過程においては、衣類がもっとも重要なモノであることがわかる。

衣類が世帯用品の回復過程において重要な位置を占めていることは、遊牧民の日常習慣的行動や国内避難民が置かれた以下の三つの状況とおもに関係している。第一に、遊牧民の世帯では、衣類は貸借不可能な物品であることが挙げられる。たとえば、食器や調理器具は、世帯間で頻繁に貸し借りされているために、各世帯が必ずしも自前ですべての食器や調理器具を揃える必要はない。比較的貧しい世帯は、近隣から借りることで必要な食器や調理器具を間に合わせることができる。しかしながら、遊牧民の社会では、世帯外の人間に対して、衣類の貸し借りをすることは一般的ではない。遊牧社会の規範にしたがえば、世帯外の異性の衣類に対しては、触れることすら慎まねばならないと

表 3-1　民族集団Bの国内避難民が有していた世帯用品の種類別構成割合

入手方法	実　数	割　合
衣類	223	39.3%
食器・調理器具	125	22.0%
装身具	80	14.1%
敷物	27	4.8%
水容器	21	3.7%
椅子	20	3.5%
斧・鉈	20	3.5%
乳容器	18	3.2%
建材	10	1.8%
杖	4	0.7%
蠅たたき	4	0.7%
棍棒	2	0.4%
寝具	2	0.4%
ランプ	2	0.4%
その他	9	1.6%
合計	567	100.0%

表 3-2　民族集団Bの国内避難民が新規に入手した物品の種類別構成割合（2011-2014年）

入手方法	実　数	割　合
衣類	134	56.5%
食器・調理器具	53	22.4%
水容器	17	7.2%
装身具	15	6.3%
乳容器	4	1.7%
椅子	3	1.3%
建材	3	1.3%
敷物	2	0.8%
ロープ	2	0.8%
その他	4	1.7%
合計	237	100.0%

される。彼らの社会では、衣類は特定の個人に属するものとされ、その個人の尊厳とも結びついているのである。

第二に、国内避難民の生活においては、食糧と衣類は、消耗品としての性格を持っていることが挙げられる。食器と調理器具は、生活に必要な物資ではあるが、配給等の機会に一度入手しさえすれば、頻繁に入手し直す必要はない。しかし、東アフリカ遊牧民が日常的に着用する衣類の品質は粗悪で、短期間に摩耗してしまう。それゆえ、彼らの社会では、衣類はむしろ食糧と近い消耗品としての性格を持っているのである。

第三に、東アフリカ遊牧民の社会では、衣類は、食糧と同様に、贈与材としての性格を持っていることが挙げられる。彼らの社会では、衣類の贈与によって社会関係が構築されることがある。たとえば、結婚に際しては、求婚者の男性は、求婚相手の女性の父親に、衣類と食糧を贈与しなければならない。

つまり、遊牧民出身の国内避難民の世帯用品の回復過程において衣類が重要な位置を占めることは、彼らの社会のなかで人びとと衣類が取り結んでいる関係のあり方から考えてみなければならない。しかしながら、人道支援の基準においては、衣類は、「ノン・フード・アイテムズ」として食糧とは異なる非消耗的なカテゴリーに分類されており、ここで分析した衣類の貸借不可能性や衣類の消耗品や贈与品としての役割はほとんど考慮されない。しかし、遊牧民出身の国内避難民の世帯では、衣類は、むしろ食糧と近い消費品や贈与品としての役割を持っているのである。

もう一つの特筆すべき世帯用品は、水容器である。世帯用品の悉皆調査では、二〇一一年から二〇一四年にかけて八一・〇%の増加を示しており、全物品の中でもっとも高い増加に当たる。東アフリカ遊牧民の多くは、乾燥地帯で生活しており、水容器は、人間の生命維持に必要不可欠な世帯用品である。しかしながら、彼らの地域で入手可能な水容器は、野外での過酷な使用環境において、十分な耐久性を持っていない。つまり、東アフリカ遊牧民にとっては、水容器も、衣類と同様、消耗品に近い性格を持っていると考えられる。

(3) 国内避難民は世帯用品をどのような方法で入手してきたか

つぎに、遊牧民出身の国内避難民が、彼らが調査時点で有していた世帯用品をどのように入手しているかを分析する。表3-3は、二〇一一年時点で民族集団Bの国内避難民の世帯が保有していた世帯用品を入手方法別にみた割合を示したものである。地域住民からの贈与によって得た物品（贈与金による購入を含む）が三〇・九%ともっとも高い割合を占めていることがわかる。それにつづいて二番目に多い避難時に携行した物品が二四・三%を占め、三番目に多い購入した物品が一六・九%を占めている。これら上位の三つの入手方法を合計すると、入手方法全体の七二・一%を占める。人道支援機関から得た配給生活物資は、わずかに九・二%を占めているに過ぎない。つまり、遊牧民出身の国内避難民は、ほとんどの世帯用品を、人道支援機関からの配給生活物資に頼らずに、地域住民からの贈与や、避難時に携行した物品、購入した物品等によって再構築してきたのである。

表3-4は、二〇一一年から二〇一四年までの期間で、国内避難民の世帯が新規に獲得した世帯用品を入手方法別にみた割合を示したものである。この期間に新規に得られた世帯用品の数は二三七点である。二〇一四年に新規に得られた物品のうち、もっとも高い割合を占めてい

表3-3　民族集団Bの国内避難民の世帯が保有していた世帯用品の入手方法別割合（2011年）

入手方法	実数	割合
地域住民からの贈与*	175	30.9%
避難時に携行	138	24.3%
購入**	96	16.9%
自作	55	9.7%
援助機関支援	52	9.2%
拾得	51	9.0%
合計	567	100.0%

*贈与金による購入を含む
**耕作、炭焼き、出稼ぎ等の賃金労働による収入

表3-4　民族集団Bの国内避難民の世帯が新規に入手した物品の入手方法別割合（2011-2014年）

入手方法	実数	割合
購入*	177	74.7%
贈与	44	18.6%
自作	14	5.9%
拾得	2	0.8%
合計	237	100.0%

*耕作、炭焼き、水汲み、薪取り、家屋建築等の賃金労働ないし小売商の利益による収入

たのは、購入した物品で、全体の七四・七％と大半を占めていることが明らかになった。それにつづいて二番目に多いのが地域住民からの贈与によって得た物品で一八・六％を占めている。人道支援機関からの配給生活物資は皆無であった。

この調査結果は、二〇一一年時点での世帯用品の悉皆調査結果と著しい対照を示している。二〇一一年当時、遊牧民出身の国内避難民は、おもに贈与と購入によって世帯用品を入手していた。しかし、その三年後、彼らは、ほとんどの世帯用品を、購入を通じて入手するようになった。購入した物品は二〇一一年の九六点から二〇一四年の二七三点へと一八四・三％の増加を示している。これに対して、地域住民からの贈与によって得た物品は、二〇一一年の一七五点から、二〇一四年の二一九点へと二五・一％の増加に留まっている。

一般的にいって、遊牧民出身の国内避難民にとって現金を獲得する手段は極めて限られている。この世帯用品の悉皆調査結果における購入した物品は、すべて国内避難民の日雇労働によって得られた賃金で購入した物品である。遊牧民出身の国内避難民は、避難から数年後には、夜警、農業、炭焼き等の賃金労働に従事しはじめた。さらに数年が経過すると、比較的裕福な近隣の世帯は、遊牧民出身の国内避難民に対して、水くみ、薪取り、家屋建築等の家事労働を賃金労働として提供しはじめるようになった。これらの家事労働は、近隣間の相互扶助として、無償で提供されていたものばかりである。

この変化は、避難後ある程度の年月を経過すると、遊牧民出身の国内避難民は、もはや近隣に依存して共有を通じて無償で世帯用品を入手することが著しく困難になってしまったことを示している。近隣間の相互扶助が活発な遊牧民出身の国内避難民といえども、自助努力によって、現金を稼がなければならないのである。

この地域の遊牧社会では、この紛争以前から、旱魃等によって全家畜を失った世帯の男性が、比較的裕福な世帯に泊まり込んで家畜の放牧労働に従事する雇用牧夫のしくみが存在していた。このしくみによって、雇用牧夫は放牧労働の見返りとして、一か月に一頭程度の小家畜を獲得することが可能であり、徐々に家畜群を回復させていくことが

表 3-5　民族集団 B の国内避難民と世帯用品を贈与した地域住民の関係（2011 年）

関　係	実　数	割　合
妻の兄弟	64	36.6%
妻の姉妹	41	23.4%
同一胞族	15	8.6%
妻の母	9	5.1%
夫の兄弟	7	4.0%
近隣	7	4.0%
夫の母	6	3.4%
娘	6	3.4%
夫の姉妹	4	2.3%
夫の母方オジ	4	2.3%
友人	4	2.3%
妻の父	2	1.1%
妻の父方オジ	2	1.1%
息子の妻	2	1.1%
妻の母方祖母	1	0.6%
娘の夫	1	0.6%
合計	175	100.0%

可能であった。貧窮化した世帯に対して、家事労働を賃金労働として提供するしくみは、この雇用牧夫のしくみに由来すると思われる。しかしながら、家事労働によって得られる賃金は、ごくわずかに過ぎず、雇用牧夫のように家畜群を回復させることは不可能な点が異なっている。

一般に、東アフリカ遊牧民は、人道支援機関による配給生活物資や住民間の相互扶助に過剰に依存しており、自助努力を怠っているというステレオタイプ・イメージが非常に強い。しかし、この世帯用品の悉皆調査から明らかになったのは、人道支援機関による配給生活物資は、国内避難民の世帯用品のうちごくわずかな割合を占めるに過ぎず、世帯用品の多くは避難世帯の自助努力や住民間の支援によってまかなわれていることであった。また、困窮世帯は、住民間の相互扶助にいつまでも依存しているわけではなく、近隣住民の家事労働を担うことによって近隣からすらも自立することを求められており、多大な自助努力を強いられていることが明らかになった。この調査結果は、東アフリカ遊牧民は援助依存的であるというステレオタイプ・イメージに対する反証を提供している。

(4)　国内避難民と地域の支援者はどのような関係にあるのか

つぎに、遊牧民出身の国内避難民に対して、世帯用品を贈与した地域住民は、どのような関係にあるのかを分析する。表3-5は、二〇一一年時点での、民族集団Bの遊牧民出身の国内避難民と彼らに世帯用品を贈与した地域住民がどのような関係にあるのかを、その関係別に示したものである。妻の兄弟が三六・六%ともっとも高い割合を占めていることがわかる。それにつづいて第二に高い割合を占めているのが、妻の姉妹で二三・四%を占めている。両者を合わせると、地域住民の支援者の六〇%を、妻の兄弟姉妹が占めていることになる。表3-6は、二〇一一年から二〇一四年までに新規に得られた世帯用品について、遊牧民出身の国内避難民と彼らに贈与した地域住民がどのような関係にあるのかを、その関係別に示したものである。妻の姉妹がもっとも高い割合である三六・四%を占めていることがわかる。これらの調査結果から明らかなのは、遊牧民出身の国内避難民と彼らに世帯用品を贈与した地域住民の関係において、女性を通じた結びつきが顕著であることである。

表3-6　新規に入手した世帯用品にみる民族集団Bの国内避難民と世帯用品を贈与した地域住民の関係（2011-2014年）

関　係	実　数	割　合
妻の姉妹	16	36.4%
夫の母	4	9.1%
息子	4	9.1%
妻の母	4	9.1%
同一胞族	4	9.1%
夫の兄弟	2	4.5%
夫の友人	2	4.5%
夫の妹への求婚者	1	2.3%
夫の姉妹	1	2.3%
父	1	2.3%
妻の母の兄弟	1	2.3%
妻の友人	1	2.3%
選挙運動者	1	2.3%
妻の兄弟	1	2.3%
娘	1	2.3%
合計	44	100.0%

第一に、こうした傾向は、民族集団Bの父系外婚制（paternal exogamy）と結びついた夫方居住婚（virilocal marriage）と関係していると思われる。親族関係を父兄でたどる民族集団Bの社会では、結婚相手は、同じ父系親族集団以外から選ばれる。そして、通常、結婚後、新婦は両親の実家を離れて夫の親族の集落で暮らす。その結果、夫は彼の兄弟と同じ地域で暮らすことになるのに対して、妻は、彼女の兄弟とも姉妹とも離れた地域で暮らすことになる。そのため、ある既婚男性がもし紛争から逃れて避難しなければならなくなると、その時点で彼の兄弟の世帯も同

じ地域に居住しているために、同様に避難しなければならなくなる可能性が高い。これに対して、その男性の婚出した姉妹は、他の離れた地域に居住している可能性が高いため、紛争の影響を受けずに安全に暮らしている可能性が高いといえる。

また、民族集団Bの社会では、平時においても、妻の兄弟姉妹は、挨拶のため相互に世帯を訪問して、金銭、食糧、世帯用品等を贈与し合うことがよくみられる。民族集団Bの社会では、世帯用品を保有し、管理するのは、基本的には妻たちであり、そのため、そのような贈与の機会には、必然的に世帯用品を受け取るのは夫ではなく妻になる。

こうした理由から、国内避難民に対する世帯用品の贈与においては、女性を通じた結びつきによる関係が中心を占めていたと考えられる。一般的に、遊牧社会は、男性が家父長的権力を握っているというステレオタイプ・イメージがもたれており（Hodgson, 2000）、これにしたがえば、人道的危機においても、父系的な親族関係がセーフティネットとして重要だという見方が導き出されることになってしまう。しかし、調査結果は、これとは正反対の結果を示しており、女性を通じた結びつきの重要性に注意を払う必要があることが明らかになった。

(5) 国内避難民は、配給生活物資をどのように活用したか

遊牧民出身の国内避難民を対象とした世帯用品の悉皆調査を実施した際に、人道支援機関によって配給された物資がさまざまな方法で利用されていることが明らかになった。とくに、民族集団Cを対象とした調査では、避難後経過している時間が短かったため、国内避難民が配給された物資をさまざまな方法で活用していることが調査中に明らかになった。

紛争発生直後の二〇一一年一一月に、赤十字は、民族集団Cの国内避難民を対象として、緊急支援物資として、テント、水容器、フライパン、ナイフ、皿、コップ、スプーン、毛布、トウモロコシの粉等を配給した。このうちテントは、緊急支援物資の典型といえるが、ここでは、国内避難民による配給されたテントの活用法をとりあげる。まず、

写真 3-1　テントを活用した民族集団Cの家屋

写真 3-2　テントを活用した民族集団Cのヤギ用家畜囲い

二〇一一年一一月の時点で本来の目的である人間の住居としてそのまま利用されていたテントは調査事例中一例もなかった。国内避難民によるテントの活用法について、以下に四つの事例を示す。

第一の事例（写真３－１）は、テントを家屋の建材として用いた事例である。この世帯では、二〇一二年の一一月にテントが摩耗してしまった。この国内避難民の世帯は、当時、テントに居住するのではなく、民族集団Ｃの建築様式に基づいて、彼らの住居をすでに建築していた。摩耗したテントは、その住居の屋根部分の建材として利用されていた。第二の事例（写真３－２）は、テントを、ヤギ・ヒツジ用の家畜囲いとして活用していた事例である。この世帯のテントは、二〇一三年六月に摩耗してしまった。通常、東アフリカ遊牧民は、家畜の幼獣個体と成獣個体を分離して飼育しており（波佐間 二〇一五）、夜間、家畜の幼獣個体は、家屋内部か家屋周辺で管理される。この事例は、ヤギ・ヒツジの幼獣用の小屋の屋根の建材として、摩耗したテントを利用していた。第三の事例（写真３－３）は、テントを、ベッドの敷物として活用していた事例である。この世帯のベッドの敷物は二〇一三年二月に摩耗してしまったため、テントをその代わりとして利用したのである。第四の事例（写真３－４）は、テントを、一時的住居として活用していた事例で

写真 3-3　テントを活用したベッドの敷物

写真 3-4　テントを活用した放牧キャンプ式の簡易住居

ある。この世帯では二〇一三年一月にテントが摩耗してしまった。民族集団Cは、家畜の放牧キャンプ用に一時的な簡易住居を組み立てることがあるが、テントの代替として作られた簡易住居には、この放牧キャンプ用の建築技術が応用され、その屋根部分として摩耗したテントを使用する方法で組み立てられた。

もちろん、テントは、国内避難民に一時的な簡易住居を提供するために人道支援機関から配給されたものである。しかしながら、ほぼ三か月以内に摩耗してしまったため、それより長期にわたる避難生活を余儀なくされている国内避難民は、何らかの手段でテント以外の住居を自力で獲得している。事実、遊牧民の多くは、彼らの居住地に自生している草木、家畜の糞、土等の自然の素材を用いて、住居を自力で建築する技術をそれぞれ有している。遊牧民の居住地では、土地は緩やかな共有状態に置かれていることが多く、これらの建材は、避難地周辺において、無償で入手することができる場合もある。また、遊牧民は、家屋を建築するのに適した弾力性や耐久性に富む植物の種類を熟知している。とりわけ、第四の事例に示されたように、牧草や水が不足したために遠方に家畜を連れて行きそこで一定期間滞在する放牧キャンプの場合には、比較的短時間で簡易住居を組み立てる技術が用いられる。そのために、配給されたテントは、遊牧民の住居を完全に代替するような支援物資としては必ずしも有意義ではない。

しかしながら、ここで示した事例は、配給されたテントが、遊牧民出身の国内避難民の住居を完全に代替してはいるわけではないものの、テントの建材が別の用途で用いられていることを示している。遊牧民が用いる自然の素材は、耐水性を持っているわけではないため、家屋への雨水の浸入を十分に防ぐことができない。国内避難民は、テントが持つ耐水性という利点をよく認識しており、おもに、家屋や家畜小屋の屋根の素材として、摩耗したテントを利用しているのである。おそらくテントを配給した人道支援機関はこうした用途を予想していなかったと思われる。つまり、遊牧民出身の国内避難民は、人道支援機関が配給した生活物資を、もともとの彼らの建築技術を用いて、そこにうまく取り入れながら、組み合わせることで、人道支援機関が予想しなかった方法で彼らの避難生活に活用していることが明らかになった。

4 結論――遊牧民の物質文化と配給生活物資を相補的に組み合わせる可能性

(1) 調査結果から導かれる人道支援に対する政策提言

最後に、ここまで述べてきた議論を以下の五つの点に総括しながら、遊牧民出身の国内避難民を対象とした調査結果から明らかになった点に基づいて、東アフリカ遊牧民を対象とした人道支援枠組みに対する政策提言を述べる。

(一) 遊牧民出身の国内避難民の世帯を対象とした世帯用品の悉皆追跡調査結果から、避難生活において、彼らは、おもに地域住民の支援や自助努力によってかろうじて最低限の世帯用品の回復に成功してはいるものの、避難後かなりの年月を経過した時点ですら、平均的な水準とは比較にならないわずかな量の世帯用品しか回復できていないことが明らかになった。この知見は、避難を余儀なくされた東アフリカ遊牧民は、避難後数年経てば、生活用品を回復できるという前提や、もはや人道支援が必要ない状態に到達できるという前提が明らかに誤りであることを示唆している。

調査対象の遊牧民は、恒常的に遊動生活を営んでいるのではなく、半遊動的な居住形態（semi-nomadic residential pattern）にすでに移行している。避難によって、彼らは避難以前に暮らしてきた地域で長期にわたって築き上げてきた社会関係とそれによる相互扶助網等を寸断されるため、世帯用品の回復は決して容易ではない。それゆえ、遊牧民出身の国内避難民に対しては、たんなる遊動と避難を明瞭に区別し、避難である場合にはその苦境を見過ごすことなく、定住民と同様の生活物資に対する支援を行う必要があると考えられる。

（二）調査結果から、遊牧民出身の国内避難民の世帯用品のうち、その回復過程において、もっとも必要とされている物品は、衣類であることが明らかになった。衣類は、個人の尊厳ともかかわっている点にも注意を払う必要がある。この意味において、調査対象地域では、人道支援における衣類を、「ノン・フード・アイテムズ」のカテゴリーではなく、むしろ、食糧に近い消耗品のカテゴリーに属する重点的支援品目として扱う必要があると考えられる。彼らの社会では、水容器も同様に頻繁に消耗するため、消耗品的な性格を持っている。調査結果は、少なくとも、東アフリカ遊牧社会を対象とする支援の場合には、人道支援における支援のカテゴリーを、柔軟に再定義していく必要があることを示唆している。このうち、とくに、衣類と水容器の位置づけを彼らの生活環境と習慣的行動に即したものに見直す必要があると思われる。

（三）調査結果は、購入によって得た世帯用品が占める割合が二〇一一年から二〇一四年にかけて著しく増加しており、その一方、贈与によって得た世帯用品が占める割合が減少していることを明らかにした。この調査結果は、一般に広がっている、遊牧民は人道支援や相互扶助に過度に依存している人びとであるというステレオタイプ・イメージが誤りであり、国内避難民の世帯は、近隣からの支援ですら、対価となる労働なしでは期待できないほど、強く自立を求められていることを示している。このことは、遊牧民は援助依存症候群に陥っているというステレオタイプ・イメージを修正し、彼らは最大限の自助努力によってかろうじて生き延びていることを正当に評価する必要があることを示唆している。このことは、人道支援や相互扶助が、少なくとも、援助依存を蔓延させる元凶ではない以上、必要な支援が適切に行われさえすれば、人道支援や相互扶助は、彼らの生活回復に対して、有効に機能しうる可能性を示している。

（四）調査結果からは、遊牧民出身の国内避難民と地域住民の支援者との関係性においては、女性を通じた結びつきがもっとも重要であることが明らかになった。親族関係を父系でたどり、父方居住制を基調とする東アフリカ遊牧社会では、ある世帯が紛争や災害の被害を受けた場合には、その世帯の父系親族も同様に被害を受けており、援助が期待できない可能性が高い。このことは、人道的危機において、女性を通じた結びつきが果たしているセーフティネットとしての役割の重要性を十全に認識する必要があることを示している。

たとえば、もし人道支援機関が女性を通じた結びつきに沿って緊急支援物資を配給すれば、それらの支援物資は、地域住民同士の支援ネットワークを通じて自主的に流通し、避難民に幅広く行き渡る可能性があるといえるだろう。また、女性を通じた結びつきが重要であることは、反対に、女性を通じた結びつきを持たない世帯は、支援のネットワークから漏れ落ちてしまう場合が多く、脆弱な世帯となる可能性が高いことが指摘できる。それゆえ、たとえば男性単身者の世帯など、女性を通じた結びつきを持たない世帯を重点的な支援の対象として再検討する必要があると思われる。

（五）遊牧民出身の国内避難民は、人道支援機関によって配給された生活物資を彼らの用途に合わせて活用していることが明らかになった。彼らは、摩耗したテントを、家屋、家畜囲い、ベッドの敷物、簡易住居等として活用していた。この知見は、人道支援機関によって配給された生活物資は、もともと想定されていた用途で使用されていなくとも、遊牧民が新しい用途を自分たちで見つけることによって、有効に活用されうるということを示唆している。したがって、東アフリカ遊牧民に対する人道支援は、たとえ本来の支援意図からかけ離れていたとしても、このように予想外の用途で、彼らによって有効に活用されうる可能性があるといえる。それゆえ、人道支援機関は、こうした想定外の活用法がありうるということを少なくとも認識しておく必要があると思われる。

(2) 接合領域接近法が切り拓く可能性

本章では、遊牧民の物質文化と人道支援における配給生活物資の間の関係性を、序章で提案した接合領域接近法によってとらえ直すことを試みた。最後にこの方法論がどのような可能性を切り拓きうるのかを展望しておきたい。この手法によって明らかになったのは、以上に総括したように、東アフリカ遊牧民に対するさまざまなステレオタイプ・イメージが、必ずしも正確であるとは限らないことであった。こうしたイメージは、彼らの社会に対する過度に伝統的なイメージや、あるいは逆に過度に普遍的なイメージに由来していると考えられる。接合領域接近法は、ローカルな物質文化とグローバルな配給生活物資の両方が組み合わさりながら併存している現状をそのまま包括的にとらえることによって、グローバル一辺倒の見方とローカル一辺倒の見方の双方を相対化することを可能にする。

接合領域接近法によるアプローチによって明らかになったモノの人道支援における重要な課題は、グローバルな人道支援による配給生活物資とローカルな物質文化の関係を相補的に調整していくことである。それを可能にするのが、このアプローチによるグローバルとローカル双方の相対化であり、それを通じて地域住民に対する偏見やステレオタイプ・イメージを修正して、いくつかここで政策提言したように、避難民に対する人道支援の枠組みを再調整し、改善していくことが可能になると思われる。調査結果から明らかなように、避難民は、生活のすべてをグローバルな人道支援に委ねてそれに頼り切って生活しているわけではないし、また、人道支援を拒絶して、彼ら独自のローカルな伝統に立てこもって生活しているわけでもない。彼ら自身は、人道支援による配給生活物資と彼らが日常的に必要としているモノの世界を組み合わせながら、避難生活を営んでいる。それゆえ、人道支援に際してより注意を払わなければならない対象は、彼らの伝統文化の独自性ではなく、グローバルとローカルの組み合わさり方の独自性なのである。本章で示したのは、そうした組み合わさり方の様相であった。

　接合領域接近法によるアプローチは、たんに普遍的な支援物資が地域文化に適合したものであるかどうかを検証することのみを意味するのではない。ここでいう接合領域とは、その地域における避難生活で積み重ねられてきた自助努力による生活改善の集積体に他ならない。この意味において、接合領域接近法によるアプローチにより、彼ら自身による自助努力の集積と外部からの人道支援を相補的に接続していくことは、一時的な避難生活からより持続可能な生活へ転換していくであろう避難民の将来像を考えるうえで新しい可能性を示すものと思われる。

謝辞
現地調査でお世話になった東アフリカ遊牧民の国内避難民の皆様には御協力いただいた。本研究はＪＳＰＳ科研費ＪＰ二五二五七〇〇五、ＪＰ二〇四〇一〇一〇、ＪＰ一六Ｋ一三三〇五、ＪＰ二四六五一二七五、静岡県立大学教員特別研究推進費の助成を受けたものである。また、共同研究会メンバーの先生方には有益な御助言をいただいた。以上の方々の御厚意と御協力に、心より御礼申し上げる。

参考文献

湖中真哉　二〇〇六『牧畜二重経済の人類学――ケニア・サンブルの民族誌的研究』世界思想社。

湖中真哉　二〇〇七「小生産物（商品）の微細なグローバリゼーション――ケニア中北部・サンブルの廃物資源利用」小川了（編）『資源人類学　〇四　躍動する小生産物』弘文堂、二五―六二頁。

湖中真哉　二〇一二a「劣悪な国家ガヴァナンス状況下でのフード・セキュリティとセキュリティ――東アフリカ牧畜社会の事例」松野明久・中川理（編）『GLOCOLブックレット〇七フード・セキュリティと紛争』大阪大学グローバルコラボレーションセンター、三九―五二頁。

湖中真哉　二〇一二b「アフリカ牧畜社会における携帯電話利用――ケニアの牧畜社会の事例」杉本星子（編）『情報化時代のローカル・コミュニティ――ICTを活用した地域ネットワークの構築――国立民族学博物館調査報告』一〇六：二〇七―二二六。

湖中真哉　二〇一二c「紛争と平和をもたらすケータイ――東アフリカ牧畜社会の事例」羽渕一代・内藤直樹・岩佐光広（編）『メディアのフィールドワーク――アフリカとケータイの未来』北樹出版、一三六―一五〇頁。

湖中真哉　二〇一二d「遊牧民の生活と学校教育――ケニア中北部・サンブルの事例」澤村信英・内海成治（編）『ケニアの教育と開発――アフリカ教育研究のダイナミズム』明石書店、三六―五八頁。

湖中真哉　二〇一二e「ポスト・グローバリゼーション期への人類学的射程――東アフリカ牧畜社会における紛争の事例」三尾裕子・床呂郁哉（編）『グローバリゼーションズ――人類学、歴史学、地域研究の立場から』弘文堂、二五七―二八四頁。

湖中真哉　二〇一五「やるせない紛争調査――なぜアフリカの紛争と国内避難民をフィールドワークするのか」床呂郁哉（編）『人はなぜフィールドに行くのか――フィールドワークへの誘い』東京外国語大学出版会、三四―五二頁。

湖中真哉　二〇一六「アフリカ国内避難民のシティズンシップ――東アフリカ牧畜社会の事例」錦田愛子（編）『移民／難民のシティズンシップ』有信堂、六〇―八〇頁。

スフィア・プロジェクト（編）二〇一二『スフィア・プロジェクト――人道憲章と人道対応に関する最低基準』特定非営利活動法人 難民支援協会訳、特定非営利活動法人 難民支援協会。

波佐間逸博　二〇一五『牧畜世界の共生論理――カリモジョンとドドスの民族誌』京都大学学術出版会。

Bianco, B. 2000. Gender and Material Culture in West Pokot, Kenya. in Hodgson, D. L. (ed.) 2000. *Rethinking Pastoralism in Africa: Gender, Culture & the Myth of the Patriarchal Pastoralist.* pp. 29-42. James Currey, Oxford.

Grillo, K. 2014. Pastoralism and Pottery Use: An Ethnoarchaeological Study in Samburu, Kenya. *African Archaeological Review*, 31(2):105-130.

Hodgson, D. L. Introduction: Gender, Culture & the Myth of the Patriarchal Pastoralist. in Hodgson, D. L. (ed.) 2000. *Rethinking Pastoralism in Africa: Gender, Culture & the Myth of the Patriarchal Pastoralist.* pp. 1-28. James Currey, Oxford.

Internal Displacement Monitoring Center (IDMC) 2006. *I am a Refugee in My Own Country.*, Internal Displacement Monitoring Centre, Geneva.

Kassam, A. & Megerssa, G. 1996. Sticks, Self, and Society in Booran Oromo: A Symbolic Interpretation. in (M. J. Arnoldi, C. M. Geary, and K. L. Hardin. eds.) *African Material Culture.* pp. 145-166. Indiana University Press, Bloomington.

Kratz, C. and Pido, D. 2000. Gender, Ethnicity and Social Aesthetics in Maasai and Okiek Beadwork. in Hodgson, D. L. (ed.) 2000. *Rethinking Pastoralism in Africa: Gender, Culture & the Myth of the Patriarchal Pastoralist.* pp. 43-71. James Currey, Oxford.

Larik, R. 1986. Age Grading and Ethnicity in the Style of Loikop (Samburu) Spears. *World Archaeology*, 18(2): 269-283.

Larik, R. 1987 The Circulation of Spears among Loikop Cattle Pastoralists of Samburu District, Kenya. *Research in Economic Anthropology*, 9: 143-166.

Prusssin, L. (ed.) 1995. *African Nomadic Architecture: Space, Place, and Gender.* Smithsonian Institute Press, Washington.

Prusssin, L. (ed.) 1996. When Nomads Settle: Changing Technologies of Building and Transport and the Production of Architectural Form among the Gabra, the Rendille, and the Somalis. in (M. J. Arnoldi, C. M. Geary, and K. L. Hardin. eds.) *African Material Culture*. pp. 73-102. Indiana University Press, Bloomington.

Robbins, L. H. 1973. Turkana Material Culture Viewed from an Archaeological Perspective. *World Archaeology*, 5(2): 209-214.

Sphere Project. 2011. *Humanitarian Charter and Minimum Standards in Humanitarian Response.* Hobbs the Printers, Hampshire.

第4章　武力に対抗する癒し

ウガンダ・ナイル系遊牧民の多文化医療

波佐間逸博

1　序――遊牧社会の多文化医療

辺境の社会ではグローバル中枢と連携する市民社会のネットワーク化が密ではない。そのため、社会開発のスキームの中で、原野の自然多様性や錯綜した社会関係とその歴史は単純化され、そのことによって生活環境の悪化を招くことがきわめて多い。

周知のとおり、東アフリカの遊牧社会には、いつどこでどれぐらいの降雨があるか予測ができない乾燥地と、同盟と敵対をめまぐるしく変動させる流動的な多民族社会という特徴があり、遊牧民たちはサバンナの生態資源を十全にいかした生業遊牧と、集合的な憎悪を生起させない民族共生の技法を発達させてきた。

しかしながら、こうしたローカルな知の体系が正当に評価されることはむしろたいへんまれであった。それどころか、まことに奇妙なことに、遊牧民たちが創造してきた価値と実践は、近代科学の「分類」と「数量化」の恣意的な運用を通じて、「合理性を欠いたもの」、「未開で野蛮なもの」と断定されてきたのである。たとえば東アフリカ遊牧を土地荒廃と民族紛争の元凶とみなす植民地時代のイギリス政府は、生態学の知見に依拠して各民族の「領土」を画定し、移動制限と家畜群の解体政策を支持してきた（Mamdani et al. 1992, Schlee. 2013, 楠 二〇一四）。

本章のもとになっている現地調査の舞台であるウガンダでは、国境地帯で遊動生活を営み、自己統治によって平等主義的な社会を維持してきた遊牧民に対して、二〇〇六年以降、近代的な国民国家による統制システムと、グローバル社会による行政・経済・文化・医療の標準化のプロジェクトが推進された。遊牧社会の自治の伝統に背を向け、暴力装置を利用した「上からの」治安維持と定住化政策によって、牧野の民は多文化の葛藤と生活の窮状を人間性の根底から理解し、対抗策を講じる必要にせまられたのである。

本章の副題にある「多文化医療」とは、こうした社会動態のただなかにある人びとのより良き生への希求にかかわる営みである。すなわち、それは遊牧民たち自身の手による新しい医療の体系であり、多文化接触の混淆状況が創造的に再編成され起動された癒しを意味する新しいことばとして使用している。「緊急事態」を余儀なくされた人びとは、突発的な暴力や惨事を絶望的に語るばかりでなく、情勢変動のタイミングや潜在している可能性を注意深く探る。多文化医療の実践を根底から支えているのも、未知な可能性への信頼を切り開き、現在をともに生きる人びとを不安や恐れから解き放つ希求にほかならない。

本章の目的は、こうした非対等な関係性の中で弱者の立場に立たされている側の創造と抵抗の可能性を多文化医療の中に探究し、新しい人道支援のあり方を学びとることである。

以下では、まず、東アフリカ遊牧社会における家畜個体の文化・社会的資源としての重要性を述べ、つぎに、定住社会と遊牧社会の間に横たわる健康格差の問題を指摘する。そのうえで、多文化接触の軋轢と紛争、それらに起因する心身の不調を取りあげ、緊急人道支援と在来の治療実践の相互作用によって遊牧民自身が作りあげた癒しのシステムに焦点を合わせる。

2　東アフリカ遊牧民の生態と文化

私は一九九八年から、武力紛争のために現地入りが困難であった二〇〇〇年から二〇〇二年をのぞいて毎年、ウガンダ北東部のカリモジョン社会とドドス社会で住みこみ調査を行ってきた。その間、東アフリカの遊牧民と家畜との種を越えた相互関係や、物質、精神世界における家畜の重要性を痛感した。サバンナの遊牧民は多文化・多民族社会を生き抜く。その共生のための知恵と実践の構成において、家畜個体との共生の技法は決定的な役割を果たしていたのである（波佐間 二〇一五）。

放牧や搾乳における遊牧民と家畜のかかわりは、人とウシ・ヤギ・ヒツジの間でそれぞれの「種の自然特性」を越えでて提示されるオーラルな信号や身ぶりなどにもとづく交感に支えられている。遊牧民は日々の放牧や搾乳の中で、家畜の個体としての主観的な経験を見きわめる。ウシやヤギたちは、さまざまな声やしぐさによって自分たちが求めているものを人びとに伝える。日常の遊牧生活の中で、人びとと家畜は活動と感情を解釈し合っているのである。

毎日の日課を協調して成り立たせる相互依存は、人びとと家畜の間に「ともに生きる」という共通感覚を生成することになる。カリモジョンとドドスでは、日常生活の共有によって人間と家畜の親密性が実現され、動物と人間それぞれが異種混淆的なアイデンティティを構築する。遊牧という生活の形態は動物と人間の多文化共生の結晶化であり、その日常の生活世界は、遊牧民と家畜個体の身体的、直接的に知覚可能な人格が共鳴し合い持続しているのだ。

東アフリカ遊牧社会には人間と家畜を同一のカテゴリーに入れる見方（アイデンティフィケーションないし同一視）がある。つまり、人と動物の関係における動物を見る眼が人間相互の眼差しに転用されて、対人的な関係世界が作られるのである。カリモジョンとドドスが当事者となって引き起こされる家畜略奪を目的とした襲撃（レイディング）に関するオーラル・ヒストリーをたどっていると、動物―人間関係でみられた個体主義（すなわち、表象に依存することなく、個々の人格性にもとづいて行為を決定する論理）が種を超えて対人関係の内部まで及び、紛争の解決と紛争後の和解において重要な役割を果たしていることがあきらかとなる。たとえば、短期間のうちに集中的にレイディングを実行し合っている民族間において、個人の関係を基盤にした連帯が生まれ、自民族の憎悪から他民族の者を救援するケースが見出される。そしてこうした人間の個体たちは、家畜の個体とメタフォリカルに重ね合わせて表現され、記憶されている。

個としての直接的・対面的な相互行為を関係性の基礎にすえたサバンナの個体主義は、アイデンティティの柔軟な運用を可能にする生活論理を人びとに供給する。そして、敵対と同盟の錯綜した歴史的背景と、異なる民族アイデンティティを持つ人びとが国境と民族境界を越えて移動し共在するこの地において、平和的共存を実現する文化生態資源となっているのである。

3 健康の格差

公衆衛生学者の多くは、日常的に家畜と緊密に接する生活様式が水の利用や栄養の摂取を強く制限し、それによって、眼疾患、人畜共通感染症、下痢症、呼吸器感染症等が引き起こされていると論じてきた。この見方によると、東アフリカ遊牧民社会における健康問題を解決するためには、人びとの生活を家畜との接触から切り離すべきだという考え方が導きだされる。だが、遊牧民にとって家畜はたんに栄養を摂取するための資源であるばかりでなく、社会的・文化的な資源でもあり、遊牧はべつのものに置換可能な要素ではない。

対象社会の全体と向き合わず、環境や医療といった部分だけを取りあげる開発主義の思考に人びとが同意を示さないとき、その社会に対しては非合理的で未開であるというレッテルが貼られる。遊牧社会に対するこうした偏見は健康問題の本質を覆い隠してきた。

遊牧社会における病気の多くはすでに有効な予防策や治療薬があり、また外科的な治療法も確立されており、遊牧社会の外部では日常的に利用できる。それに対して遊牧社会での近代医療の整備は遅れている。すなわち、「治療不可能である」という意味における健康に関する前提条件が存在するのではなく、病や身心の苦痛により悩まされることがない状態（「健康」）を作りだせる機会が、不適切な社会制度の編成によって奪われているのである（Sen, 2004）。そして、遊牧民に貼りつけられた健康への無関心と医学的な無理解というレッテルこそが、この社会政策と健康の不平等な分布を正当化してきたのである。

定住社会では人口は中心地に集中する。中心地に建てられた病院は多くの人びとが利用できる。しかし東アフリカでは、サバンナの広域を遊動し牧草地として利用することによってはじめて家畜の群れと人びとの暮らしは成り立つため、人口密度は低くなる。そして、中心地から離れた、家畜が遊動する原野では歩くことが唯一の移動手段だが、重病人は長距離を歩けない。遊牧社会における医療施設での受診は、定住社会とは異なり、とりわけ困難なのだ。さらに、遊牧社会においては物的、人的な保健医療資源が決定的に不足しており、それが治療の選択肢に強い影響を及ぼし、その結果、健康状態の格差が生じている。その具体例については別稿（波佐間 二〇一三）で詳述しているので参照してもらいたいが、結核、マラリア、伝染性眼疾患であるトラコーマなどの病気については治療可能な病気であるにもかかわらず、多数の遊牧社会ではたちまち重症化してしまうのだ。

遊牧社会と定住社会の健康格差は、居住地が人口希薄な辺縁地域にあるために医療サービスの提供にかかる一人あたりのコストが高いことや、移動性が高い生活様式をとっているために医療サービスを継続的に提供することが困難であるという理由による（Morton, 2006）。すなわち、東アフリカ遊牧社会の健康の劣化は、定住社会中心主義による疎外の反映である。

4　紛争が健康に及ぼす影響

(1)　武器問題と武装解除

北東ウガンダの国境地域に暮らすナイル系遊牧民諸社会には一九七〇年代以降、自動ライフル銃がスーダンから流入してきた。やがてそれは日常的な放牧の道具となり、武器を用いて家畜をねらう襲撃を生起させるとともに、歴代の中央政府に軍事介入への動機を与えてきた。二〇〇六年には、暴力装置を利用した「上からの」治安維持と定住化政策を柱とする「カラモジャの武装解除と開発の統合計画」がはじまった。国家とグローバル社会の連携によって押し進められたこの力づくの政策は、人びとの生活に深刻な影響を与えた（波佐間　二〇一二）。

第一に、特定の地域に非常線をはって武器や武装集団を捜査する反乱鎮圧作戦が実行され、作戦中の暴力行為や拘禁された遊牧民に対する身体的虐待を招いた。第二に、この武装解除介入により遊牧民集団間の武器の保有の格差が広がった。そのため銃を手放さなかった集団が、銃を手放した集団に家畜略奪を頻繁にくわだてることになり、多くの遊牧民が難民化した。第三に、反乱鎮圧作戦を実行する軍隊と遊牧民の若者の間で激しい武力衝突が生じた。たとえば二〇〇六年一〇月には、カリモジョンの居住地ロプヨで、地元の遊牧民が地域に駐留する兵士と衝突し、二日間にわたる抗戦の末、両側から七八人もの死者が出た。

定住化政策の実施に際しては「保護された家畜囲い」というシステムが導入された。このシステムでは、家畜を収容する囲いは軍兵舎に隣接するように設置しなければならず、軍隊は家畜囲いの移動を禁じた。それまで遊牧民たちは家畜囲いを自由に移動することができたし、毎朝、正確な民族生態学的知識（水場や牧草の質・量・分布だけでなく水と植物と土が含む塩分の濃度も考慮する）を突き合わせ、その日の放牧地やルートを細やかに話し合い、最良の放牧スケジュールを決めていた。しかし「保護された家畜囲い」以降、放牧時間や移動ルートはもちろん放牧時間までも、軍側の意向で勝手に定められるようになった。すべての遊牧民は当然ながら、家畜の要求をいっさい無視した「保護された家畜囲い」を拒否したが、軍は命令にしたがうまで徹底的に遊牧民を攻撃した。私のドドスの受け入れ家族は、二〇〇六年から二〇〇八年の間にウガンダ人民防衛軍（UPDF）と五度の衝突を経験したが、ついには武装ヘリコプターによる爆撃を受け、「保護された家畜囲い」への移動を決断した。

大規模な物理的暴力をともなう紛争は当事者社会に深刻な健康被害をもたらす。これに対して、近代国家システムは暴力装置の正統な独占主体としてその行為を取り締まり、処罰することができる。だが、ウガンダの遊牧社会の脈絡からみると、武装解除と定住化政策はそれ自体が、遊牧民の身体に苦痛や損傷を組織的にくわえる大規模な暴力現象であった。

(2) 紛争に起因する病

武装解除と定住化政策による治安や生活環境の悪化は、人びとの身体に直接的および間接的に被害を及ぼした。二〇一三年から二〇一四年にドドスにおける暴力被害を調査した。[1] それによると、家畜略奪者あるいは駐留軍による暴力のために九二％の人びと（女性一一人、男性六〇人）が負傷したり、心身の異変に見舞われたりしていた。

外部社会からの圧倒的な力の介入と、それに起因する武力紛争という複合的な暴力による肉体的苦痛に、人びとはどのように対処しているのだろうか。以下では、紛争期のカラモジャで流行した病と対処方法を検討するために、まず、遊牧民の認識を導きの糸として、「暴力に起因する病（エデケ・ンゴロ・エヤウネテ・アデング）」を記述・分析しよう。

第一に飢えによる栄養失調は暴力が引き起こす重い悪疾として広く認識されている。「保護された家畜囲い」の導入によってウシ遊牧の継続は困難になり、さらにほかの民族集団の兵士や略奪者による襲撃の脅威によって、遊牧を補完するために小規模ながら営まれてきたソルガムやトウジンビエの栽培も不可能になった。そのため多くの家族は、軍隊との対立や武装集団からの家畜略奪を避けるために、南スーダンおよびケニア国境に家畜と牧童を送らざるをえなくなった。その結果、半定住集落に暮らす家族は家畜のミルクへのアクセスが完全に断たれ、幼い子どもたちはいうまでもなく、孫たちに食べ物をまわすために自分は食べることを控えた多くの高齢の女性たちもまた飢えとそれに伴う下痢症に苦しむことになった。

第二に出産への悪影響も正確に認識されている。自宅出産に関連する妊産婦死亡および病気のおもな原因は、感染症、逆子出産、（胎児の）横位、胎盤早期剥離、および遷延分娩である。紛争の混乱期、暴力の危険度が高い中、人びとはホームステッドの外を歩くことを極力避けていた。医療施設まで歩くことも控えており、妊婦は自宅での出産を選んでいた。自宅出産は地元住民や高齢の女性の立ち合いのもと行われるが、妊産婦死亡や感染症罹患のリスクは高い。

第三に「心臓病（エタウ）」とよばれる異常がある。そのおもな症状は、目眩、胸痛、全身の疲労、激しい怒りであり、人びとは心臓病を暴力による心臓の異常な動きであると説明する。たとえばある心臓病は、銃声の反響や（爆撃による）「揺れ動く世界」を経験することによって引き起こされるという。心臓病は「精神病（ニケレップ）」という大きなカテゴリーに包含される。

精神病は武装解除政策が行われる以前からあった。しかしその原因は他者からの呪詛や、未婚の女性とその家族との間の結婚をめぐる確執によるものが一般的であった。ところが、武装解除政策の実施以降に流行したのはトラウマ反応である。具体的には、誤認逮捕・拘禁の間に受けた拷問や、軍事作戦中の拷問や強制移住の際に家族が死んだり身体的な危害を加えられたりした経験がその原因である。

武装解除政策が及ぼした遊牧民の生活への負の影響は、致命傷を負わせる身体的虐待から牧地の戦場化まで広範にわたるものであった。栄養不良、妊産婦死亡、感染症、精神障害をはじめとする「暴力に起因する病」は、そのような社会的機能不全の身体化であった。

5　多様な医療の実践

人道的介入は一般に生物医療を基礎としている。ウガンダ北東部の遊牧社会では近年、医療の多元化が進展してきたが、その背景には人道支援の強い影響がある。たとえば、カリモジョンがおもな居住者であるナパック県とモロト県の診療所の数は二〇〇二年には八施設だったが、二〇一〇年には二二施設まで急増した。

多くの医療多元的社会では、生物医学的視点が支配的であり、それ以外のシステムを強く抑圧する傾向がある（Baer, 2004）。これに対してカリモジョンとドドスは、多様な医療のシステムを創造的に再編したり使い分けたりすることによって、現代の西洋の生物医学的視点（すべてのニーズを満たすことはできない）に依存する医療を飼いならしつづけている。暴力に関連する病の事例をもとにして、遊牧民がどのように多文化医療を起動させているかを以下に述べよう。

(1)　マニャッタ療法

自宅出産での妊産婦死亡や病気に対処するため、カリモジョンの人びとは地元の生活様式と生物医学にもとづく医療サービスを組み合わせた「女性伝統医の集落」という医療システムを作りだした。このカリモジョンのシステムの原形は、ほかの東アフリカ遊牧民社会で実施されてきた「マニャッタ療法」である。

一九八〇年代以降、ケニアのソマリ、オロモ、トゥルカナなどの遊牧社会で「結核マニャッタ」プロジェクトが開始された（図４-１）。このプロジェクトは、ケニア、オランダ両政府および国際結核肺疾患予防連合（ＩＵＡＴＬＤ）の合意にもとづく計画である。「マニャッタ」ということばは「（半定住）集落」を意味し、この場所が結核治療の中心となる。このマニャッタは地元で調達できる建材でこしらえた小屋から構成され、病院やヘルスセンターの近くに

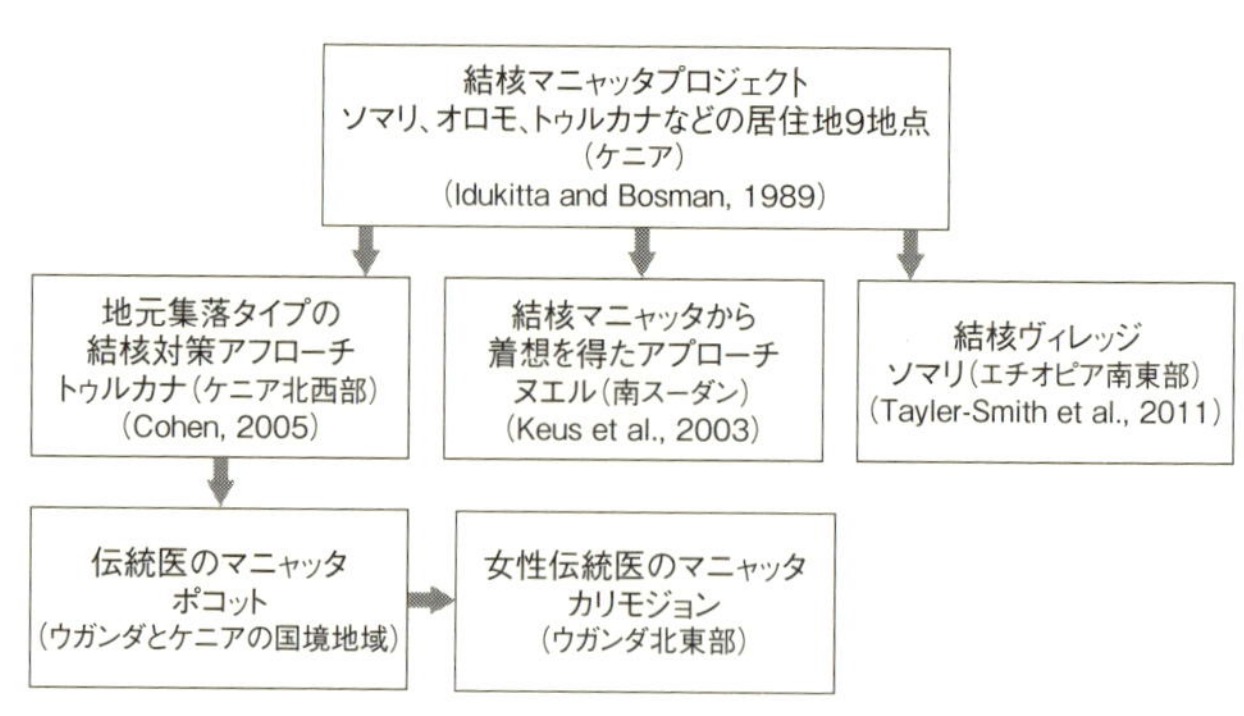

図4-1　東アフリカの遊牧社会におけるマニャッタ療法の広がり

あって、結核患者に宿とまかないが提供され、薬が与えられる。

地元の村にいながら結核をコントロールするこのアプローチは、二〇〇〇年代にはトゥルカナにおいてつづけられるなど、ほかの遊牧地域にも広がっていった。一九九〇年代半ばから二〇〇一年にかけては南部スーダンのヌエル社会で、このマニャッタの方法をもちいて結核患者の治療が施され、エチオピア南東部のソマリの間では二〇〇六年以来、これとおなじ治療方法が実践されている。両地域とも紛争地域であるため、医療サービスを維持することはきわめて困難である。だが地元の村内で行われる、地域の資源を活用したこの治療法は、非常に有効な形で患者に適切な医療サービスを届けることができる方法として高く評価されている。

ケニアの西ポコット郡では、この地域のNGOとトゥルカナから移住してきた伝統医によって「伝統医のマニャッタ」が作られ、そこで結核の直接的な服薬確認治療（DOTS）が実践された。患者は病院で治療を受けた後に、牛糞と木材でできた地元の集落（マニャッタ）で食事と寝床の提供をうけ、地域の保健ボランティア（コミュニティヘルスワーカー）としてのトレーニングを積んだ伝統医から薬を施された。

つづいて、ウガンダ北東部のカリモジョンが暮らすモロト県に、妊産婦が出産を待機するところとして「女性伝統医のマニャッタ」が作られた。この「女性伝統医のマニャッタ」の創設は、カリモジョンの伝統医がポコットの伝統医から「伝統医のマニャッタ」を学んだことによって実現した。ともに三〇歳代だった二人の伝統医は、相互訪問と家畜の交換をとおして民族の境界をこえた個人的な友人関係をすでに築いていた。カリモジョンの居住地モロトのNGO「カラモジャの伝統医たちと健康システム（KATHES）」[2]がポコットの居住地で開催した母子保健についての会合で二人は再会した。そして、伝統医から提案を受けたカリモジョン出身のKATHESのスタッフが、医療施設での分娩介助への遅れを防ぎ、自宅分娩の際のHIV／AIDSへの感染リスクを抑えるという二つの効果が期待できると強調しながら、「女性伝統医のマニャッタ」の主旨を国連世界食糧計画（WFP）や国連児童基金（UNICEF）に説明し、母親や介護人のための食料や日用品の提供を受ける約束を取りつけた。

「女性伝統医のマニャッタ」は、武力紛争社会の母子保健問題に対処するために築かれた地元の医療システムであるという点で医療多元性の一つの形を示している。「女性伝統医のマニャッタ」は、県病院の敷地内に建てられた数戸の小屋からなる小規模な施設で、出産予定の妊婦と女性伝統医が出産を待つ間そこに留まる。妊婦は自分の子どもや付添人と一緒に泊まることができ、食事の提供もあり陣痛がはじまる前から滞在しやすい。女性伝統医は分娩間近の女性を病院の産科にとりつぎ、出産後には母親たちをケアする役割を担っていた。

(2) 治療としての忘却

ドドスの人びとは暴力の被害者、とくに心臓病や精神障害を患っている人びとに対しては、病的悲嘆から引き離すよう努め、語りかけと歌と踊りの治療を実践する。バントゥ系の言語を話す農耕民は死者の霊に病や災いの原因を見出し、治療に際してはその憑依に焦点を合わせる。それに対して、東アフリカ遊牧民は祖霊への信仰を持たない（Fratkin, 1996: 93-94）。カリモジョンとドドスにおける病因論も、生者による暴力が病を引き起こすとみなすものである。遊牧民の考え方はバントゥ系農耕民とは異なり、死者である先祖に生者を罰する力が宿っているという観念とは無縁であり、対処の方法は霊との交渉ではなく、具体的に目に見え、触れることのできる人びとや身体への働きかけが中心になる。

治療実践では伝統医、地域社会のメンバー、異なる遊牧民集団の友人、地域に駐留する兵士など、平均して二〇人の参加者が重要な役割を果たしていた。伝統医や患者の家族は病者が静かに過ごし、物理的暴力が過去に引き起こした苦しく痛切な事件を忘れるよう語りかける。たとえば、あるドドスの伝統医は、病者に「あまり考えすぎてはいけない。あなたの心を落ち着かせなさい。私たちはともにいて平和である。落ち着きは病気を治す」と語りかける。そして水に溶かしたエムニェンという癒しの土を病者の体に塗り、静かに語りかけを繰り返す。

つぎに歌と踊りの場では参加者が水に浮かべたヒョウタンを激しく叩いて病者とともに歌を歌い、踊る。しばらくすると、病者は失神したり異常な意識状態に達したりする。ドドスが「仮死的」とみなすこの状態におちいった時、伝統医や参加者たちはカウベルを鳴らしながら病者の胸に顔、手、カウベルを接触させてささやきかける。「心臓に触れる」ことによって癒すのである（写真４-１）。

写真 4-1　歌と踊りの場

地元の伝統医やほかの参加による集団的な治療実践の後、病者には生業である遊牧に従事するようすすめる。生業活動をとおして病者を通常の生活に復帰させ、暴力現象から目を反らさせるためである。

たとえばドドスの青年Ｐは軍隊との銃撃戦により父親を失った。家族の牛群も軍に奪われ、捕まった兄も拷問で受けた傷がもとで死亡した。長い間Ｐは心を病み、家族や家畜の記憶を失い、他人と会話することさえできなくなっていた。そこで伝統医や集落の者たちが集団治療を行った。その後、彼の叔父は家畜をたくさん持つ男と一緒に暮らすようPにすすめた。同年代の牧童が常に彼に寄り添い、一緒にウシの世話をした。最初はとまどっていたPだったが、だんだんウシに触れるようになり、やがて搾乳し、ウシに歌いかける歌を作るまでになった。家畜一頭一頭を見分け、コミュニケーションをとり、放牧地を見ることが彼の心臓を癒したのだと人びとは説明していた。

(3) 癒しの構成

以上の事例から私たちは、カリモジョンとドドスが在来の生活実践と人道支援のインターフェースを通じ、多元的医療の諸層を習合させ、さらに社会的、生態学的、および文化的資源を接合して、健康と生活条件を改善するための新たな対処方法を創造している事実を確認できる。この多文化医療を可能にしているのは、伝統医やローカルスタッフ、保健ボランティアといった在野の治療者たちの、複数のヘルスケア文化をまたいで癒しを起動させることができる柔軟性である。

暴力と健康問題の多重な発現を背景として、二〇〇七年以来、緊急医療の最前線で尽力してきたのが、村落健康チーム（VHT: Village Health Team）として知られている地域の保健ボランティアたちと、「国境なき医師団」などの医療支援機関が現地で有期雇用している地元出身のスタッフである。彼らはおもに、施設分娩の促進や五歳未満の栄養失調児への栄養補給、特定の感染症の子どものための医薬品および経口補水液の補給にくわえ、暴力による重症患者を病院へいち早く照会するなどして、プライマリー・ヘルス・ケアの強化を担った。心臓病や精神障害のある患者に対しては、病院を紹介するのではなく、地元の伝統医に相談するようすすめていた。また先述したように、東アフリカ遊牧社会に広くいきわたった「伝統医のマニャッタ」においては、外部社会からもたらされた医療支援と遊牧民の生活様式が組み合わされて、現代の西洋生物医学を含む地域医療システムが確立されていた。カリモジョンでは民族境界を横断したポコットの伝統医との個人的な友好関係を基軸にして、生物医療と日常生活の相互乗り入れの経験とアイディアが交換され、母子保健のための新しい施設とシステムの構築が導きだされていた。

治療に活用できる公的なヘルスセンターでのサービスは、ウガンダのほかの地域とおなじように、無料で提供されている。しかしながら多くの人びとには、地元の保健ボランティアやローカルスタッフたちが援助された必須医薬品を使って行う治療や伝統医のもとでの受診を好む傾向が認められる。

その理由の一つは経済的な支援にある。一般の遊牧民には現金の入手が難しい。無報酬で診察と治療を行う在野の治療者はしばしば「家族」と表現される。たとえば国境なき医師団（ＭＳＦ）のスタッフとして現地採用された三〇歳代の男女は、必須医薬品だけでなく、自費で購入した薬を使って治療するので、牧夫たちは彼らを「息子」や「妹」とよび慕っていた。

さらに、在野の治療者は、いわゆる伝統医療から援助による生物医療まで多様なヘルスケアを活用できる点も重要である。多くの人が強力と認める薬剤が「消化器官や援助食糧とどのように相互作用するのか」「どの医療が最良で、誰から手に入れるべきか」などと治療者のもとを訪れて質問し、治療者のほうは食事療法を助言し、あるいは自分の手元にはない薬剤を入手できる病院を教えていた。

遊牧社会における臨床の出会いは、持てる者が持たざる者のために負担を肩代わりする相互扶助の精神と、人びとが体現する多元的な医療の知や実践の総体と向き合うものである。在野の治療者と患者の関係は、その意味で、人間的な相互関係にほかならない。この「顔のある個体」としての対面こそ、遊牧民が重んじるヘルスケア文化の特質なのである。

トゥルカナで調査した作道信介（二〇一二）は、制度化された医療にアクセスできない人びとが患者の家族や友人たちをまきこみ、人間としての尊厳と誠実さを敬う仕方で多元的に医療行動をとることを記している。牧野の人びとは生命の危機に際し、生物医学による治療、伝統的治療、自宅治療という相互に異なる体系間を往還し、異種混淆することを厭わず、身体の病的現象に対する手立てを尽くすのである。

遊牧民の能動的で人間的な実践は臨床の場を超える。このことは病の根本原因に介入し、紛争をおさめる文化の実践を引き出していたことからもあきらかであろう。ドドスにおいて、心臓病や精神障害は暴力に見舞われた社会状況の身体的具現と認識されており、地元のヘルスケア文化の内部でこれに対抗する癒しが試みられていた。紛争社会において、暴力への対抗は癒しを構成する核心なのである。

現代の西洋生物医学は、人びとの経験の次元を無視しがちであり、診断および治療のための身体機能および形態の疾患関連変化にのみ焦点を合わせる。こうした「病の病理化」あるいは「社会問題の医療化」として知られる過程は社会批判にもとづく創造の種子を押しつぶすものであり、現代の西洋生物医学による支配の大きな問題点である（Scheper-Hughes, 1988）。一方、ドドスにおける暴力の病への対処の方法は、病の根本原因である社会的苦境それ自体に介入するものであり、社会秩序（平和）の回復過程を活性化させるものとみなしうる。すなわち、心臓病や精神障害の癒しは、遊牧の日常生活やそこに内在する価値を基盤とした、暴力とその連鎖に対する抵抗の実践にほかならない。

6　クリニックの壁を超えて

(1)　複合的な物理的暴力への対抗

本章の焦点であるカリモジョン、ドドス、ジエのほか、彼らの隣人であるトゥルカナ、トポサなど、東スーダン語族・東ナイル系の共通言語を話す遊牧民たちは、かつてアテケルという同一の集団であった[3]。一九世紀末にウシ略奪をめぐる紛争が原因となって相互に分離しはじめるようになり、それ以来、東ナイル系の遊牧民は互いにウシ略奪をめぐる戦いの歴史を繰り返してきた。同時に、遊牧民たちは共通して「家畜とともに生きる者」と自己規定し、遊牧を通じて、通婚や共住、放牧地の共有、贈与・交換の関係を実現し、個人の紐帯を取り結んできた（写真4-2）。敵対と同盟の複雑な関係がつづいている点では現代も同様だが、二〇世紀後半に北東ウガンダ遊牧地域で自動ライフル

写真 4-2　トゥルカナの友人宅を訪問するドドス（右から２番目）

写真 4-3　ドドス、カリモジョン、ジエ、トゥルカナなど、敵対する集団同士の呼びかけで開かれた平和会議

銃が一般化すると、強制的な武装解除を実施する政府との葛藤と衝突が新たな負の因子として加わった。

他方で女性・子ども・老人・病者を含む莫大な戦死者・傷病者を生んだことで、牧野社会において厭戦ムードが広がった。この「空気」は平和を希求する心情言論を引き起こすとともに、地元の遊牧民たちの関係修復への努力も導きだすことになった。遊牧民たちが対話集会を介して民族間の各種の紛争解決法を案出したのもこの時期である。たとえば二〇一三年から二〇一四年にかけてはウガンダ、ケニア、南スーダンで大規模な平和会議が開催された

し、二〇一四年にはウガンダ政府との対話集会で遊牧民側は、家畜キャンプの自由な移動を制限してきた強制的定住化政策の中止を勝ちとった。人びとはこの出来事を「政府に対する遊牧民の勝利」として記憶にとどめている（写真4-3）。

軍隊と家畜略奪集団による複合的な暴力は一〇年以上にわたってカリモジョンとドドスを抑圧し、遊牧生活と人びとと家畜の生命を無慈悲に損なってきた。紛争社会の病の根本原因への介入は、これに対抗する試みであり、平和的

な共存を模索する対話努力と地つづきであるように思われる。前節で述べたように、牧野の人びとは暴力が自らの身体に及ぼす直接的な、あるいは間接的な影響を認識してより良い生を求め、暴力をおさめる文化への道を切り開いていったからである。

以下では、ジエとドドスという歴史的に武力衝突を繰り返してきた民族の間で、臨床の空間が武力紛争への抵抗の拠点となっている事例を取りあげる。そして、遊牧民たちが集団レベルでの敵対性にからめとられることなく、人格性にもとづいた個体間の関係を構築しており、それがどのような潜在力を持っているのかを、新しい緊急医療支援との関連から分析しよう。

写真 4-4　モバイル・クリニックの裏庭で治療を行うジエのスタッフ

(2)　地域ヘルス外交

ドドスでは二〇一三年から二〇一四年にかけて肝炎の流行と栄養失調児の増加が問題となり、UNICEFなどの国際機関の支援を受けた国内NGOがドドスの居住地ロヨロでモバイル・クリニックを半年間、運営していた。この期間中ジエ出身の男性スタッフ二名（OとL）が、スクリーニングを実施したり、重病者を病院に引き継いだり、必須医薬品と栄養補給用食品を対象者である乳幼児と母親に与える業務を担った。彼らの活動期間は、武装解除後の武器の格差により、ジエの武装集団によるドドスに対する攻撃の激化が問題になっていた時期でもあった。

彼らの活動に関連してもっとも印象的だったのは、業務という脈絡を超えて地元のドドスと人間的な関係を深めていたことである（写真4-4）。例を挙げよう。

・医療物資は少なく、診療所は乳児・女性・患者であふれかえり、多忙をきわめるが、OとLは柔和な態度をくずすことはなかった。

・集落や家畜キャンプのリーダーや高齢者に嗅ぎタバコを買い与え、夕方には一緒にお茶を飲んでいた。

・OとLは、診療カードや日誌に記録をつけるとき、診療所にやってきた患者や母子の個人名、親族関係、過去の体調や個人的な出来事を思い出そうと努めていた。

・プロジェクトから「恩恵」を受けるいわゆる「裨益者」(ベネフィシャリー)の規定を機械的にあてはめるのではなく、障害を持つ者を含む三世帯に栄養補完の援助食を定期的に配ったり、高齢者に鎮痛剤と高タンパクビスケットを分配したりしていた。

・結核の病歴がある高齢男性がクリニックを訪れたとき、Oは男性をベッドに導き、抗生物質アモキシシリンとビスケットを与えた後、「これだけしかできない。モバイル・クリニックはこれ以上はできない」と説明し、男性を自宅まで送り届けた。二か月後に男性が自宅で亡くなるまで、OとLは定期的に男性宅を訪れていた。

モバイル・クリニックで提供される医療サービスを地元のドドスの人びとが語るとき、OとLとの民族の違いではなく、彼らの薬の知識と親切さ、敬いの態度などの個人の特質を評価していた。このモバイル・クリニックが終了した二か月後に、現地視察にもとづくプロジェクト・レビュー(活動のまとめと展望)が行われたが、そこでロヨロの首長は、「モバイル・クリニックが人びとに薬を与え、人びとはチームを愛した。彼らは六か月私たちのために働き、私たちは彼らの薬を信じた。彼らの医療(エキトイ)はまさにカミ(アクジュ)の医療であった」と謝辞を述べた。

ドドスたちは、たんに薬や食料を無料で受けとれるからといって彼らに感謝しているわけではなかった。むしろOとLは、そのつきあいやすい性質、身体的な弱者への食糧の分配の努力、そしてクリニックの外にもケアリングの関係を広げる態度により、ドドスの生活共同体内の連帯システムの中に織り込まれていたのではないだろうか。

OとLがクリニックでドドスたちと出会うとき、多くの場合、ドドスの母親や患者は彼らの出身地と親族関係を質問していた。しかし、その会話は互いの差異や関係の遠さを強調するものではなく、長い間忘れられていた家族間の接点を見出し、「かつての私たち」がどのように協働したのかを相互に具体的に掘り下げていくためにかわされていた。

トリアージのパタンや資源の配分の変更に関するOとLの努力には、生活協同の枠組みを柔軟に変更し、さまざまな他者と資源とスキルを共有し、弱者を支援するといったように、遊牧民に共通する相互扶助の原理をモデルにし、民族の不和と暴力に対抗する意味があったと考えられる。そうであるならば臨床における相互行為は、クリニックの壁を超えて、地域の平和を生成する外交の意味をもおびていたとみなしうる。

(3) 臨床から非暴力の創出へ

一般に、緊急人道支援の現場で活動する地元職員（ローカルスタッフやナショナルスタッフ）は、敵対する集団の出身者に一定の割合で対応することになる。この場において、医療提供者と患者には通常、強い憤りや恐怖がつきまとう。一方、ジエの若者OとLのドドスにおける事例が示していたように、他民族の健康文化やローカルなケアの実践、必要な生活支援をわきまえ、さらにその事実を呈示することによって、臨床の出会いを最善なものにすることも可能である。

これらの戦略は奥深いものだ。（ジエとドドスのように）民族対立を増幅する社会傾向を突きくずし、診療所の壁と緊急支援の時間軸を超えて、信頼にもとづく新しい関係を樹立するからである。遊牧民の多文化医療は、医療における出会いが身体とともに社会の癒しを生起させることを示している。

近年、ヘルスケアを外交に活用して、政治不安を解消し、平和を推進するグローバルな施策が注目されている。たとえばアメリカ合州国では、自国の安全を守るためだけではなく、「開かれた外交」（パブリック・ディプロマシー）のための施策として、地球規模の健康課題（グローバルヘルス）に投資すると宣言している。そして日本政府はグローバルヘルスを外交の重要な課題と位置づけ、「関係省庁及び官民が一体となって取り組むことを通じ、日本に対する国際社会の信頼を高めていく」と明言している。

この背景には、貧困問題と政治不安を抱えた国や地域における疾病とヘルスシステムの崩壊が、より広範に、国際的な治安悪化の脅威となっているという認識がある。さらに、外交や開発援助にかかわる上層部において、グローバルヘルスを通じて多国間および二国間の政策環境の多層・多主体間の連携をうながし、新しい同盟や妥協点や協定を作りだそうという政策的な意思が働いていることも指摘できる。

だが、これらの「上からの」外交政策の展開にもかかわらず、医療とケアを提供する者と、それを受ける者との出会いが政治に対してどのような潜在的な影響力を持っているかはほとんど知られていない。平和構築の実質的な過程は公的な合意によって左右されるところが大であろう。しかしながら、ウガンダにおける遊牧民の事例をふまえると、集団間の境界線を超えて（現地の医療スタッフとクライアントである地元の人びとの間で）織細に織られた関係の力も見くびることはできない。

状況を適切に判断する力と忍耐力、そして、人を癒すことのできる資質を活用し、社会の中でもっとも弱い者へのセンシティビティ（共感する力）を具現することは、医療の従事者をケアのローカルシステムの中へと織りこみ、癒す側と癒される側の出身集団間の対立を調停する関係を創造することができる。すなわち、緊急人道支援において医療とケアを提供する場面は、親密な個人としての信頼が醸成され、社会不和を修復する政治主体の源泉となり、平和と非暴力を立ちあげる場になりうるのだ。

7　結論――遊牧民がひらく新しい医療

緊急時の医療支援はこれまでローカルの社会生活から切り離され、一時的で非政治的な応急処置として、医薬品や治療食などの救命物資を効率的に供給する方法に強い関心が寄せられてきた。たとえばグローバルヘルス・ディプロマシー（国際保健外交）においてもまた、施策的な関心はもっぱら医療施設の建設と物質的な支援に向けられている。しかしながら、東アフリカ遊牧民の事例が示しているように、緊急医療支援は国際社会の「上からの」想定を超え、対象地域で生活する人びとのヘルスケア文化の内部で展開している。

外部社会からの介入を背景とした医療とケアの現場で、遊牧民たちが織りなす顔の見える関係には重要な潜在力がある。遊牧民の健康は社会の情勢と地つづきであり、その社会と身体の一体性を維持したまま病の根本原因にかかわることこそが、もっとも根源的で最善の癒しであるからだ。

医療支援はたんに生物学的で医学的な意味だけでなく、道徳的で社会的な意味を有しうる（松田 二〇〇八）。この意味で、人道支援とは社会の全体とかかわる行為にほかならない。紛争社会における医療支援は、病院の建設や物質的な援助に限定するのではなく、信頼と和解の道を開くための明確な努力を含むものへとあらためる必要がある。

ナイル系遊牧民トゥルカナ社会における家畜の個体性の意味を検討した太田至は、トゥルカナの家畜存在論が人びとの社会心理としての〈行為の独立性〉と強く結びついていると論じた（太田 一九八七）。行為の独立性とは、集合的規範の意識や超越者の存在によって支配されるのではなく、個々の人びとが対面的相互行為を通じ態度を定める社会の気質を指す。医学に人間性を興し、患者を全体としてとらえようとする遊牧民の理念は、関係の直接性を重んじるその対人関係のあり方とともに、これから確実に現代社会のうちに根を張っていくだろう。

謝辞

本研究は、JSPS科研費基盤研究（A）課題番号：二五二五七〇〇五、基盤研究（B）課題番号：一六H〇五六六四の助成を受けたものである。本研究を実施するにあたり共同研究者の方々は重要な指摘や助言をあたえてくださった。この場を借りてお礼申し上げます。

注

1　インタビュー対象者は、一九歳以上の七七人（女性一四人、男性六三人）である。

2　KATHESは、カリモジョンの女性看護師が代表となって二〇〇四年に設立された。その目的は、伝統医と一般医療部門の連携をとることにある。具体的には、設備と技術を有する医療施設へ患者を紹介・搬送する方式（レファラル・システム）を改善すること、伝統的な薬用植物を採集して、カンパラにある実験施設で薬理効果を確認し、適切な処方量を伝統医に伝達することで、伝統医の役割や知識を医療化する活動を行っている。

3　カリモジョンやドドスが話す言語は、ナイル・サハラ語族の東ナイル語派テソ―トゥルカナ語群に分類される（Gregersen, 1977）。この語群は、カリモジョンとドドスのほか、テソ、ジエ（以上、ウガンダ）、ケニアのトゥルカナ、南スーダンのトポサとジィエ（Jiye）、エチオピアのニャンガトムから構成される。テソをのぞく、これらすべての人びとは畜産物に強く依存し、その生業と社会の基盤は遊牧に基礎づけられている。

参考文献

太田至　一九八七「家畜の「個体性」の認知、およびその意味についての試論」和田正平（編）『アフリカ――民族学的研究』同朋舎、八一七―八二七頁。

楠和樹　二〇一四「牛と土――植民地統治期ケニアにおける土壌侵食論と「原住民」行政」『アジア・アフリカ地域研究』一三（二）：二六七―二八五。

作道信介　二〇一二『糞肛門――ケニア・トゥルカナの社会変動と病気』恒星社厚生閣。

波佐間逸博　二〇一二「ウガンダ北東部カラモジャにおける武装解除の実施シークエンス」『アジア・アフリカ地域研究』一二（一）：二六―六〇。

波佐間逸博　二〇一三「東アフリカ牧畜社会におけるヘルスケア――ローカリティにもとづく医療支援に向けて」『アフリカ研究』八三：一七―二七。

波佐間逸博　二〇一五『牧畜世界の共生論理――カリモジョンとドドスの民族誌』京都大学学術出版会。

松田素二　二〇〇八「アフリカにおける差別問題」『奈良県立同和問題関係史センター研究紀要』一四：一一一―一三〇。

Baer, H. 2004. Medical pluralism, In (C.R. Ember & M. Ember, eds.) *Encyclopedia of Medical Anthropology: Health and Illness in the World's Cultures Volume I: Topics Volume II: Cultures*, pp. 109-116. Springer, New York.

Cohen, D. 2005. Providing nomadic people with healthcare. *British Medical Journal*, 331: 720.

Fratkin, E. 1996. Traditional medicine and concepts of healing among Samburu pastoralists of Kenya. *Journal of Ethnobiology* 16: 63-98.

Gregersen, E.A. 1977. *Language in Africa: An Introductory Survey*. Gordon & Breach, New York.

Idukitta, G.O. & C.J. Bosman 1989. Manyatta project for Kenyan nomads. *Bulletin of the International Union against Tuberculosis and Lung Disease*, 64: 44–47.

Keus, K., S. Houston, Y. Melaku & S. Burling 2003. Field research in humanitarian medical programmes: Treatment of a cohort of tuberculosis patients using the Manyatta regimen in a conflict zone in South Sudan. *Transactions of the Royal Society of Tropical Medicine and Hygiene*, 97: 614–618.

Mamdani, M., P.M.B. Kasoma., & A.B. Katende. 1992. Karamoja: Ecology and history. *Centre for Basic Research Working Paper* 22. Centre for Basic Research, Kampala.

Morton, J. 2006. Conceptualising the links between HIV/AIDS and pastoralist livelihoods. *European Journal of Development Research* 18: 235-254.

Scheper-Hughes, N. 1988. The madness of hunger: Sickness, delirium, and human needs. *Culture, Medicine and Psychiatry* 12(4):

429-458.

Schlee, G. 2013. Territorializing ethnicity: The imposition of a model of statehood on pastoralists in northern Kenya and southern Ethiopia. *Ethnic and Racial Studies* 36(5), 857-874.

Sen, A. 2004. Why health equity? In (S. Anand, F. Peter & A. Sen, eds.), *Public Health, Ethics, and Equity*, pp. 21-34. Oxford University Press, New York.

Tayler-Smith, K., M. Khogali, K. Keiluhu, J-P. Jemmy, L. Ayada, T. Weyeyso, A.M. Issa, G. DE Maio, A.D. Harries & R. Zachariah 2011. The experience of implementing a 'TB village' for a pastoralist population in Cherrati, Ethiopia. *International Journal of Tuberculosis and Lung Disease*, 15(10): 1367–1372.

第5章　科学知と在来知の協働

エチオピア・オロモ系遊牧民の民族獣医学的実践

メスフィン・メテキア・タフェセ（孫暁剛　訳）

1　序――遊牧民を対象とした人道支援における民族獣医学的視点の欠落

本章の目的は、食糧援助と獣医学的な支援の事例をとおして、東アフリカ遊牧民を対象とした人道支援のあり方を考察することである。遊牧民は度重なる旱魃と緊急人道支援に直面してきたが、支援は地域住民の関心に根差したものではなく、地域住民の要求を考慮してこなかった。民族獣医学は、近代的な獣医学によって補完されつつ、それによる支援は遊牧民によって認識され、利用されてきたのである。このアプローチは地域住民にとってより効果的である。私は従来型の実践と民族獣医学の実践の融合を主張しているが、このような研究はほとんどなかった。

今日の気候変動にともなう異常気象の影響で、遊牧民だけではなく、農耕民もまた支援を必要としている。エチオピアの例からみてみよう。現在、エチオピアではいくつかの地域で旱魃が進行している。政府は八〇〇万人が影響を受けたと発表しているが、実際、一九八三～八四年の大旱魃よりも深刻であり、約一五〇〇万人に対する緊急人道支援が必要とされる。

エチオピア政府は遊牧民に対して自発的な定住化政策を進めている。しかしさまざまな困難に直面している遊牧民にとって「自発的」に定住する以外の選択肢はない。こうした政策は文化的多様性をまったく考慮していない。現在、遊牧生産システムは旱魃と定住化の課題に直面し、また資源も減少しているため多くの家畜を失っている。

2　旱魃と家畜

(1)　緊急人道支援としての家畜の屠殺

旱魃のとき、ヒトに対する食糧援助はあるが、家畜に対する食糧援助はない。そのため多くの家畜はダメージを受ける。私が関係している非政府組織は、旱魃の後に家畜群を早期に回復させるために、少数の繁殖用家畜に牧草を与えている。また、移動式の屠殺設備を使って三か月で二八〇〇頭の非繁殖家畜（オスと不妊のメスウシ）を屠殺し、新鮮な肉を遊牧民に分配するとともに、余剰分を用いて、学校の児童の給食のために干し肉を作った。

このような旱魃対策ができるのは旱魃に対する警戒期であって、旱魃が深刻化するとできない。なぜなら旱魃が深刻化するにつれ、家畜が痩せ細り、屠殺には向かなくなるからである。旱魃対策として屠殺が適切であるのは、多くの家畜は旱魃が深刻化するにつれ、牧草がなくなって死ぬからである。自然によって食われるよりも、人間の食糧になったほうがよい。しかし当然ながら、遊牧民は奨励金をもらわなければ、家畜を屠殺用に譲ることはない。人道支援の一環としての屠殺のやり方は、まず旱魃の警戒期に遊牧民から家畜を購入し、屠殺してから、肉と皮を援助として遊牧民に分配する。このやり方は遊牧民から家畜を略奪しないため、人びとに歓迎されている。また、屠殺用の家畜を決めるのは遊牧民の個人ではなく、コミュニティである。これによって、遊牧民同士が屠殺用家畜をめぐる揉めごとを避けることができる。援助機関としてやるべきことは、移動式の屠殺設備を持っていき、肉の安全性を検査することである。非政府組織によって実施されたこの援助は小規模なものであり、何度か試験的に実施されたものの、このモデルに関心を示した援助機関はなかった。

(2) 旱魃後の家畜の回復に対する支援

旱魃の後、ダメージから回復するためには家畜の補充が必要である。このときに気をつけなければならないのは家畜種の選別である。旱魃によって家畜を失ったからといって、その生態系に適していない種を補充してしまうと、その種が新しい生態系に順応することは困難なため、生産性を高めるのは難しい。

また、旱魃以外に遊牧の継続に困難を強いているのは、水力事業のための放牧地の接収や国営の大規模な農業事業などである。たとえば、オモ川やアワッシュ川は水力発電と灌漑に利用されているため、最高の放牧地は国によって徴収され、伝統的な乾季の放牧地は減少している。

場所によっては、植生変化によりラクダの飼育が現実のものとなる場合もある。ボラナは昔からウシ飼いとして非常に有名であったが、草本が消失したため、現在では木本の葉を食べるラクダの飼育に移行しつつある。

政府の政策としては、遊牧民が定住をとおして、広域的な放牧システムから集約的農業に移行することが期待されている。これは、移動する場所をなくしてしまい、遊牧民を限定された放牧地内にとどまらせる政策である。遊牧民は賃金労働者になることを強制され、家畜は、集約的なサトウキビ栽培で得た茎部と、綿花栽培で得た綿花のタネを餌とせざるをえなくなる。これが、放牧地帯で現在発展しつつある集約的な農業システムの現実である。

3 民族獣医学による在来知の記録

ここで私の経験から民族獣医学による在来知の記録について紹介する。私が獣医として遊牧地域で働きはじめたのは二二歳のときで、今から四七年前である。そのころ、私は罹患率と死亡率が非常に高い牛疫という疾病に対するワクチン接種に注力していた。今、その疾病は世界中から消え去った。長い年月を経た後、私は遊牧民の伝統的な獣医学知識を記録するためこの地に戻った。民族獣医学的な知識を持っている高齢者が亡くなりつつあると感じ、文書記録が必要だったからである。若者は学校に行き、二つの年齢層の間には常にいわゆる「失われた環」(missing link)があることを知った。学校に行くとたいがいそれ以前の伝統を活かさなくなるが、それは別のことを学ぶからである。すべての知識は口伝により伝わるので、文書記録によって伝達されない限り、高齢者とともに消え去る。

文書記録のため、私は一年間、南オモ地区の遊牧民(ハマー、ホール・アルボレ、ツァマイ、ビラレ)と一緒に活動した。記録グループ(私と助手の獣医師)は、アディスアベバから七〇〇キロメートル離れた起伏の激しい場所にある彼らの土地に車で向かった。今はアスファルトで舗装されたが、当時は険しい道だった。遊牧民に出会うのに二日かかった。これらの民族はお互いに近縁で、人口はいずれの民族も大体一万人弱であった。言語と衣装、そして食習慣は互いに異なっていた。

私は四つの民族集団と一緒に活動したが、すべての言語を話すことのできる通訳者を連れていた。この研究を支援してくれた財政支援機関は、私が六か月間現地に滞在して腰を据えて調査し、そして首都のアジスアベバに戻って六か月間で研究成果を論文にすることを望んだ。しかし私はその提案を断り、毎月現地に行った。年間を通じて調査地の変化を観察するためである。遊牧民とともに放牧地を歩いていると、さまざまな植物に遭遇することができ、それが何なのか、何のために使われているのかを尋ねることができる。毎月これをやらなければ、変化を観察することはできない。たとえば、歩いている途中で花を見たとき、彼らはこの植物がどのような疾病に使われているのかを教えてくれる。タイミングを逃し、花の季節が終わってしまったら教えてくれない。また乾季になると、植物の葉や花は散ってしまい、どの植物か見分けがつかない。植物の特性は一年を通じて変化するので、疾病の発症も変わる。毎月通えば、少なくとも一年間を通じて疾病の発症と遊牧民が実践している療法を理解できる。この研究成果は、『南オモ地区の農牧社会における民族獣医学的実践』(*Indigenous Veterinary Practices of South Omo Agro-Pastoral Communities*)

という書名で二〇〇九年に出版された(Taffese & Samson, 2009)。

4 家畜乳腺炎の治療実践からみる在来家畜種の重要性

(1) 品種改良と家畜乳腺炎の発生

私は近年、エチオピア、オランダ、インド、ウガンダの研究者からなる研究グループと一緒に動物の健康のために抗生物質を削減することを提唱している。このグループは民族獣医学の利用を推奨し、在来種の保存と牛乳の品質向上を訴えている。グループが注目している疾病の一つは、ウシの乳腺炎である。メスウシが多産である場合は乳腺炎を発症しやすいとされるが、それは在来種と外来種の異種交配のためである。

アフリカの家畜にはもともと乳腺炎の問題が少なかった。しかし在来種とヨーロッパ由来の品種との交配種は非常に感染しやすい。インドのウシも異種交配をさせているため、乳腺炎が問題となっている。私は三八年ぶりにインドを再訪したが、学生だったころに道端で見た在来種の家畜を再び目撃することはできなかった。異種交配が大幅に進んでいたからである。牛乳の生産量を増やすためには異種交配させなくてはならないが、その結果乳腺炎が持ち込まれているのである。

(2) 抗生物質による治療の問題点

乳腺炎を治療するには抗生物質しかなく、これは奇跡的な薬物と考えられていた。一九二九年に発見されて以降、人類および動物の医療で非常に多くの命を救った。非常に効き目のある薬品だったが、今では細菌もそれに適応しつつあり、家畜を期待されたとおりに治療できていない。長年の使用によって、抗生物質は細菌の耐性獲得により抵抗を受けている。

一方、抗生物質に対してアレルギーを抱えている人もいる。残留する抗生物質は牛乳や牛肉からも検出されている。これらの食品を飲んだり食べたりする場合、残留する抗生物質は動物からヒトへと循環する。獣医は家畜を治療するとき、抗生物質が動物の（体内）システムから一掃されるまでの三日間、牛乳を廃棄するように遊牧民によびかけているが、食糧が限られているため、捨てることに抵抗を示す人もいる。

私は研究グループの四つの国の構成員とともにインドを訪問したとき、インドの研究者によって調合され、遊牧民に利用されている薬草の調合剤（アーユルヴェーダ）を見ることができた。遊牧民たちはアロエ、ターメリックおよび水酸化カルシウムでペーストを作り、それをウシの乳房に局所的に塗布する。乳房が治癒するまで何度も塗布する必要がある。

5　結論——接合領域としての科学知と在来知の協働

普遍的なものと地域的なものとの接合（articulation）は、異なる生態地域や文化背景を理解する処方箋である。従来の治療と民族獣医学的実践の融合は、この点で同じである。たんに一般化するよりも、地域に根ざした精神を持たなくてはならない。エチオピアで功を奏したことがほかの地域でも功を奏すとは限らないし、ほかの地域で功を奏したことがエチオピアで功を奏すとも限らないだろう。

参考文献

Taffese, M. & S. Samson 2009. *Indigenous Veterinary Practices of South Omo Agro-Pastoral Communities*. Culture and Art Society of Ethiopia, Addis Ababa.

第6章　教育難民化を考える

ケニアのカクマ難民キャンプにおける教育の状況と課題

内海成治

1　序——難民と教育

一九九一年一二月のソ連の崩壊により、四〇年以上にわたる冷戦構造が終焉した。東欧や旧ソ連圏の国々の独立や自由化、さらには東西ドイツの統一等の大きな変化が生起した。しかし、一方で九〇年代は地域紛争が激化し、対外的な戦争とは別に一つの国や地域での紛争が各地で勃発した。国内の紛争の激化は国内避難民（ＩＤＰ）や国境を越える難民の発生を促した。アフガニスタン、ミャンマー、中東地域とともにアフリカの多くの国で難民・国内避難民が発生した。二一世紀に入ってもシリアや南スーダンの紛争は出口のない状態がつづいている。

私は二〇〇〇年以降、ケニアにおいてマサイやスワヒリの教育調査を行ってきた。その際の関心は伝統的な社会における近代教育の意味あるいは位置づけを子どもの生活と学校の状況から明らかにしようというものであった。伝統的社会は近代教育に対して敵対的といわれてきたが、私が調査をしているなかで教育への志向性は大きく高まっていると感じた。

その後、アフガニスタン、東ティモール、ウガンダおよび南スーダン等で紛争後の社会や難民コミュニティにおける教育調査を行ってきた。こうした中で、紛争後の社会や難民を経験した家族の教育に対する認識や期待が大きいことに気づいた。紛争後の困難な状況の中ではじまった学校には多くの子どもが集まり、どの教室もあふれんばかりであった。こうした難民を経験した人びとや子どもの教育熱の高まりを、あまりよい表現ではないが、難民化効果（Refugee Effect）と名づけた。なぜ難民経験が教育への期待を高めるのかに関しては、いくつかの指摘がある。難民や国内避難民あるいは被災した人びとは、土地・財産そして仕事を失ってしまうが、知識、技能、資格などの教育によって付与されるものは失うことはない。それゆえ教育への志向性が高まるのではないかと考えたのである。また、難民となった国での教育や難民キャンプでの教育経験も無視できない。難民や紛争後の国に対しては国際機関やNGOが活発に活動するため、資格や英語力が就業に必要となり、そのために、近代教育への需要が高まることもあるだろう。[1]

難民に対する支援は、国連難民高等弁務官事務所（UNHCR）をはじめとする国連機関、国際機関、各国援助機関（日本の場合は国際協力機構JICA）、そして国際NGOおよびローカルNGOによって行われている。しかし、もっとも重要なのは当該国のオーナーシップである。当該国のキャパシティと国連機関のかかわりによっていくつかのパターンがあるが、長期的に見てその国のガバナンスを担う政府の強化と長期的な視点からの支援策が重要であることは自明のことである（内海 二〇一七）。

日本は政府資金によって主に国連機関や国際機関をとおして難民を支援してきた。また、JICAやNGOによる支援も行っている。とくに近年、日本のNGOの難民支援が活発化しているが、その一つの理由はジャパン・プラットフォーム（JPF）をとおして政府資金や民間資金が国際緊急人道支援を行うNGOに供与されるしくみができたことである。難民支援には食料や物資の配布、シェルターの提供、水の供給、保健衛生の向上等とともに教育の提供が重要な分野をしめている。[2]

私はJPFの助成審査委員として、各NGOによる難民支援を見てきた。国際緊急人道支援はまさに緊急事態の中で行われるためには復興・開発支援と異なることは当然であるが、緊急教育支援には教育協力の視点から見た特徴と課題に関心を持った。そこで実際に難民への教育支援の現場を調査し、その現状を探る必要があると考えた。二〇一五年九月、一六年九月の二回にわたってケニア北部のカクマ難民キャンプでの教育の現状および支援状況を調査することができた。カクマ難民キャンプは九〇年代からのキャンプであるが、その中でも独立後の南スーダンの紛争による難民の増加を受けて新たに形成された「カクマⅣ」とよばれる区画で調査した。カクマⅣの難民の多くはヌエル（ヌアー Nuer）である。[3]

二年間のカクマでの調査の中で、これまで私が考えてきた教育の難民化効果とまったく異なる現象を見ることになった。すなわち、難民となることで教育への志向性が高まるのではなく、教育を求めて難民になる子どもや青年がみられたのである。教育を求めて難民となる、つまり教育難民化とでもいうべき事態が起きているのである。こうした状況を踏まえて、本章ではカクマ難民キャンプにおける学校の状況と生徒の調査から難民教育支援の状況と課題を検討したい。[4]

2　南スーダン難民の状況と調査について

(1)　南スーダンの状況

南スーダンは二〇一一年七月九日、二〇年以上にわたる独立戦争を経てスーダンから独立した。私自身は、二〇〇九年八月に（独立前であるがすでにGOSS: Government of Southern Sudanとして自治政府が機能していた）南スーダンの教育調査に出かけて以降、何度か同国を訪れた。教育省はもとより、ジュバ大学、ジョン・ガラン中等学校、そして初等学校（七年制）も不十分な建物の中で再開されていた。ジュバ第一女子初等学校では破壊された校舎で、職員室もなく、教材もほとんどなかったが、多くの女子生徒が集まっていた（写真6‐1）。

教育省では新国家建設の熱気を感じた。国際機関や援助機関からの支援により、行政組織作りや校舎建設がはじまっていた。たとえばユニセフの支援で全国規模の教育統計が行われていた。日本からは教員研修施設の建設、教育行政専門家の派遣、NGOによる校舎建設、学校の井戸掘りやトイレ建設等の支援が行われていた。

また、独立により多くの難民が南スーダンに帰還した。九〇年代初頭に設置されたカクマ難民キャンプの縮小、そして閉鎖との情報が聞こえてきた。しかし、長期にわたる戦闘によりジュバでは電気・水道・道路等のほとんどのインフラが破壊されていた。さらに独立戦争により一五〇万人以上の死者が出たといわれており、たくさんの孤児や寡婦が生み出された。いまでもその際（二〇〇九年）ジュバで会って話を聞いた孤児の不安そうな表情が目に浮かぶ。

写真 6-1　ジュバ第一女子初等学校（2009 年 8 月）

南スーダンの独立は二〇一一年であるが、二〇〇五年のナイロビでの和平合意により独立戦争の英雄ジョン・ガラン・デ・マビオル（John Garang de Mabior）による自治政府がはじまった。ジョン・ガランは独立戦争を戦ったスーダン人民解放運動（SPLM: Sudan People's Liberation Movement）の議長・最高司令官であり、自治政府の長でもあったが、二〇〇五年七月三〇日にウガンダからの帰国の際、ヘリコプターの墜落事故で死亡した。しかし、その後、そして独立後もSPLMが政権を担当し、独立後のキール大統領（Salva Kiir Mayardit）とマチャル副大統領（Riek Machar Teny）はいずれもSPLMの指導者である。多民族国家である南スーダンの代表的民族であるディンカとヌエルのバランスの上に成立した政権であった。

ジョン・ガランの記念墓所がジュバの中央にある。墓所を訪れた際に、警備兵とのやり取りから、兵士の規律が不十分で不安を感じた。そんな思いは現実のものとなり、二〇一三年一二月にキールとマチャルとの対立が武力衝突となり内戦状態となった。そのため再び大量の難民がケニア、ウガンダ、エチオピアに流出したのである。

(2) ケニアの難民

私が難民の教育調査をはじめた二〇一四年のUNHCRの報告（四月三〇日）では、ケニアの登録難民と庇護希望者（asylum-seekers）を合わせた数は五五万三七二六人、内訳はソマリア難民四二万三四一八人（七六・五％）南スーダン難民六万六三四一人（一二％）、エチオピア難民二万九七二三人（五・四％）などであった。

しかし、南スーダン難民は二〇一三年一二月の南スーダン国内の内戦勃発以後に急増した。ケニアに入った南スーダン難民は国境のUNHCRのレセプション・センターで難民登録を行い、その後カクマ難民キャンプに移動する。二〇一六年のカクマ難民キャンプの難民数は約一五万人で、そのうちの五一％が南スーダン出身者である。さらに二〇一六年一一月には南スーダン内での戦火の拡大により、多くの難民がウガンダに流入しており、二〇一七年八月現在、ウガンダの南スーダン難民数は一三〇万人といわれている（ウガンダ首相府による）。ウガンダはケニアと異なりキャンプではなく、難民の定住化も視野に入れた居留地を設置している。[5]

(3) 難民に対する支援

難民の流入は政治問題であると同時に人道上の課題である。そのため、難民の流入に対しては国際的な支援が要請される。難民に対する国際緊急人道支援では生存のための住居、水・食料、保健医療とともに教育支援が大きな課題となる。その理由は難民には多くの子どもが含まれているからであり、彼らに対する保護と教育の機会を提供することが必要だからである。また、難民の滞在が長期化することも教育の必要性を高めている。近年では学校は支援を実施するセンターとしても機能し、また、子どもが学校にいることで親が安心して生計への取り組みができることも指摘されている。

私自身、先に述べたように国際ＮＧＯの緊急人道支援の中間組織であるＪＰＦにかかわっているが、支援内容には教育分野や子どもへの支援が多くなっている。これは二〇〇〇年代の半ばから目につくようになり、二〇一〇年代になってからは多くのＮＧＯが教育支援を手がけるようになった。

(4) なぜ難民の教育を調査するのか

難民問題の根本的な解決策は、本国への帰還、流入国での定住、そして第三国再定住である。帰還と流入国での定住が進まない中で、第三国再定住の重要性は高まっている。アメリカのように毎年七万人から一〇万人規模で難民を受け入れてきた国もある（トランプ大統領は難民受け入れに否定的であり今後は不透明である）。カナダ、オーストラリア、ヨーロッパ諸国は難民受け入れに積極的である。近年のシリア危機ではＥＵ諸国とくにドイツが多数の難民の第三国再定住を行っている。しかし、同時に第三国再定住は受け入れ国において政治問題となりやすく、その拡大は困難な状況にある。

一方、帰還に関しては、その実現には当事国の紛争の終結、政治的安定が必要である。そのためには経済的な安定と同時に教育の普及が重要であり、紛争後の国や難民への教育支援が喫緊の課題なのである。

難民に対する教育支援はＵＮＨＣＲ、ユニセフをはじめとする国際機関や国際ＮＧＯによって活発に行われている。国際緊急教育支援グループの協議団体であるＩＮＥＥ（Inter-Agency Network for Education Emergencies）が『教育ミニマムスタンダード――緊急時の教育のための最低基準』（ＩＮＥＥ 二〇一一）においてその必要性や支援策の基準を提示している。しかし、これはあくまでも一般的な基準であり、それが現場においてどのように行われているかは別問題である。

日本においては先に述べたＪＰＦを通じて、主として政府資金による難民支援が行われ、教育支援は増大傾向にある。また、これまで、緊急人道支援における教育支援は初等教育が中心であったが、就学前教育や中等教育に拡大している。支援内容も学校建設から教員研修、社会心理的支援、青少年活動、保健教育等々に多様化しつつある（JPF 二〇一七）。

その支援内容や成果は各援助団体の報告やJPFによるモニタリング調査によって報告されている。しかし、緊急人道支援としての教育支援は、緊急性および現場が難民キャンプ内にあることから、実態をつかむことが難しい。そのため、二〇一五年からNGOの協力を得て、カクマ難民キャンプ内の学校の調査を行っている。その目的は学校の実態を明らかにすることと今後の支援へのインプリケイション（示唆）を得ることである。

(5) 調査地と調査対象

調査地であるカクマ難民キャンプはケニア北西部トゥルカナ県にあり、南スーダン国境から約一〇〇キロである。ナイロビからは小型のプロペラ機で約二時間かかる。ナイロビ―カクマ間の飛行機は週二往復（月曜日と金曜日）の便が国連によって運行され、ナイロビのウィルソン空港と難民キャンプに隣接したカクマ空港を結んでいる。

カクマ難民キャンプは南スーダン独立戦争の激化に伴う難民流入を受けて一九九二年にUNHCRの支援によって開設された。二〇一七年にはカクマⅠからⅣまでの四つのキャンプと二〇キロほど離れたところに居住型キャンプとしてカロベエイキャンプが開設され、あわせて五つのキャンプから構成されている。カクマにはケニア副大統領府カクマ事務所、UNHCRカクマ事務所と宿舎のほか各国際機関、国際NGOの事務所や宿舎が設置されている。また、橋のかかる川をはさんで三〇〇メートルほど離れたカクマの町にはさまざまな店舗や食堂がある。

難民キャンプは囲いがあるわけではなく、自由に出入りできるが、許可のない外部者の出入りはできず、また難民も外にでることは原則禁止されている。難民以外のケニア人等は夜間キャンプ内にとどまることはできない。

南スーダン人はケニアとの国境を越えるとそこにあるUNHCRレセプション・センターで難民登録をし、カク

写真 6-2　難民キャンプの入り口、カクマⅣ

写真 6-3　キャンプ内シェルター、カクマⅠ

マキャンプにバスで移送する（写真6‐2）。キャンプ内ではシェルターが用意され、後に述べるように食料や薪の配布も行われる。シェルターは柱や扉の材料となる木材と屋根のブリキ板が供与されるだけで、壁の日干し煉瓦は難民自身で作る必要がある（写真6‐3）。

調査は二〇一五年九月と二〇一六年九月にカクマ難民キャンプ内で実施した。調査内容はドナー側としてUNHCRの教育担当官、教育分野のIP（Implementation Partner）であるルーテル連盟・ケニア（初等教育）、ウィンドル・トラスト・ケニア（中等教育）、日本のNGOである難民を助ける会（AAR）、ピースウィンズ・ジャパン（PWJ）等へのインタビュー、初等教育と中等教育学校の校長や教員へのインタビューと生徒への質問紙およびインタビュー調査である。二〇一六年に実施した初等教育七年生（P7）と、中等教育二年生（S2）を対象とする質問紙調査の回収数は初等学校P7で七七人、中等学校S2は五三人であった[6]。

南スーダンでは独立後に教育言語がアラビア語から英語に変更された（実際には二〇〇五年の自治政府の成立後、学年進行で英語に切り替わっていた）。また、難民キャンプ内ではケニアのカリキュラムに基づいて教育されているため、生徒の英語力は調査するに十分である。スワヒリ語は教科として教えられており、またケニアの卒業試験科目であるが、南スーダンではほとんど使われていないため生徒は苦手としていた。

3 難民キャンプにおける教育

(1) 教育システム

カクマ難民キャンプ内での教育制度は、ケニアのシステムに準拠したものである。学校は公立ではなく、すべてUNHCRとIPによって運営されている(政府認可の私立学校)。すなわち校舎建設、教員採用や給与の支払い、教科書等の教材教具もすべてUNHCRとIPによって提供されており、学費は無償である。通学にはかばん、そしてノート、ペンなどの文房具が必要だが、これらは十分に支給されず、不足分は生徒自身が用意しなければならない。またスクール・ユニフォームに関しては、女子生徒にのみ支給される。ただしそれも一度だけで、破損したり小さくなったりすると自分で用意しなければならない。男子生徒にはスクール・ユニフォームの支給がないので、不満を述べる生徒の声も聞いた。二部制をとっている学校も多いため、学校給食も一部で実施されている。それも予算の関係からポリッジのみが用意されていた。

初等教育修了時(八年生の一二月)と中等教育卒業時(四年生の一二月)にはそれぞれケニア初等教育資格KCPEとケニア中等教育資格KCSEの試験を受ける。教師はケニアの教員資格を有することが採用の条件である。しかし、難民から未資格教員を短期間の研修を行って採用している。このようにキャンプ内の学校は基本的にケニア国内の公立学校のシステムを踏襲している。

カクマ難民キャンプにおける教育機関としては、就学前教育施設が一二園、初等学校(八年制)が二〇校、中等学校(四年制)が五校である。そのほかに、国際NGOドン・ボスコの職業訓練校が一校ある。また、スイスのジュネーブ大

表 6-1　カクマ難民キャンプ内学校の生徒数、総就学率（GER）、純就学率（PER）
（2014-2016 年・教育段階別）

年	指標	就学前教育			初等学校			中等学校		
		男	女	計	男	女	計	男	女	計
2014	生徒数（人）	4,953	4,809	9,762	30,764	19,244	50,008	2,700	674	3,374
	GER（%）	53.9	50.3	52.1	144.8	75.9	107.3	33.2	5.2	16.0
	PER（%）	35.4	28.8	32.1	31.0	52.2	65.3	4.0	1.3	2.3
2015	生徒数（人）	5,953	5,513	11,466	37,278	23,278	60,556	3,251	1,027	4,278
	GER（%）	61.3	59.0	60.2	139.8	103.1	123.0	23.8	11.8	19.1
	PER（%）	40.9	38.9	39.9	76.5	69.8	73.4	2.6	2.4	2.5
2016	生徒数（人）	5,699	5,332	11,031	37,464	24,054	61,518	4,453	1,274	5,727
	GER（%）	59.9	57.2	58.6	138.8	103.3	122.3	31.4	13.4	24.2
	PER（%）	38.3	36.7	37.5	74.9	63.8	69.8	3.1	3.2	3.2

出所：UNHCR 資料より作成、澤村・山本・内海（2017）20 頁

学はインターネット教材の遠隔教育によるサーティフィケートコース（看護やＩＣＴ）を行っている。また、かつてあった教員養成学校は活動していないが、難民に初等教育資格を与える短期間の訓練コースがＮＧＯによって運営されている。また、ドイツ政府や民間財団の支援により高等教育への奨学金制度があり、少数（一〇名以下）だが毎年カナダやケニアの大学に進学することが可能である。

(2)　教育統計[7]

二〇一四年から二〇一六年までの生徒数および就学率を表６‐１に示す。全体の傾向をつかむために初等学校の就学率を見てみよう。各年の総就学率は、一〇七・三％（二〇一四年）、一二三・〇％（二〇一五年）、一二二・三％（二〇一六年）である。一四年から一五年にかけて生徒数も就学率も高くなっている。それが二〇一六年には多少落ち着いたようである。これは二〇一三年末の内戦で難民が増加したことの影響であろう。

表６‐１から見て取れる問題は三つあると思われる。一つは中等教育の就学率が非常に悪いことである。たとえば二〇一六年の中等教育就学率は総就学率（ＧＥＲ）で二四・二％、純就学率（ＰＥＲ）では三・二％である。三％台の就学率ということは当該学齢期の子どもの三〇人に一人しか学校にいないことになる。これは女子の就学が禁止されてい

たタリバン時代のアフガニスタンの女子初等就学率と同じである。カクマのあるケニアのトゥルカナ地区と比べても非常に低い。

二点目は総就学率と純就学率の極端な差である。これは学齢期を過ぎた子どもがたくさん通学していることを反映している。その差は、初等学校で二倍、中等学校では七・八倍となっている。こうした差が生じるのは、落第が多いか、就学年齢が遅いかのどちらかによる。後にみるようにカクマでは落第は少ないことから、初等学校への就学年齢が遅いこと、あるいは中等学校への進学年齢が遅いことが影響していると考えられる。この中等学校の純就学率の低さは難民キャンプにおける中等教育の必要性の根拠となっているが、中等学校の総就学率は二〇一六年で男子三一・四％、女子一三・四％である。この数字も決して良いとはいえないが、ケニアのこの地域の数字としてはあまり悪くないことも注意する必要があるだろう。

三点目は就学率における男女格差である。就学前ではあまり差がないが、初等学校で格差が大きくなり、中等学校では女子生徒数は男子の三〇％以下である。この原因としては難民キャンプ内の女子の数が少ないことと女子が学校に来ていないことの二つが考えられる。また、南スーダン国内の教育の男女格差が大きいことも考えられる。

4　学校の状況

(1)　調査学校の概要

二〇一六年に行った調査対象校の概要を表６‐２に示す。両校とも日本の政府資金により、難民を助ける会（AAR）によって校舎建設が行われた。

A初等学校（写真６‐４）は、カクマⅣの難民の急増により二〇一四年に日本の緊急支援でテントを校舎にして開校された。二年後にテントが老朽化したため、日本の政府資金で恒久的な校舎が建設された。生徒数七〇〇〇人に

表 6-2　A 初等学校および B 中等学校の概要（2016 年）

事項＼学校	A 初等学校			B 中等学校 B コース（現在 1 年）（午前・午後）			B 中等学校 A コース（1、2 年）		
	男	女	計	男	女	計	男	女	計
生徒数（人）	4,581	2,225	6,806	411	64	475	599	12	611
教員数（人）									
ケニア人教師	5	1	6	2	3	5	9	3	12
難民教師	45	7	52	9	2	11	10	1	11
施設	2014 年開校。23 教室に加え、就学年齢を超えた進級促進クラス用の教室を建設中。			2016 年開校。12 教室。第 1 学年は午前・午後のダブルシフト（教員組織も異なる）でそれぞれ 8 クラス。第 2 学年は A コースにのみに 4 クラス。					
その他	教員数は前学期から 14 名の増加。2015 年 KCPE 受験者 220 人（男 193、女 27：欠席 6 人含む）。199 人が中等学校へ進学。2016 年は 350 人が受験登録。			女子生徒の数は B コースに（1 年）に 64 人、A コース（2 年）に 12 人のみ。生徒の受け入れは 3 学期（9 月）も続けており、男子は KCPE240 点、女子は 200 点が最低ライン。午後 5 時以降はキャンプ内にケニア人が残ることは許されていないので、4 時以降の授業はすべて難民の教員が担当。					

出所：UNHCR、AAR、ウィンドル・トラストおよび学校での聞き取り調査による。澤村・山本・内海（2017）24 頁

近い超マンモス校である。生徒の増加に校舎建設が追いついておらず、調査時には就学前教室やオーバーエイジの生徒の進級促進用クラスが建設中であった。また、ケニア人教員の配置が少なく、五八人中五二人（八〇％）が難民で、短期研修によって教員資格をえて教師になった。また、ケニア人教師、難民教師ともに男性が多く女性教員は一三・八％に過ぎない。

Ｂ中等学校（写真６‐５）は二〇一六年一月に新しく開校した。二〇一五年に日本の政府資金でＡＡＲが建設した学校で、二〇一六年度には理科教材や教科書等のソフトの支援が行われた。学校開設にあたり、ＩＰのウィンドル・トラスト・ケニアでは、Two School in One というしくみを導入した学校を開校した。これは一つの校舎に二つの学校を設置するしくみで、二部制と異なり校長や教員組織も異なる二つの学校がこの校舎を使用している。ここではＡコース、Ｂコースと表記することにする。現在Ａコースは一・二年生、Ｂコースは一年生のみである。一年生は午前と午後のダブルシフトである。今後学年進行で生徒数の増加が見込まれることから、同校では Two School in One のしくみを導入しているが、教育的、学校経営的によい方法

写真 6-4　A初等学校

写真 6-5　B中等学校

ではないと思う。これは生徒急増期のインドネシアでも行われた方法である。しかし、こうした学校経営を行うのであれば建設段階からいくつかの配慮が必要である。建設後に生徒の急増が見込まれるため、一つの校舎を二つの学校で使うには多くの課題が残る。課題の一つはダブルシフトになってしまうことである。また、理科室の使用や、放課後の活動が制限されることも課題である。さらに、校長や教員の数が増加することから、経営的にも問題が残るのである。

(2)　初等学校における登録生徒数の変化

表6 - 3はA初等学校の二〇一五年と二〇一六年の学年別男女別の登録生徒数である。全体の生徒数が二〇一六年は八〇〇人以上減少した。とくに一年生が一〇〇〇人近く減っている。これは南スーダンからの難民流入数の変化によるものと思われる。難民家族の中の未就学児は一年生に入学するので、難民の流入の増減は一年生にもっとも影響を与えるのである。

表 6-3　A 初等学校の学年別生徒数（2015 年と 2016 年の比較）

学年	男子生徒数（人）		女子生徒数（人）		合計生徒数（人）	
	2015 年	2016 年	2015 年	2016 年	2015 年	2016 年
1	933	376	696	291	1,629	667
2	830	880	344	650	1,174	1,530
3	713	750	358	390	1,071	1,140
4	661	663	396	290	1,057	953
5	605	494	270	236	875	730
6	730	420	131	230	861	650
7	610	645	101	93	711	738
8	261	353	39	45	300	398
計	5,343	4,581	2,335	2,225	7,678	6,806

注：6-13 歳 2,087 人、14 歳以上 4,719 人（2016 年）
出所：各年度の学校への聞き取り調査、澤村（2016）

表 6-4　A 初等学校の擬似的進級率

進級の学年	進級率
1 年生→ 2 年生	93.4%
2 年生→ 3 年生	97.1%
3 年生→ 4 年生	89.0%
4 年生→ 5 年生	69.1%
5 年生→ 6 年生	79.3%
6 年生→ 7 年生	85.7%
7 年生→ 8 年生	56.0%
平均	81.4%

出所：表 6-3 のデータから計算

学年別の進級率は一人ひとりの生徒の進級をチェックする必要があるが、ここでは前年度の学年から翌年次の学年に進級すると仮定した擬似的進級率を用いて各学年の進級率を検討したい。表6‐4に各学年の擬似的進級率を示した。

全体の単純平均は八一・四%であり、全体として毎年二〇%ほどの生徒が落第あるいは転出等で減少している。しかし、とくに四年生から五年生への進級率と七年生から八年生への進級率が、他の学年の進級率より低いことがわかる。四年生で落第が多いのは、ケニアの初等学校が四年生以降、クラス担任制から教科担任制に変わって、学習進度が早まるために、学習についてゆけない生徒が多くなるからであると考えられる。これはケニアの他の地域の状況と同じである。七年生から八年生への進級が減少するのは八年生の一二月に行われるＫＣＰＥへの対応である。ＫＣＰＥの得点が悪いと中等学校への進学ができないために、成績の悪い生徒は落第して対応する必要がある。これは生徒自身の問題でもあるが、ＫＣＰＥの成績は担任および学校全体の評価にもかかわるのである。この点もケニアの他の小学校と同様である。

表 6-5　A 初等学校在籍生徒の出身国（2015 年と 2016 年の比較）

出身国	2015 年			2016 年		
	男（人）	女（人）	計（人）	男（人）	女（人）	計（人）
南スーダン	3,862	1,410	5,272	3,895	2,044	5,939
スーダン	1,340	870	2.210	593	133	726
ブルンジ	80	30	110	47	13	60
ルワンダ	50	20	70	0	0	0
エチオピア	10	4	14	0	0	0
ソマリア	1	1	2	0	0	0
コンゴ民主共和国	0	0	0	53	42	95
ウガンダ	0	0	0	4	2	6
計	5,343	2,335	7,678	4,592	2,234	6,826

注：ケニア人はいない（本校のあるカクマⅣはケニア人の住むタウンから一番離れている）
出所：澤村（2016）

また、この学年別生徒数の二年間の比較から、四年生と七年生以外では進級率は悪くないことがわかる。つまり落第は全体としては少ないのである。これは、教員や校長の話からもうかがわれた。

(3)　初等学校における生徒の出身国

A初等学校における生徒の出身国を二〇一五年と一六年で比較したのが表6‐5である。二〇一六年の生徒数は八五二人減少したにもかかわらず南スーダン出身の生徒は六六七人増加している。南スーダン出身生徒の率は一五年が六八・七%、一六年は八七・〇%と一八・三ポイント増加している。つまり、カクマⅣの南スーダン化が進んだのである。これは、二〇一四年暮れの紛争により難民が増加し、新たにカクマⅣが開設され、南スーダン国内の紛争がキャンプ内に波及した影響である。カクマ内に南スーダンのディンカとヌエルの対立が起きた。そのため、UNHCRはディンカとヌエルを分離することとし、カクマⅣはヌエルのキャンプとし、ディンカ等はカクマⅠやカクマⅡに移動し、逆にヌエルがカクマⅣに移動した。他のキャンプからのカクマⅣへのヌエルの移動にともない難民の数そのものが増加し、南スーダンの生徒の数が増加したものと思われる。

スーダン出身生徒の減少は、カクマⅣにおける紛争の影響と帰還が関係していると考えられる。ブルンジ、ルワンダ出身生徒の減少は、新たに建設されたカロベエイキャンプへの移動が原因である。これはセツルメント型のキャンプで農耕地が用意される予定で、畑作農民が多いブルンジ人やルワンダ人を優先的に移動させている。このキャンプは建設途上で、シェルター建設は日本のPWJがIPとして担当して事業が進められている。二〇一六年九月に訪問した際にはすでに一部入居が終わっており、初等学校も仮校舎で開設され、多くの子どもが集まっていた。

(4) A初等学校の成績

ケニアの初等学校の成績は八年生の最後に受ける卒業試験KCPEの成績で測られる。KCPEはケニアの教育界の一大イベントであり、その成績は子どもにとっても、また教員や学校にとっても家庭にとっても重要である。

A初等学校の二〇一五年の八年制登録生徒は三〇〇人であるが、そのうち二二〇人がKCPEを受験した（表6-6）。その成績の平均点は五〇〇満点で二四四・二点であり、比較的良い成績である。とくに南スーダンではスワヒリ語は使用しないためスワヒリ語の成績は一〇〇点満点の二六・六点と非常に悪い。それにもかかわらず合計点が高いのである。これは数学、英語、社会の成績が良いからである。

このように成績が良い原因は何であろうか。いくつか考えられるが、一つは南スーダンでは学校教育の普及が不十分なため、学校に行っている生徒の質が高いことが挙げられる。また、難民キャンプに来ている子どもの学習熱が高いことも理由であろう。さらに、A初等学校は新設校であり、これまで通えなかった子どもにとってやっと与えられた学びの場であり、難民化効果があるのかもしれない。オーバーエイジの生徒が多いことも成績を押し上げている可能性がある。

キャンプ内にはKCPEを受験できる学校は一九校あるが、A校はそのうち第五位であった。A校は一五年にはじめてKCPEを受験したのであり、そのなかでよい成績を収めたことは支援による教育環境のよさも影響している。私が調査してきたケニアのマサイやスワヒリ地区の学校においても、海外からの支援が入ると、遠方からも生徒が集

表 6-6　A 初等学校の KCPE 成績（2015 年）

受験者数	平均点（各 100 点満点）	最高点	得点分布	順位
男 193 人 女 27 人 計 220 人	数学 64.7 点 英語 49.2 点 スワヒリ語 26.6 点 科学 48.2 点 社会 55.7 点 合計 244.2 点	男 331 点 女 300 点	300 点以上 13 人 250-299 点 168 人 200-249 点 199 人 200 点未満 17 人	キャンプ内の KCPE 校 19 校のうち第 5 位

出所：学校での聞き取り調査、澤村（2016）

表 6-7　カクマ難民キャンプ内の中等学校別生徒数（2016 年 7 月現在）

学年	1 年		2 年		3 年		4 年		計		
校名	男（人）	女（人）	男（人）	女（人）	男（人）	女（人）	男（人）	女（人）	男（人）	女（人）	合計（人）
K 校	615	218	342	134	277	64	309	57	1,543	473	2,016
S 校	278	84	297	70	255	19	134	15	964	188	1,152
G 校	410	105	252	66	280	42	200	23	1,142	236	1,378
B 校	959	61	137	12	---	---	---	---	1,096	73	1,169
M 校	---	102	---	91	---	87	---	62	---	342	342
計	2,262	570	1,028	373	812	212	643	157	4,745	1,312	
合計	2,832		1,401		1,024		800		6,057		

注：B 校の生徒数が学校調査と異なっているが、登録後の移動等があり統計により異なっている。
出所：Windle Trust Kenya 資料より作成、澤村他（2017）

まるようになり、生徒が増加し、成績が上昇する現象がみられる。

(5)　中等学校の生徒数

カクマ難民キャンプ内の調査をはじめたきっかけの一つは、中等教育における大きな男女格差の理由が知りたいからであった。表6-7はキャンプ内の中等学校の男女別生徒数である。M校はカナダの団体によって建設運営されている全寮制の女子中等学校である。生徒数も少なく、良い学校として入学希望者は多いが、生徒数は限られている。他の四校はそれぞれカクマⅠからⅣに建設されている。調査したB校以外は、設立後時間が経過しており、校舎は修繕が必要である。日本のNGOが一部修理を支援している。

M校以外の学校の男女格差は大きい。もっとも良いK校でも女子の割合は二三・五%、もっとも悪いB校では六・二%である。M校を除いた女子生徒の数は九七〇人であり、生徒数全体の一七・〇%に過ぎない。さらに、女子生徒の率は学年進行で高

表6-8　B中等学校の年齢別生徒数（第1学年の調査したクラス）

年齢(歳)／性別	11以下	12	13	14	15	16	17	18	19	20	21	22	23	24	25以上	計(人)	合計(人)
男（人）	0	1	0	0	0	1	1	12	10	6	2	1	2	0	3	39	
女（人）	0	0	0	0	0	1	1	2	2	2	0	0	0	0	0	8	47

注：14～17歳が学齢期に相当（純就学率の算出に使用する生徒）
出所：澤村（2016）

学年のほうが悪くなっている。M校以外の女子生徒の学年別割合は、一年生一七・一%、二年生二一・五%、三年生一三・三%、四年生一二・九%である。

(6)　オーバーエイジの状況

カクマ難民キャンプの学校においては総就学率と純就学率の差が大きい。その原因としてオーバーエイジがあることはすでに述べた。そこで、B中等学校で質問紙調査をしたクラスの年齢構成を表6-8に示した。年齢は質問紙にそれぞれの個人が書き入れたものを利用した。中等学校の学齢年齢は一四歳から一七歳である。表6-8に示したようにこの学校の就学生徒年齢は一二歳から二五歳以上におよんでいる。学齢期生徒の数は四七名中四名（うち女子二名）である。もっとも多いのは、一八―二〇歳である。この三年間の生徒は三四名で七二・三%をしめている。男子の二五歳以上を二五と仮定して平均を取ると男子一九・四歳、女子一八・四歳、全体としては一九・二歳になる。つまり、本来の学齢期と比べると平均して男子は四年、女子は三年ほど遅れていることがわかる。

(7)　女子生徒へのインタビュー

A初等学校における教室での質問紙調査の後に七年生の女子生徒にインタビューを行った。女子生徒が非常に少ない中でどうして学校にいるかを知りたかったからである（写真6-6）。

インタビューした生徒は五人で、個人的な属性は表6-9のとおりである。

五人はいずれも南スーダンのベンツ（Bentiu）地区出身で、民族はヌエルである。カクマ難民キャンプには家族と一緒に来たのだと思っていたが、「一人で来た」と四人が答えた。そのうち一人は、「両親はコンゴ民主共和国へ難民として行ったが、自分はカクマに来た」という。別の生徒は「自分は勉強するためにカクマに来た」とのこと。また、姉と来たという女子生徒は「親がカクマに行くようにと言った」と答えた。

インタビューの際に、となりの五年生の授業が終わり、教室から出てきた女子生徒は「姉と二人でカクマに来た。母親は死亡し、父親は音信不通」とのことであった。

質問紙調査の項目にカクマには誰と来たかという項目がある。調査に答えた一三〇人のうちこの項目に答を記入し

表 6-9　インタビューした女子生徒の属性

番号	年齢	兄弟の数	父親の妻の数
①	18 歳	男 4 人、女 3 人	2 人
②	17 歳	男 1 人、女 3 人	3 人
③	18 歳	男 4 人、女 4 人	2 人
④	16 歳	男 5 人、女 3 人	2 人
⑤	19 歳	男 5 人、女 4 人	3 人
平均	17.6 歳	男 3.8 人、女 3.4 人	2.4 人

出所：2016 年 9 月のインタビュー調査

表 6-10　カクマ到着時の同行者

同行者	回答者数（%）
単独	25 人（27.2%）
兄弟・姉妹	32 人（34.8%）
おじ・おば	15 人（16.3%）
母親とその兄弟	18 人（20.0%）
両親	2 人　（2.2%）
合計	92 人（100%）

出所：2016 年 A 初等学校の質問紙調査

写真 6-6　A 初等学校の女子生徒

た者九二人の人数と割合は表6－10のとおりである。

表6－10を見ても単独あるいは兄弟姉妹と来たものがあわせて六二％を占めており、学校に来ている生徒の多くは親や親戚とは別に、自分一人あるいは兄弟姉妹とともにカクマに来たことがわかる。そしてそれは女子であっても同じなのである。

また、学校生活に関して聞いたところ、スクール・ユニフォームは供与されるが、破れたり小さくなったりした場合には自分で買わなければならない（八〇〇ケニアシリングKshおよそ一〇〇〇円）とのこと。新しいスクール・ユニフォームや学用品は配給される食料を転売して得た金で購入しなければならない。そのため十分な食料を確保できないとのことであった。学校の教室、トイレや水には満足しているという。

5　結論——学校調査からの考察

(1)　オーバーエイジの原因

まず、オーバーエイジについて考えてみたい。オーバーエイジが純就学率の低下につながり、難民キャンプの教育水準の悪さの象徴として支援がよびかけられている。しかし、開発途上国では戸籍制度の不備や落第が多いことから純就学率の算出は難しい。とくに難民キャンプの場合には年齢の確定が困難である。さらにオーバーエイジが常態化しており、純就学率の推定はかなり難しいのである。それゆえに課題は総就学率にあると思われる。その意味では、難民キャンプの教育水準はUNHCRやNGOをはじめとする援助機関の努力により、それなりの水準にあると考えられる。

では、オーバーエイジの原因はなんであろうか。オーバーエイジが生起するのは留年が多い場合、もう一つは入学年齢が遅い場合である。前者については難民キャンプの学校には当てはまらない。擬似的進級率は八〇％程度であり、ケニアのマサイでの調査と同様の結果である。[8]

また、難民生徒は出身地での学年から連続して転入学している。それゆえオーバーエイジの原因は出身地（この学校の場合にはヌエルランド）における入学年齢の遅れであると思われる。

その原因の一つは、住居と学校との距離であろう。遊牧民のヌエルは広いエリアに居住し、季節的な移動もあるために、住居と学校の距離が離れている。そのため学校への志向性が高くても子どもが幼いときには通学が困難である。また、安全のため兄弟姉妹が一緒に通学するので就学年齢が遅れるのである。さらに適切なスクールマッピングが行われていないこともあるだろう。

いま一つは、ヌエルの複雑な婚姻形態が指摘できるであろう。これはエヴァンズ＝プリチャードの著作（一九九七）からもうかがえるが、今回の調査でも、質問紙調査の際に兄弟の数の項目では、生物学的兄弟を意味するのかとの質問が複数あった。また女子生徒のインタビューでも父親には複数の妻（平均二・四人）がいるとの答えであった。つまり、ヌエルの複婚制による複雑な婚姻形態のため子どもの帰属（父か母か）がはっきりせず、子どもの教育への関心が不十分なことも考えられる。

それに加えて遊牧社会における子どもの労働（男子女子の役割分担）も就学時期の遅れや不就学につながりやすい。しかしながら、こうした考察は、現代のヌエルの子どもの生活状況、教育状況の調査によって検討する課題であることはいうまでもない。

また、経済的要因もあるだろう。生徒と話をしていると、現金収入がないため学校に行くために必要なスクール・ユニフォームや学用品が手に入らず、支援者が見つかるまで入学を遅らせるという生徒がいた。こうしたケースでは教育への支援は母親あるいは親戚の影響が大きいとの答えを多く聞いた。

(2) 教育を受けるために難民になる

今回の調査において明らかになったことは、男子生徒のみならず女子生徒も、教育を受けるために国境を越えて難民になっていることである。これはカクマ難民キャンプの特殊な事情もあるのかもしれないが、広く行われていることとも考えられる。

カクマ難民キャンプは九〇年代からUNHCRの難民支援のショーウィンドウといわれ、国際的に手厚い難民支援が行われてきた。シェルターが提供され、小麦・ソルガム・食用油等の食料、薪等の燃料などの配布も受けられる。さらにNFI（ノン・フード・アイテムズ）の医療品やサニタリー用品の提供もある。こうした物資を売ることで生活費等を得ることは一般的に行われている。そのため物資配給日には多くの生徒は欠席する。こうした物質的な優位性が難民となってカクマにくる誘引と考えられる。

生徒や難民教師のインタビューから明らかになったもう一つのカクマ難民キャンプのアドバンテージは、「カクマにはチャンスがある」ということである。彼らのいうチャンスの一つは、高等教育に進学する可能性である。南スーダンやケニアにおいて、高等教育の個人収益率は非常に高い。また高等教育進学は資格や高い技能を取得することを可能にする。カクマでは国際的な支援により、数は限られているが、ケニアやカナダ等への大学進学のチャンスを得られる。二つ目のチャンスはアメリカ、カナダ、イギリス等への第三国再定住の可能性である。第三国再定住は難民に対して行われるものであり、南スーダンにいては得ることのできないチャンスである。また、家族のうち一人が再定住すれば、家族よび寄せの形で家族全員が再定住することが可能となる。再定住には脆弱性の高い難民が選ばれることが多いので、子どもが単独で難民キャンプにいることは再定住のチャンスを大きくしているということもできる。

カクマへの脱出は、親の願いか子どもの自由意志かは不明だが、インタビューからはその両方が見て取れる。つまり、家族のうちの一人が得るチャンスは家族全体のチャンスでもあり、これは家族としての生き残り方略として位置づけられているとも考えられる。

(3) 教育難民化の意味

教育を受けるために難民になることを仮に教育難民化と名づけておきたい。私はこれまで、難民になることによって教育への関心が高まると考えて、これを難民化効果とよんでいた。この現象は私自身のこれまでの調査において通文化的（クロスカルチュラル）にみられることであった。

これまでにも難民が教育に夢をたくすことは指摘されてきた（栗本 二〇〇二）。しかし、今回の調査で教育を求めて、男子生徒はもとより女子生徒さえもが一人で難民となってカクマに来ていることを知らされた。これをどう理解したらよいのであろうか。

国際教育協力はＥＦＡ（Education for All: 普遍的初等教育）の達成を目標にして教育の完全普及を目指してきた。二〇一五年という目標年での完全達成はできなかったとしても、大きな成果を挙げたと思われる。そして開発途上国の辺境の地でも教育への志向性は高くなった。ところがその教育への志向性が難民を生むというのは、ＥＦＡのパラドックスではないかと思うのである。教育は人間の権利であり、すべての子どもに教育の機会が与えられねばならない。その教育の機会が多くの難民を生み出しているとすれば、教育が子どもや人びとの安全を脅かしていることになるのである。つまりＥＦＡを単純化してはいけないということであろう。さまざまな状況の中で教育支援を考えていかなくてはならないということである。

(4) 教育難民化への対応

つぎに教育難民化に対する当面の対応と課題を考えてみたい。まず必要なのは南スーダンとカクマの教育格差をなくすための南スーダンへの教育支援である。格差をなくすためには、カクマの教育水準を下げるのではなく、南スーダンの教育水準を上げることを目指さねばならない。今回の調査で明らかにしたかったことの一つは、国際緊急人道支援における中等教育支援の必要性の検討であった。これはカクマ難民キャンプの中等学校純就学率が非常に低いことが支援の理由とされていたからである。そして本章ですでに述べたように、純就学率のみならず総就学率を見ることの必要性や純就学率の低い理由等を明らかにした。ところがその調査のなかから教育難民化の実態も見えてきたのである。

南スーダンへの教育支援の高度化とともにカクマにおける教育の多様化も重要な課題である。難民キャンプが、難民を押し込めておく場から、難民が生活する場、生計を立てる場へと変化しつつあるからである。これは難民状態の長期化と第三国再定住の縮小ともかかわっている。キャンプにおける定住化が進むと、そこでの教育の多様性と質の高度化が求められるからである。

また、喫緊の課題としては、難民が避難前に暮らしていた場所での子どもの生活と教育の状況を明らかにすることの必要性が挙げられる。現状では南スーダンのヌエルランドでの調査は難しいが、教育難民化の原因はヌエルランドでの教育に依存しているのである。

二〇一五年九月と一六年九月の短い調査であったが、これまでかかわってきた国際教育協力の意味を見直さざるをえない調査であった。難民になることを留学のように語る子どもを見ていると国境とは何なのであろうか、そして難民とは何なのかと考え込まざるをえなかった。その意味でフィールドでの体験というのは重要な学びの場だと改めて感じた次第であった。

謝辞
二〇一六年の調査は、科学研究費補助基盤（A）「接合領域接近法による東アフリカ牧畜社会における緊急人道支援枠組みのローカライズ」（平成二六年―二九年　研究代表者湖中真哉静岡県立大学教授）の一部を使用した。また、二〇一五年調査は科学研究費補助基盤（A）「発展途上地域における困難な状況にある子どもの教育に関する国際比較研究」（平成二六年―二九年　研究代表者澤村信英大阪大学教授）の一部を使用した、記して感謝する次第である。

また、現地調査の実施に当たっては難民を助ける会（AAR）およびピース・ウィンズ・ジャパン（PWJ）の本部職員および現地駐在員、現地スタッフの方々に大変お世話になった。心より感謝する次第である。また長時間にわたるインタビューや質問紙調査に対応していただいた現地の学校の校長先生を始めとする教職員の皆様と生徒諸君に心よりお礼を述べたい。皆様との交流はなによりも私たちを励まし、勇気付けてくれた。

注

1　難民化効果に関しては景平他（二〇〇七）に先行研究の紹介と考察が行われている。

2　ジャパン・プラットフォームに関しては設立にかかわった大西（二〇〇八）が詳しい。

3　ヌエル（ヌアー Nuer）は南スーダンのナイル川の支流であるバハル・アルガザル川およびソバト川周辺に居住する遊牧民の総称であり、自らはナース（Naath）と称する。人口は未詳だが、ディンカとならぶ南スーダンの大民族集団である。また、Nuer の邦語に関しては、１９３０年代に調査を行い戦後あいついで出版されたエヴァンズ＝プリチャードの３部作の邦訳ではヌアー族とされている。英語での読みとしては適切と思うが、現在ではヌエルが一般的な表記になっているためヌエルとした。

4　カクマ難民キャンプの現状に関しては二〇一六年に共同調査を行った澤村他（二〇一七）、清水（二〇一八）による報告がある。

5　ウガンダの南スーダン難民に関しては、村橋（二〇一六）が現地調査を行っている。

6　本稿では質問紙調査の詳細な分析は行っていない。ある程度の分析は清水（二〇一八）が行っている。

7　教育統計に出てくる就学率について説明しておきたい。就学率ER（Enrolment Ratio）とは、ある学校段階に就学すべき年齢の子どもが実際にどのくらい就学しているかを示す指標である。分子の就学者数を分母の学齢期人口で割り一〇〇をかけた％で指標としたものである。カクマの難民キャンプの初等学校は八年制で学齢期は六歳から一三歳である。その年齢の人口を分母とする。分子は初等学校に在籍する生徒数であるが、学齢期の生徒のみを分子にした場合の就学率を純就学率PER（Pure Enrolment Ratio）という。また分子に在籍しているすべての生徒、すなわち学齢期よりも年齢が下の生徒（5歳以下）と年齢が上の生徒（一四歳以上）の生徒も含めた際の就学率を総就学率あるいは粗就学率ＧＥＲ（Gross Enrolment Ratio）という。式にすると以下のようになる。ＰＥＲ＝Ｌ１／Ｐ×１００、ＧＥＲ＝Ｌ２／Ｐ×１００、ただしＬ１：学齢期年齢の就学者、Ｌ２：全就学者、Ｐ：学齢期の人口。ＰＥＲは一〇〇％を超えることはないが、ＧＥＲは一〇〇％を超えることがある。年齢の高い生徒が多い場合などである。

8　マサイの初等学校における進級に関しては内海（二〇一七）の第三章「伝統的社会における近代教育の意味――イルキーク・アレ小学校の調査」（六四―八〇頁）を参照。

参考文献

ＩＮＥＥ（イネー）　二〇一一『教育ミニマムスタンダード（緊急時の教育のための最低基準）二〇一〇――準備・対応・復興』内海成治監訳、お茶の水大学国際協力論ゼミ訳、お茶の水大学グローバル協力センター。

内海成治　二〇一六「教育を求めて難民に――二〇一六年カクマ難民キャンプ報告」第一八回アフリカ教育研究フォーラム要旨集録二〇一六年一〇月一四―一五日、筑波大学、二二頁。

内海成治　二〇一七『学びの発見――国際教育協力論考』ナカニシヤ出版。

エヴァンズ＝プリチャード、ＥＥ　一九九七『ヌアー族――ナイル系一民族の生業形態と政治制度の調査記録』平凡社ライブラリー。

大西健丞　二〇〇八「ジャパン・プラットフォームＪＰＦ」内海成治・中村安秀・勝間靖（編）『国際緊急人道支援』ナカニシヤ出版、九九―一一九頁。

景平義文・岡野恭子・宮坂靖子・内海成治　二〇〇七「紛争後のアフガニスタンにおける教育の課題に関する研究――バーミヤン州デゥカニ地域の事例より」『国際教育協力論集』一〇（二）：一―一三。

栗本英世　二〇〇二「難民キャンプという場――カクマ難民キャンプ報告」『アフリカレポート』三五：三四―三八。

澤村信英　二〇一六「ケニア北西部カクマ難民キャンプの生活と教育――純就学率の低さは問題なのだろうか」一八回アフリカ教育研究フォーラム発表要旨集録二〇一六年一〇月一四―一五日、筑波大学、二三頁および配布資料。

澤村信英・山本香・内海成治　二〇一七「ケニア北西部カクマ難民キャンプの生活と教育――就学の実態と当事者の意識」『比較教

育研究』五五：一九―二九、日本比較教育学会。
清水彪花　二〇一八「ケニア北西部カクマ難民キャンプにおける初等・中等教育の教育受容――難民の背景と学校経営に着目して」『アフリカ教育研究』第八号、アフリカ教育研究フォーラム、出版予定。
JPF（ジャパン・プラットフォーム）二〇一七『二〇一六年度年次報告書』ジャパン・プラットフォーム。
村橋勲　二〇一六「難民とホスト住民との平和的共存に向けた課題――ウガンダにおける南スーダン難民の移送をめぐるコンフリクトの事例から」『未来共生』四：一六一―一八五。

第Ⅱ部　政治的・文化的・社会的脈絡のなかで人道支援を再考する

第7章　難民開発援助の可能性と限界
ウガンダにおける生計支援の事例から

村橋　勲

1　序――ウガンダにおける難民支援の新たな展開

昨今、難民の貧困軽減として「持続可能な開発」アプローチに基づく開発援助が注目を集めている。本章の目的は、難民開発援助における支援側の目標と難民の生活戦略との一致とズレに注目しながら、生計支援において支援者と受益者が協働する可能性を考察することである。ここでは、東アフリカにおいて「持続可能な開発」アプローチを難民支援に取り入れた最新の例として、南スーダン難民の流入後にウガンダではじまった難民支援計画、「難民とホスト住民のエンパワーメント」(ReHoPE: Refugee and Host Population Empowerment) をとりあげる。

本章の構成は次のとおりである。まず、第二節で、難民支援の歴史的な展開を概観する。ここでは、緊急人道支援が開発援助と連動するようになった経緯と、「持続可能な開発」アプローチの理論的根拠を分析する。つづいて、第三節では、ウガンダにおけるＲｅＨｏＰＥまでの難民開発援助の展開と、ＲｅＨｏＰＥと「持続可能な開発」アプローチとの親和性を明らかにする。そのうえで、キリヤンドンゴ難民居住地における生計支援の事例から、支援の実践と難民の応答の事例を紹介する。ここでは、支援側と受益者の目標や利害が一致することもあれば、ギャップもみられる点を指摘する。結論では、支援側と受益者双方の視点を示し、支援者と受益者が協働する可能性について考察する。

まず、南スーダン難民の発生とウガンダにおける難民支援計画の導入の経緯を概観する。二〇〇五年一月、スーダンでは、南北包括和平合意（CPA: Comprehensive Peace Agreement）によって、二二年つづいた第二次スーダン内戦が終結し、二〇一一年七月、南部が、南スーダン共和国として独立した。しかし、国内の平和は長つづきせず、二〇一三年一二月、首都ジュバで勃発した大統領警護隊の兵士間の戦闘をきっかけに、与党・国軍であるスーダン人民解放運動／スーダン人民解放軍（SPLM/SPLA: Sudan People's Liberation Movement/Sudan People's Liberation Army）は、サルヴァ・キール大統領を支持する政府側と、リエック・マチャル前副大統領を支持する反政府側に分裂し、おもに北東部の上ナイル地方で両軍は武力衝突を繰り返した。この戦闘では、エチオピア、スーダン、ウガンダへ難民が避難した。

二〇一五年八月、両派は、和平合意に調印し、二〇一六年四月、リエック・マチャルを含む反政府側の主要メンバーがジュバに戻り、暫定国民統一政府が樹立された。しかし、同年七月、再びジュバで両軍の戦闘が勃発し、その後、南部のエクアトリア地方で武力衝突がつづいた。この一連の戦闘により、ウガンダ、コンゴ民主共和国、ケニアに大量の難民が流入し、二〇一七年八月までに、二一〇万人が国内避難民となり、一九〇万人が難民となった（UNHCR, 2017b）。これは、南スーダンの全人口の三割以上が何らかの形で家を追われ、一割以上が難民となっていることを意味する。ウガンダには、二〇一六年七月からわずか一年で七〇万人以上の難民が南スーダンから流入し、首相府[1]（OPM: Office of the Prime Minister）と国連難民高等弁務官事務所（UNHCR: Office of the United Nations High Commissioner for Refugees）は、北部四県に新たな難民居住地を設立し、難民の受け入れを行っている[2]（UNHCR, 2017c）（図7-1）。

南スーダンでつづく新たな内戦は、国際社会の主導の下で行われてきた国家建設の失敗を露呈する結果となったと考えられる。南スーダンの国家建設は、民主的な政府機構、そして官僚制や軍隊などの国家統治に必要な機関を整備

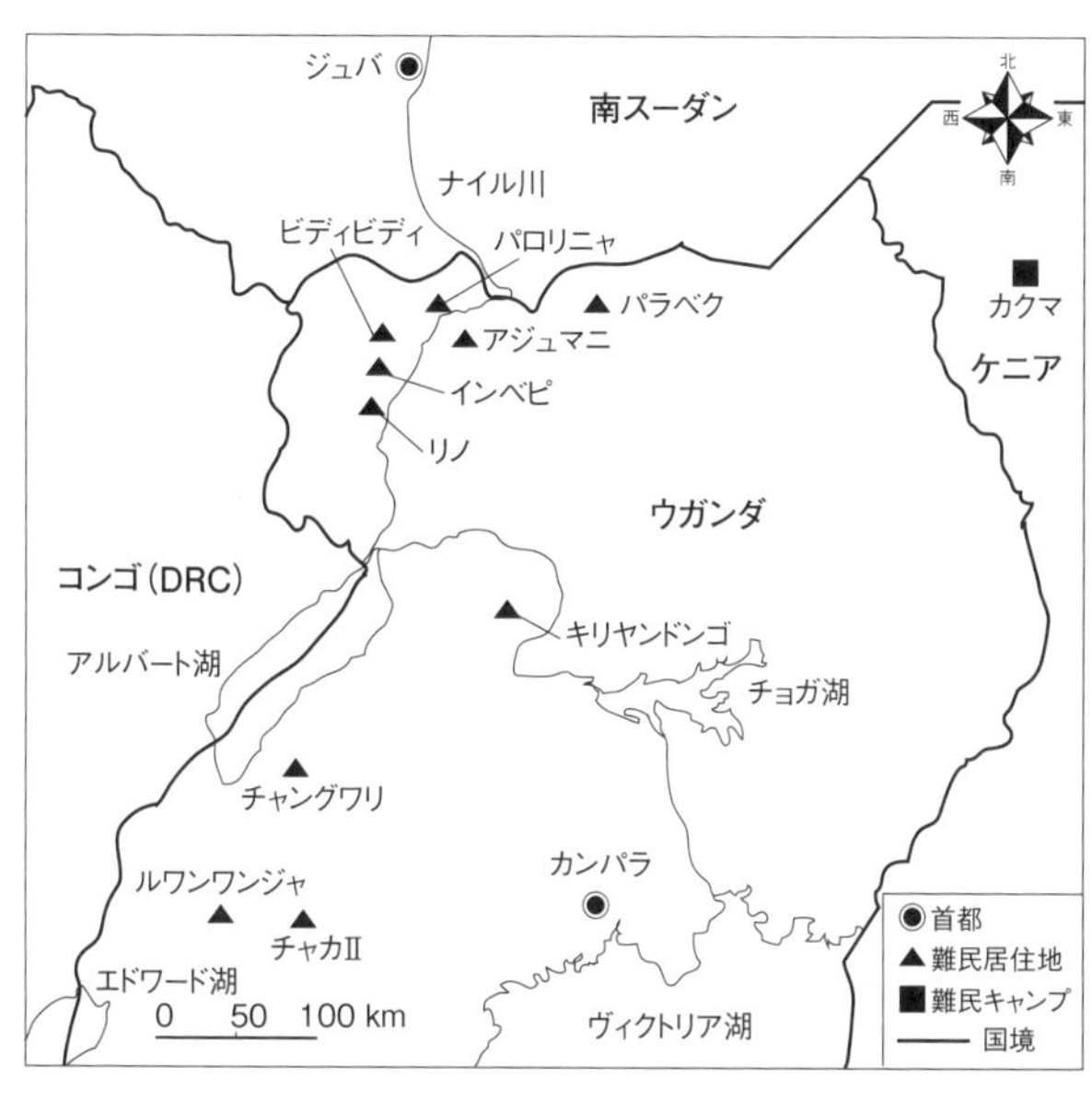

図 7-1　ウガンダとその周辺国における難民居住地と難民キャンプ
出所：2017 年 7 月時点 UNHCR の資料より著者作成

し、国内の経済開発を進めることで、内戦で荒廃した国家と社会の再建を目指すものであった。しかし、政府による一方的な武装解除の例が示すように、地域社会の和解に向けた取り組みは、特定の集団に利するように恣意的に利用され、地域社会における対立と分断を助長する結果に終わった。また、政権与党であるSPLMは、一部の政治家による石油資源の独占、政治家の汚職などをめぐって、大統領派と反大統領派に分裂し、両者は激しく対立した。

二〇一三年一二月のジュバでの銃撃戦は、政府が「民族」への帰属意識を政治的に操作して、SPLM内部の権力争いを、武力で解決しようとしたために生じた。直接的な引き金となったのは、ジュバで行われた前副大統領の出身民族であるヌエル人の大量虐殺である。正確な犠牲者は不明であるが、約一万人とする報告もある（Arensen, 2016: 16）。この虐殺は、反大統領派による「クーデター」鎮圧の名の下に、政府軍と大統領の出身地から動員したディンカ人から構成される政府系民兵によって行われたが、たんに偶発的な事件ではなく、大統領側が数か月前から計画していたことが指摘されている（栗本 二〇一七）。この虐殺以降、ヌエル人によるディンカ人への報復事件、前副大統領の武力による反政府活動の宣言、ヌエル人の将軍たちの離反がつづくことになる。

南スーダン紛争では、政府軍、反政府軍双方が、制圧地域の住民を標的に掠奪、暴行、レイプを繰り返したため、兵力の規模に比して一般市民への被害が大きい。こうした市民への暴力の他、治安悪化による住民の耕作放棄や、極度のインフレ[3]に伴う貧困と飢饉が、大量の難民を生み出す条件となっている。

ウガンダは、隣国の紛争多発地域に近接するという地政学的な背景もあり、独立前夜[4]の一九五九年からルワンダ、スーダン、コンゴ民主共和国、ブルンジなど東アフリカ周辺国から多くの難民を受け入れてきた。二〇一七年八月時点、ウガンダは、周辺国から一三〇万人以上の難民を受け入れるアフリカ最大の難民庇護国となっており、そのうち、一〇〇万人は南スーダン難民である。（UNHCR, 2017c）。ウガンダは、難民の移動の自由、就労の自由、そして、難民への土地の割り当てを法的に認めていることから、難民の受け入れに寛容な国として国際機関からの評価が高い。ウガンダの難民支援計画の変遷については後述するが、本章でとりあげるＲｅＨｏＰＥは、南スーダン難民の大量流入に対処するための新たな難民支援戦略であり、二〇一四〜一五年に立案され、二〇一六年から各地の難民居住地で導入が進められてきた。

2　難民支援の歴史的展開

(1)　緊急人道支援と開発援助の連動

本節では、難民支援の歴史的展開を概観する。難民支援は、第二次世界大戦以後、国際難民レジームが構築されるなかで、おもに緊急人道支援の領域で制度化が進められてきたが、一九九〇年代以降、庇護国での難民の滞在長期化への対策が求められるようになり、緊急人道支援と開発援助の連動が必要であると認識されるようになった。以下では、緊急人道支援と開発援助との連動、そして、開発援助で主流となりつつある「持続可能な開発」アプローチの理論的根拠を分析する。

難民が人道支援の主たる対象となったのは第二次世界大戦後である。人道支援機関の代表である赤十字国際委員会は、一八六四年に設立されたが、当時の紛争地での救助活動の対象は負傷兵であり、市民や難民ではなかった（Barnett, 2014: 242）。第一次世界大戦後、国際社会は難民への関心を強めたが、支援の対象となる難民は限定的であり、また難民も必ずしも国際的な支援を求めなかった（Barnett, 2014: 250）。難民が人道支援の主たる対象になったのは、第二次世界大戦後に国際難民レジームが構築されたことが大きい。東西冷戦期、西側諸国には、共産圏の国々から逃れてきた難民を保護することで西側諸国の優位を示そうとする反共政策としての政治的意図があった。冷戦後、人道支援と難民はさらに密接に結びつくようになり、人道支援の範囲が、緊急支援から平和構築や復興支援へと拡大された。また、国家に排除された難民だけでなく、国内に留まる強制的に移動を強いられた人びとも支援すべきだと考えられるようになり、国内避難民や紛争下の市民が保護の対象となった。

ミシェル・バーネットは、人道主義を二つに区分する（Barnett, 2011, 2014）。一つは、暴力や自然災害による苦しみの症状を対症療法的に治療する応急処置としての「緊急的人道主義」であり、もう一つは、人間・社会の発展の概念に基づき、あらゆる形の痛みとその原因を、社会改良によって取り除こうとする「錬金術的人道主義」である。「錬金術的人道主義」は、特定の社会が人道的な観点から問題を抱えており、その問題解決のために外部からの介入や統治が必要だとする考え方であり、社会問題解決型の開発援助といえる。

一九八〇年代、アフリカでは、貧困削減を目的とした開発政策が進められる一方、長期化する難民への対策として、難民の経済的自立を促す開発志向の支援が求められた。一九八四年に開催された「第二回アフリカ難民への援助に関する国際会議」（ICARA II: The Second International Conference on Assistance to Refugees in Africa）では、「難民援助と開発」が議題にとりあげられ、ドナーとアフリカ諸国が参加して、一〇〇以上の開発援助プロジェクトについて交渉が行われた。しかし、資金負担をめぐる国家間の対立や国際機関間の不調和により十分な成果は上がらなかった（中山二〇一四：一七五）。

難民開発援助が実際に導入されるようになるのは一九九〇年代に入ってからである。難民開発援助は、短期的な緊急人道支援と、「錬金術的人道主義」に基づく中長期的な視点に立つ開発援助計画を組み合わせたものである。冷戦後、難民開発援助は、一九八〇年代の国家主導型の経済開発とは異なり、市場を基盤とした開発へと変化した（Betts et al. 2017: 39）。

(2) 「持続可能な開発」アプローチと新自由主義の影響

「持続可能な開発」という概念は、一九七〇年代、西洋中心的で経済発展中心の開発援助に対するアンチテーゼとして提唱され、国連に設置された「ブルントラント委員会」[5]が一九八七年にまとめた最終報告書「我ら共有の未来」（Our Common Future）で公式にとりあげられた。「持続可能な開発」とは、「将来の世代が自らのニーズを充足する能力を損なうことなく、今の世代のニーズを満たす開発」を指す。「持続可能な開発」は、それまで両立が困難と考えられてきた環境保全と開発との両立を目指す試みであり、経済発展中心の政策から環境保全を考慮した節度ある開発への変更を志向した。ところが、一九九二年の「リオデジャネイロ国連環境開発会議」を経て、二〇〇二年の「ヨハネスブルグ・サミット[6]」に至ると、「持続可能な開発」は、再び経済成長路線を目指すようになる。

ジュリアン・リードは、この変化を、新自由主義の台頭のなかで「持続可能な開発」がレジリエンス（resilience）という概念と結びついたためであると分析する（Reid. 2013）。なお、新自由主義とは、「強力な私的所有権、自由市場、自由貿易を特徴とする制度的枠組みの範囲内で個々人の企業活動の自由とその能力とが無制約に発揮されることによって人類の富と福利がもっとも増大する、と主張する政治経済的実践の理論」（ハーヴェイ二〇〇七：一〇）を指す。[7]

また、レジリエンスとは、生態系の復元力や回復力を意味する言葉であり、一般に、個人や社会が困難や脅威にうまく適応する能力と理解される。生態学では、脅威に対し自らを守る能力ではなく、脅威に適応して自らが変化する能力を指し、危険や脅威にさらされることは生態系の進化における本質的なプロセスであると考えられている。

リードによれば、「ヨハネスブルグ・サミット」後、生態系が人間の行為に対してレジリエンスを発揮するのではなく、人間に恩恵をもたらす生態系を守るために、人間が環境に適応する必要性が求められるようになった（Reid, 2013: 356）。そして、「持続可能な開発」が目指すレジリエンスの強化は、経済的な多様性を生み出す新自由主義的な経済開発に求められた。この変化により「持続可能な開発」の対象となったのが「貧困層」である（Reid, 2013: 360）。なぜなら「貧困層」の脆弱性は、彼らが環境の変化に適応できないことに起因しており、彼らの脆弱性が地球の生態系全体の脅威となると考えられたからである。

「持続可能な開発」やレジリエンスは、それ自体は新自由主義を反映する概念ではないが、近年、主流となっている「持続可能な開発」は、新自由主義の影響を受け、途上国の「貧困層」が自らを管理し、経済的な能力を高めることで、地球全体の生態系が維持されると同時に、先進国の人びとの持続可能な生活を保障すると考えられるようになった。このような「持続可能な開発」アプローチに基づく難民支援では、生命の危険により母国を逃れ、資産や資源を失った難民それぞれが、避難の初期段階で経験する「貧困」状態を克服するため、避難先の生態条件や社会環境に適応しながら、経済活動をとおして生計の自立を達成することが目標となっている。

3　ウガンダにおける支援の実践と難民の応答

(1)　キリヤンドンゴ難民居住地

本節では、生計支援における支援側の方針と受益者である難民の応答を、二〇一五年九～一一月、二〇一六年二、八月、そして、二〇一七年八月に、ウガンダのキリヤンドンゴ難民居住地で行ったNGOに対する調査に基づき報告する。まず、キリヤンドンゴ難民居住地の概要を紹介する。

キリヤンドンゴ難民居住地は、一九九〇年、ウガンダ中西部のマシンディ県（現在のキリヤンドンゴ県）に設立された一時庇護キャンプがはじまりである。当時、スーダン難民を受け入れていた北部のキトゥグム難民キャンプが「神の抵抗軍」（LRA: Lord's Resistance Army）による襲撃を受けた後、約一万人のスーダン難民が移送された。翌年、難民への土地の割り当てがはじまり、難民居住地となった。第二次スーダン内戦終結後、二〇〇六～〇八年にかけて、大多数のスーダン難民が本国に帰還したが、二〇一三年一二月の南スーダンでの紛争勃発後、大量の南スーダン難民の流入がはじまった。二〇一六年七月のジュバでの紛争再発時には、さらに難民が流入し、OPMとUNHCRは、同年八月に難民の受け入れ中止と他の難民居住地への移送を発表した（UNICEF Uganda, 2016）。現在、キリヤンドンゴの難民数は約五万六〇〇〇人であり、そのうち、女性と一八歳未満の子どもが八割以上、成人男性が約一五％を占めている[8]。国籍別では、九九％を占める南スーダン難民の他、コンゴ民主共和国、ケニア、ルワンダ、ブルンジ、スーダンからの難民を受け入れている。また、地域集団別では、ディンカ、ヌエル、アチョリ、マディ、モルなど南スーダンの複数の地域出身者から構成されている。

キリヤンドンゴ難民居住地は、首都カンパラから二二五キロメートルの距離にある。難民居住地に隣接する町、ブヤレは、居住地の設立後、カンパラと南スーダンの首都ジュバを結ぶ幹線道路沿いに発展した。国内の難民居住地の多くは、国境付近に位置し、近隣の町から一〇キロ以上離れていることが多いが、キリヤンドンゴの場合、町と難民居住地の距離が約四キロと近接している。ウガンダ政府は、各難民に対しては、五〇メートル×五〇メートル（または三〇メートル×三〇メートル）の土地を割り当て、耕作と居住に使用することを求めている。キリヤンドンゴ県は、年間約一一五〇ミリメートルの降水量と肥沃な土壌、また、カンパラなどの食料消費地に近いことから、トウモロコシ栽培がさかんであり、難民居住地でもほとんどの難民がトウモロコシ栽培に従事している（写真7-1、写真7-2）。トウモロコシは小乾季の八月と乾季はじめの一二～一月の年二回、収穫される。

(2) ウガンダの難民開発援助の展開とＲｅＨｏＰＥの理論的枠組み

前節では、グローバルなレベルで開発援助の主流となりつつある「持続可能な開発」アプローチを示した。ここでは、ウガンダ国内の難民開発援助の展開に目を向け、ＲｅＨｏＰＥが、一九九九年にはじまる「自立戦略」（SRS: Self-Reliance Strategy）の理念を継承しながら、近年の「持続可能な開発」アプローチの理論的枠組みのなかで新しい概念を打ち出している点を指摘する。

写真 7-1　キリヤンドンゴ難民居住地

写真 7-2　トウモロコシを収穫する南スーダン難民

ウガンダでは、一九五九年のルワンダ難民受け入れ以来、難民を、難民居住地に集め、居住と耕作用の土地を割り当てる政策がとられてきた。[9] 難民居住地は地理的な辺境に設立され、地域住民と難民との接触は限定的であった。また、難民の権利を明確に規定した国内法はなく、難民の移動と就労の自由は制限されていた。こうした難民の隔離を目的とした難民受け入れ制度は、一九九九年から四年間、北西部の難民居住地で導入されたＳＲＳ以降、変化した。[10] ＳＲＳ以前、ウガンダの難民政策には、難民を隔離しながら、援助は最小限にとどめるという姿勢がみられた。一方、ＳＲＳ後、難民の経済活動に対しては自由放任主義的な姿勢が示される一方、これまで以上に、難民が援助依存から脱却し、生計の自立を達成することが強調されるようになった。また、援助依存脱却の対策として緊急人道支援と開発援助を連動する難民開発援助の方針が明確に打ち出された。このSRSは、二〇〇三年から対象地域を拡大した「難民受け入れ地域への開発援助」(DAR: Development Assistance for Refugees) へと継承されたが、二〇〇五年のCPA締結後、スーダン難民の本国帰還が進むと、支援計画は縮小された。

SRSやDARでは、学校教育、医療設備化、職業訓練などのプログラムが実施され、難民とホストコミュニティの双方が、難民受け入れ地域のサービスに広くアクセスできるようになったという点で広く評価されている。一方、依然として難民の移動と就労の自由は法的に認められず、難民居住地で難民が得られる生計の機会はわずかなうえ、農地の疲弊による収量の減少もあり、難民の自立が不十分であったと指摘されている (Kaiser et al., 2005, Kaiser, 2006)。また、二〇〇〇年代に北部の難民居住地がLRAなどの反政府武装勢力の攻撃にさらされたことによって、難民は耕作を放棄し、食糧の大半を援助に依存する状況がつづいた (Dryden-Peterson and Hovil, 2003)。ウガンダ政府が、難民の移動と就労の自由を法的に認めたのは、二〇〇六年の難民法と二〇一〇年の難民規約の制定をもってである。これにより、現在、ウガンダは、アフリカ諸国のなかでも、難民の自由な経済活動がもっともよく保証されていると考えられており、SRSでは十分に実現されなかった難民の自立が、ReHoPEにおいて達成されることが期待されている。

ReHoPEは、持続可能な生計、難民とホストコミュニティのサービスの統合、コミュニティとシステムのレジリエンスを目標にして複数の支援プログラムを組み合わせた支援戦略である。この支援戦略は、難民受け入れ県が、難民の流入により、他の地域よりもショックに脆弱になっているという考え方を前提にしている。難民受け入れ地域は、難民に内在する貧困、限られた資源への需要の増大、難民の乏しいレジリエンスにより、開発が遅れ、社会サービスの提供が不十分になると考えられている。難民のレジリエンスの欠如は、不安的な社会関係資本、生計の多様性の乏しさ、資産や資本の不足に起因しており、個人とコミュニティの経済活動を活発にすることで克服できると考えられている。また、天然資源を適切に利用、管理することで「持続可能な開発」が達成されると考えられており、こうした考え方は、前節で示した新自由主義的な「持続可能な開発」アプローチと一致する。新自由主義は、国家に対しては、個人の自由な経済活動を最大化する制度を整えることを求める一方、個人やコミュニティに直接的に働きかけ、そのエンパワーメントや能力開発を行うことに重点を置く。

ReHoPEの場合、個別世帯には「卒業アプローチ」、コミュニティには「コミュニティ主導の開発（CDD: Community-Driven Development）アプローチ」[11]を用い、個人とコミュニティのエンパワーメントと能力開発を図っている。「卒業アプローチ」では、消費サポート、貯蓄貸付プログラム、人材育成や技術指導プログラム、資産移転などをとおして、自立した個としての生産主体形成を目指している。また、「CDDアプローチ」では、個人の生計を支える社会環境の構築、適切な環境利用、コミュニティ間の協調、コミュニティによる資金調達をとおして、コミュニティのレジリエンスを高めることが目標となっている。

(3) 個別世帯とコミュニティへの生計支援――キリヤンドンゴ難民居住地の事例

ここでは、生計支援活動を行う複数のNGOのなかから、NGO「A」とNGO「B」（いずれも仮名）の支援活動に帯同することで得られた観察事例、およびUNHCRとNGOの代表者へのインタビューから生計支援の実践と難民の応答について述べる。なお、NGO「A」と「B」を調査対象に選んだ理由は、前者が二〇一五～二〇一六年にかけて、後者が二〇一七年において、それぞれ対象とする受益者がもっとも多いNGOであったことによる。

ReHoPEは、難民受け入れ県において、OPMと国連機関（UNHCRやUNDP）をはじめ、地方自治体、世界銀行、NGOなどが参加して実施が進められており、五年間で三・五億ドルの予算が計上されている。各県の生態、社会条件に合わせ、複数のプロジェクトが計画されているが、キリヤンドンゴ県では、二〇〇万ドルの予算のなかで、難民居住地での学校の増設、ブヤレでの新しいマーケットの建設、難民とホスト住民の収入創出活動の推進などが計画されている。また、受益者には、難民とホスト地域の住民の両方が含まれ、難民に七〇％、ホスト地域の住民に三〇％の割合で支援が配分されることになっている。

調査をはじめた二〇一五年当時、キリヤンドンゴのUNHCRの生計支援担当者は、「保育施設、学校、井戸、医療施設など生活に必要なインフラの整備は順調に進んでいるが、難民の生計は向上していない」と述べ、生計支援に力を入れる必要性を強調していた[12]。このころ、支援者の間では、難民が貧困のために配給食糧を仲買人や地元のマーケットで売却していると認識されており、生計支援プログラムを通じた貧困削減が課題となっていた。

NGO「A」は、三〇年前に組織された国内NGOである。キリヤンドンゴでは、UNHCRがドナーとなる実施パートナー（IP: Implementing Partner）であり、二〇一四年から井戸の掘削やトイレ設置の啓発活動、保健衛生指導、収入創出や環境保全の推進事業などにかかわっている。二〇一五～一七年にかけて、NGO「A」は、難民およびホスト住民に対し、生計の実態調査を行ったうえで、受益者の選定と実際の支援を実施した。生計の実態調査では、NGOの農業指導員が改良普及員[13]とともに、難民へのインタビューをとおして、支援対象者の生計、難民のビジネスプランやスキルなどに関して査定を行う。個人とコミュニティへのインタビューはグループ・ミーティングをとおして同時に行われる。

個別世帯の場合、受益者は、家族やメンバー構成、プロジェクトの目的や計画などを記した申請書をNGO「A」に提出する。一方、コミュニティの場合、メンバーが協働して特定の経済活動を行うことを目的とした一〇～二〇人前後からなる生計グループを難民に組織してもらう。各グループは、代表、副代表、会計などの役員を選出し、ミーティングを開いてビジネスプランの計画を立てることが求められる。各生計グループは、NGOがミーティングで適切な意思決定が行われているかどうかをチェックするために、会則の作成、議事録とともにビジネスプランが書かれた申請書を提出する。NGOは、提出された申請書を審査して受益者を選定し、実現可能性が高いと思われる個人世帯やコミュニティを支援対象とする。

二〇一六年、個別世帯支援では、六三五人の難民が申請書を提出し、そのうち一五人（男性四人・女性一一人）が支援対象に選ばれた。それぞれ、農業者、家禽飼育者、小売業者などであり、一世帯当たり一七五万〜二〇〇万ウガンダシリング（約五〜六・七万円）に相当する資材や商品がUNHCRから支給された。受益者は、農業指導員の指示の下、トウモロコシ貯蔵庫やニワトリ小屋の設置、商品の追加購入などを行った。

一方、コミュニティ支援では、NGOに選定された生計グループは、県から地域社会組織（CBO: Community-Based Organization）として認証を受け、銀行口座を開くことができる。受益者に選定されたCBOには、UNHCRから銀行口座に助成金が振り込まれる。各グループは、CBOとして認定をうけるかどうかにかかわらず、回転型貯蓄信用講を応用した村落貯蓄貸付組合（VSLA: Village Savings and Loans Association）というスキームを活用することが求められる。これは、グループの成員全員が一定額を出資して貯金し、それを、ある成員にビジネスの資金として貸し付け、貸し付けられた人が利息をつけて返済するという農村金融システムである。

その結果、二〇一六年には、難民に三一グループ、ホストに七グループが組織された（表7-1）。グループの参加者は女性が八四％を占め、一四グループが、女性のみから構成されていた。民族集団別では、アチョリ、マディなどの南スーダンの農耕民からなるグループが大半を占め、ディンカ、ヌエル出身者によるグループはわずか三グループだった。生業形態としては、農業収入または非農業収入があるメンバーが、各生計グループで三〇〜四〇％、家禽飼養に従事するメンバーが一〇％弱を占めていた。二〇一六年時点では、このなかから一八グループがCBOとして認定され、二五〇万ウガンダシリング（約八万円）の現金か物資が支給される予定であった。しかし、二〇一七年の調査時に支援を受け取っていたのは、わずか三グループのみであった。支援活動が当初の予定よりも進んでいない理由についてUNHCR、NGO「A」、受益者それぞれにインタビューしたところ異なる回答が得られたが、明確な証拠がないため、ここで明確な理由を断定することは避けるものの、支援対象となった生計グループには申請書に基づいてニワトリ、ブタなどの家畜が支給されていた[14]。

二〇一七年に入ると、生計支援を行うのは、NGO「A」を含めた二団体から、NGO「A」と「B」を含む九団体へと増加した。この増加は、キリヤンドンゴが緊急人道支援から段階的に開発援助へと移行していることを示している。NGO「B」は、結成以来九〇年の歴史を持つ国際NGOであり、EUがドナーとなる運営パートナー(OP: Operational Partner)である。NGO「B」も、NGO「A」と同様、収入創出活動の推進とVSLAの活用という生計支援活動を行っており、二五人から構成される生計グループが、難民とホストそれぞれに三〇、組織されていた。この生計グループには、NGO「A」の支援時に生計グループを組織した難民も多く含まれているが、NGO「B」では、多民族の共存を図るというドナーの要請に従って、一つのグループ中にできるだけ複数の民族出身者が参加することが求められていた。そのため、NGO「A」の生計グループよりも、一グループ内の構成メンバーの出身民族は多様であるが、参加者は女性が大半を占め、ディンカ、ヌエルといった遊牧民が少ないという点は共通していた。

(4) 生計支援における支援側の実践と受益者の応答

ここでは、NGO「A」と「B」の支援活動、とくに、受益者の選定や試験農地での農業指導といったプロセスや実践から、生計支援における支援側に共通する特徴や受益者の応答の傾向を分析する。

まず、NGO「A」が行った受益者の選定の事例から判断基準を示す。NGO「A」が実施した個別世帯支援では、難民から六三五の申請書が提出されたにもかかわらず、一五人しか支援対象にならなかったことに対して受益者を選ぶ判断基準がわからないという意見が出された。これに対して、「A」の担当者は、ビジネスプランの実行可能性とそれを実現するための能力の有無、そして、申請書が申請者本人の字で書かれていたかどうかを基準としたと回答した。つまり、一定の教育水準を有し、ビジネスが一定の軌道に乗っていることが支援対象となる条件となっている。NGO側は、これは支援による成功モデルを先に示したうえで、模範的な難民が他の難民に換金作物栽培やビジネス

表 7-1　ＮＧＯ「Ａ」の生計支援活動における複生計グループと主要な生計手段

グループ名	メンバー数（人）（男性／女性）	メンバーの主要な収入源となっている生計手段（人）				
		食品・雑貨販売	農産物販売	家禽飼育	自給的農業のみ	その他
1.GS	17（4/13）	5	6	3	1	2
2.LP	13（1/12）	6	5	0	2	0
3.NR	19（5/14）	3	12	1	3	0
4.GA	18（7/11）	10	1	1	4	2
5.CD	12（0/12）	5	2	2	3	0
6.MM	17（4/13）	9	3	1	2	2
7.HG	8（0/8）	2	1	0	3	2
8.BW	13（0/13）	6	3	0	2	2
9.WU	11（0/11）	2	5	1	3	0
10.KW	8（0/8）	3	2	0	3	0
11.KM	18（6/12）	6	6	1	4	1
12.RK	8（0/8）	3	1	1	2	1
13.TD	15（4/11）	5	2	3	4	1
14.CC	13（0/13）	5	3	2	1	2
15.SW	7（0/7）	2	2	1	1	1
16.MD	9（0/9）	3	2	1	1	2
17.AF	10（1/9）	4	2	1	2	1
18.TA	7（4/3）	2	1	1	2	1
19.MG	14（0/14）	8	3	0	1	2
20.UA	7（4/3）	2	0	1	1	3
21.SP	9（2/7）	4	2	0	2	1
22.DF	5（1/4）	2	1	0	2	0
23.PG	6（0/6）	2	2	1	0	1
24.LT	9（2/7）	1	4	0	3	1
25.BW	10（0/10）	6	3	0	0	1
26.LK	11（6/5）	7	0	0	2	2
27.KP	8（2/6）	3	3	1	1	0
28.MR	10（5/5）	2	3	1	2	2
29.HF	6（0/6）	1	3	1	1	0
30.AA	14（4/10）	4	3	3	2	2
31.MT	7（0/7）	2	3	0	0	2

注：農産物販売は、「自給的農業のみ」世帯以外の農家。農産物の生産と販売から現金収入を得ている世帯を指す。生計グループ名はいずれも仮名であり、複数の生業を組み合わせている世帯については主要な収入源を示した。

出所：フィールドノートとNGO「A」のデータから著者作成

のノウハウを伝授するように取り組んでいるためと説明するが、相対的に貧困度が低い難民が優先的に支援対象となることに対して受益者側の理解が十分に得られたわけではなかった。

もう一つ、NGO「A」が行ったグループ支援の事例から、支援側から見た難民に対する特定の表象について明らかにする。わかりやすい例として、遊牧民のディンカ人女性からなるグループ「MD」（表7-1中の番号16）と、農耕民のモル人が組織した男女混成のグループ「TD」（表7-1中の番号13）を比較する。

「MD」は、紛争前、南スーダンの町のマーケットで協働して野菜を売っていた寡婦たちが組織したグループで、キリヤンドンゴに避難した後は、トウモロコシやオクラなどを家庭菜園で栽培しながらニワトリやハトなどの家禽を飼育している。申請書には、服の仕立てを行うためミシンの購入を希望と書かれていたが、グループ・ミーティングの際に、ミシンで裁縫できる人がいないことがわかり、NGO「A」の担当者は、ビジネスを行う能力がないと判断した。彼女たちは、「今後、職業訓練を受けてスキルを身につける予定だ」と主張したが、申請書は認められなかった（ただし、この場合、NGOとしては本来、職業訓練を受けさせながらビジネス計画を書くように指導すべきである）。その後、彼女たちは、ビジネスプランを農産物の生産と販売に変更して新たな申請書を提出したが、農業指導員がメンバーの家庭菜園を見て、農地管理が不適切で、農業が非生産的であると判断し、申請書は再び却下された。

一方、「TD」は、もっとも評価の高いグループであった。自主的なグループ・ミーティングを定期的に開き、メンバー全員が毎週、貯金していたほか、農地管理や農業生産に積極的な点が評価されていた。ただ、その後、「TD」は支援対象となり希望通りニワトリを支給されたものの、支給されたニワトリの半数は病気で死亡してしまい、残りはメンバーが売却したため、グループ全体の持続可能な生計につなげることはできなかった。

ところで、「TD」のメンバーに対し、農業指導員は、「伝統的な」農法に従って耕作することを指導していた。ここでは「伝統的な」農法とは、農薬や肥料を使わない有機農業という意味合いで使われていたが、遊牧民に対しては「伝統的な」農法を行うようにとは指導されていなかった。ディンカ、ヌエルの遊牧民の場合、故地では一般に女性が家庭菜園などで耕作に従事するが、NGOの農業指導員は、たとえば、トウモロコシの種子を等間隔に離して植えようとしないといったことなどを理由に、遊牧民の女性が行う耕作は非生産的ととらえていた。

農耕民はNGO活動への参加度が高く、割り当てられた農地の活用に励むが、遊牧民はNGO活動への参加度が低く、農地を活用する意思が乏しいという表象は支援側に共有されているといってよい。たとえば、キリヤンドンゴのUNHCR難民保護官に、ReHoPEの見通しを尋ねたところ、難民の移動や就労の自由が認められていることや、穀物栽培に適した降水量と肥沃な土壌があることを利点としてあげたうえで、「最近の気候変動や新たな害虫による穀物への食害[15]、さらに遊牧民のメンタリティ（mentality）が足かせになっている」と回答した[16]。彼によれば、とくに遊牧民の若者の男性はNGO活動や農地に関心を示さない傾向にあるという。

確かに、ディンカやヌエルの若者の男性がNGOの生計支援に参加することはほとんどない。その理由を明確に示すことは難しいが、私は、遊牧民だから農業に取り組む姿勢が低いというよりも、彼らの越境の目的、生活基盤や生計戦略の違いによるところが大きいのではないかと考えている。南スーダン人が難民として国を離れるのは、第一に生命と安全の確保のためであるが、同時に、教育や医療においてよりよいサービスを受けられると期待するからである（本書第6章参照）。家長を含め家族全員が難民居住地に避難した難民は、妻や子ども、親戚の孤児など「大家族」を難民居住地で養う必要があるので、難民居住地での生計の確保が重要になり、NGOが行う生計支援への参加に積極的である。一方、難民登録をした後、家長は妻と子どもを難民居住地に残して南スーダンに帰国し、南スーダンからウガンダに生活費や学費を送金するという難民もいる。ディンカやヌエルの難民は後者に該当するケースが他民族の難民に比べ、相対的に多い。とくに、若者男性は、就学を目的にカンパラと難民居住地を頻繁に行き来しており、難民居住地での耕作はあくまで自家消費分を補うために行っている場合が多い。また、彼らは居住地内ではなく近隣の町でビジネスや日雇い仕事を求める傾向があることも指摘できる。

いずれにしても、支援側としては、できるだけ多様な民族出身の難民を生計支援活動に参加させながら、すべての生計グループが一定の成果を上げることを目指しているが、難民の側には、難民居住地に滞在する目的や生活基盤の違いなどから、生計支援への関与には差異がみられる。

4　結論――ＲｅＨｏＰＥの可能性と限界

現在、世界各地における難民支援は、難民を紛争周辺国に設けた難民居留区に留め、支援団体をとおして自活手段を教え、難民が庇護国で半定住的な生活を送ることができるようにするアプローチに傾きつつある。これは、国際社会が難民発生の要因である紛争自体を解決する効果的な対策を打ち出せないなか、一方で、先進国が難民の受け入れに消極的になりつつあるというグローバルな政治的状況が背景にある。つまり、自発的帰還と第三国定住という解決[17]がいずれも困難な状況において、難民支援に必要な資金不足の解消と庇護国への負担の軽減のために、紛争周辺国における難民の自立支援がより現実的な対策として講じられているのである。

この傾向は、南スーダン難民支援にもあてはまる。南スーダン国内の紛争は解決の見通しが立たない一方、難民が得られる第三国定住の機会は極めて限定的である。また、二〇一七年時点で、南スーダン難民への緊急人道支援に一四億ドル以上の予算が必要とされているが、そのうち一四％しか資金獲得の目処は立っていない（UNHCR, 2017a）。そのため、難民支援は庇護国での活動が中心となるが、ウガンダは、これまで難民支援計画の実績があり、難民の移動や就労の自由を法的に認めているため、ＲｅＨｏＰＥでは、難民の援助依存からの脱却と自立という支援側の目標を達成できるのではないかと期待されている。

ＲｅＨｏＰＥは、緊急人道支援から開発援助への段階的な移行を試みる難民開発援助である。その理論的枠組みは、個人やコミュニティへの介入をとおして、紛争によって引き起こされた脆弱性を克服し、難民の自立とレジリエンスを促すという点に特徴がある。これは、開発援助の主流となりつつある新自由主義的な「持続可能な開発」アプローチと親和性が高い。「持続可能な開発」アプローチに基づく難民支援では、難民が避難先の環境に適応することが、彼らの脆弱性と庇護国へのリスクを軽減すると考えられる。また、市場がもっともレジリエントな制度であるとされ、難民とホスト住民に対しては市場での経済活動を活発にすると同時に、庇護国の環境に配慮したやり方で生業を行うように指導される。キリヤンドンゴ難民居住地の場合、政府が難民に割り当てられる土地は限られているため、家畜の飼育よりも農作物生産と小規模ビジネスの促進を中心とした生計支援が行われる。また、土壌の劣化を防ぐために、農薬や肥料を使わない農業が望ましいと考えられている[18]。

ただ、生計支援に対する難民の応答はさまざまであり、性別、年齢、出身民族によって参加度に差異がみられる。支援側は、難民の間での農業支援に対する参加度の違いは、故地での「伝統的な」生業形態の違いに起因しており、農業をしたがらない遊牧民の性向が支援目標の達成を遅らせていると認識している。しかし私は前節で、これは、彼らの越境の目的、生活基盤や生計戦略の違いによるところが大きいのではないかと指摘した。また、NGOの農業指導員は、農業生産や農産物販売の能力に関して、農耕民の方が遊牧民よりも能力が高いと判断しがちであるが、今後の農業支援や職業訓練をとおした支援が、支援に対する難民のとらえ方や生計戦略にどのような影響を与えるかを考慮する必要があるだろう。私が知る限りであるが、あるヌエル人の青年は、自分の農地と友人から土地を借りた広大な複数の農地で、一シーズンに一五〇〇キログラム以上のトウモロコシを収穫していた[19]。NGOの生計支援の事例からみえてきたのは、支援側の介入の方針と庇護国での難民の生計戦略は必ずしも一致しないということである。難民が紛争時に越境する理由はさまざまであり、支援側は、難民を彼らの故地の文化的特質や生業形態を、固定的、本質的にとらえることで彼らへの対応を変えるのではなく、受益者の多様な要望と支援側の要請をどのように近づけていくかということを考えていく必要があるだろう。

キリヤンドンゴ難民居住地における難民の生計は、トウモロコシ栽培を基本とし、それにヤギ、ニワトリなどの家畜、家禽の飼育、マーケットでの野菜の販売などの小規模ビジネスを組み合わせたものである（村橋 二〇一六）。主要な換金作物はトウモロコシであり、マーケットでの販売価格は需要と供給のバランス、つまり収穫量や出荷量に応じて、大きく変動する。また、二〇一五～一七年の調査時期には、雨季の旱魃と、天気の移り変わりの激しさのため、播種のわずかなタイミングの違いで収穫量が大きく変わることがあった。また、二〇一七年前半は、トウモロコシの食害が深刻で、収穫量は前年の約半分しかないという難民も多かった。

現在、NGO「B」は、難民がこうした不安定な生計から抜け出すためには、企業と契約を結び、金融機関からのローンを元手に農業を行うことで、農産物の収穫量、品質、販売価格の安定化を図ることができると指導している。ただ、企業との契約は、決して生計の安定化をもたらすとは限らず、予定された品質と収量を得られなければ多大な債務を抱えるというリスクも当然、考えられる。現時点では、キリヤンドンゴの難民のなかに、企業と契約する農家はいないが、今後も、ＲｅＨｏＰＥの進展を継続的に調査することで、「持続可能な開発」アプローチが、難民の生活と生計にどのような影響を及ぼすか注視していきたい。

謝辞

本研究は、二〇一五年度松下幸之助記念財団研究助成（助成番号一五―一八一）およびＪＳＰＳ科研費ＪＰ一七Ｊ〇九九三七の助成を受けて行われた。本研究の実施にあたり、ＯＰＭ、ＵＮＨＣＲ、ＮＧＯの職員およびキリヤンドンゴ難民居住地の難民の協力をえた。また、本文執筆にあたり、共同研究者の方々に貴重なご指摘をいただいた。この場を借りてお礼申し上げます。

注

1　ウガンダ政府の難民担当部局。

2　二〇一六年八月以降、ビディビディ（ユンベ県）、パロリニャ（モヨ県）、インベピ（マラチャ県）、パラベク（ラムウォ県）に難民居住地が設立された。

3 Trading Economics, South Sudan Inflation Rate（https://tradingeconomics.com/south-sudan/inflation-cpi 二〇一七年七月一一日閲覧）。二〇一六年一〇月、インフレ率は過去最高の八三五％に達した。

4 一九六二年一〇月、ウガンダはイギリスの植民地支配から独立した。

5 「環境と開発に関する世界委員会」。後のノルウェー首相、ブルントラントが委員長になったことからこの名がついた。

6 「持続可能な開発に関する世界首脳会議」。貧困削減、天然資源の保護と管理などに関する実施手段や制度的枠組みを定めた「ヨハネスブルグ実施計画」が採択された。

7 たとえば、一九九〇年代に世界銀行や国際通貨基金などの国際機関が、途上国に経済安定や改革をもたらすための処方箋として掲げた「ワシントン・コンセンサス」に示されており、それに基づいてアフリカ諸国でも構造調整政策などが進められた。

8 ＯＰＭが二〇一七年七月に実施した統計調査による。

9 Local Settlement Policy。庇護国定住地政策と訳されることもある（杉木 二〇一四）。

10 ウガンダでは、一九九〇年代前半に、キリヤンドンゴを含め、スーダン難民を受け入れる難民居住地が北部に設立された。ＳＲＳは、この際に流入したスーダン難民を対象に行われた。

11 参加型開発アプローチともよばれ、開発プロジェクトの立案、選定、実行に受益者の参画を求める方法。

12 二〇一五年九月、筆者インタビュー。

13 二〇一五～一六年の調査時、改良普及員は、難民やホスト住民から選ばれ、毎月二〇万ウガンダシリング（約六〇〇〇円）の給与が支払われていた。

14 ＮＧＯ「Ａ」の農業専門家はドナーであるＵＮＨＣＲの資金不足を理由に挙げたが、ＮＧＯ「Ａ」の改良普及員のリーダーは、ＮＧＯ「Ａ」による虚偽報告と汚職の可能性を指摘した。ＵＮＨＣＲの生計支援担当者は、支援対象である受益者に支援が行き届いていなかったことは認めたが、資金の使途については明確な回答はなかった。

15 二〇一七年、キリヤンドンゴ県は、ツマジロクサヨトウ（学名：*Spodoptera frugiperda*、英名：Fall Armyworm）の幼虫による主食作物への深刻な食害に襲われた。ツマジロクサヨトウは、これまでアメリカ大陸で被害が報告されていたが、近年ではアフリカ南部を中心に猛威を振るっている。

16 二〇一七年八月、筆者インタビュー。

17 UNHCRが示す難民の恒久的解決（durable solution）は、本国への自発的帰還、庇護国での社会統合、第三国定住である。

18 ただし、二〇一七年に入ってトウモロコシの食害が拡大した後は、農薬の散布に関する指導を行うようになった。

19 平均的な難民世帯では、一シーズンに五〇〇～一〇〇〇キログラムのトウモロコシを収穫する。

参考文献

栗本英世　二〇一七「難民を生み出すメカニズム――南スーダンの人道危機」駒井洋（監修）人見泰弘（編著）『難民問題と人権理念の危機――国民国家体制の矛盾』明石書店、六二―八一頁。

杉木明子　二〇一四「長期滞留難民と国際社会の対応――アフリカの事例から」墓田桂・杉木明子・池田丈佑・小澤藍（編著）『難民・強制移動研究のフロンティア』現代人文社、一八九―二〇七頁。

中山裕美　二〇一四『難民問題のグローバル・ガバナンス』東信堂。

ハーヴェイ、D　二〇〇七『新自由主義――その歴史的展開と現在』渡辺治監訳、作品社。

村橋勲　二〇一六「南スーダン難民の生計活動と対処戦略――ウガンダ、キリヤドンゴ難民居住地の事例」『難民研究ジャーナル』六：一六三―一七九。

Arensen, M. J. 2016. *If We Leave We are Killed: Lessons Learned from South Sudan Protection of Civilian Sites 2013-2016*. International Organization for Migration (IOM), Geneva.

Barnett, M. 2011. *Empire of Humanity: A History of Humanitarianism*. Cornell University Press, Ithaca.

Barnett, M. 2014. Refugees and humanitarianism. In Fiddian-Qasmiyeh, E., G. Loescher, K. Long, & N. Sigona (eds), *The Oxford Handbook of Refugee and Forced Migration Studies*. Oxford University Press, Oxford. pp. 241-252.

Betts, A., Bloom, L., Kaplan, J., & Omata, N. 2017. *Refugee Economies: Forced Displacement and Development*. Oxford University Press, Oxford.

Dryden-Peterson, S., & Hovil, L. 2003. Local integration as a durable solution: Refugees, host populations and education in Uganda,

UNHCR New Issues in Refugee Research, Working Paper 93. UNHCR, Geneva.

Kaiser, T. 2006. Between a camp and a hard place: Rights, livelihood and experiences of the local settlement system for long-term refugees in Uganda. *The Journal of Modern African Studies*, 44(4), 597-621.

Kaiser, T., Hovil, L., & Lomo, Z. 2005. We are all stranded here together: The local settlement system, freedom of movement and livelihood opportunities for refugees in Arua and Moyo Districts. *Refugee Law Project, Working Paper* 14, Refugee Law Project, Makerere.

Reid, J. 2013. Interrogating the neoliberal biopolitics of the sustainable development-resilience nexus. *International Political Sociology*, 7, 353-367.

UNHCR. 2017a. "Over $1.4 billion needed for South Sudan refugees in 2017" 15 May 2017 (http://www.unhcr.org/news/press/2017/5/591966294/us14-billion-needed-south-sudan-refugees-2017.html 二〇一七年七月一一日閲覧)

UNHCR. 2017b. South Sudan Situation Information Sharing Portal (http://data.unhcr.org/SouthSudan/regional.php 二〇一七年八月一七日閲覧)

UNHCR. 2017c. Uganda Refugee Response South Sudan Situation as of 4 August 2017. (http://reliefweb.int/sites/reliefweb.int/files/resources/123_Uganda%20Operational%20Update%20on%20the%20South%20Sudan%20Emergency%20Response%204%20August.pdf 二〇一七年八月一七日閲覧)

UNICEF Uganda. 2016. South Sudanese Refugee Crisis Situation Report, 5-12 August 2016. (http://reliefweb.int/report/uganda/unicef-uganda-south-sudanese-refugee-crisis-situation-report-5-12-august-2016 二〇一七年八月一七日閲覧)

第8章　ベーシック・ヒューマン・ニーズとしての文化遺産

ソマリランドの生活文化と考古学的発見

サダ・マイヤー（孫暁剛 訳）

1　序――人道支援のローカライゼーション

私は、私自身が経験したさまざまな激動を理解する上で、この東アフリカ遊牧民に関する国際ワークショップ（二〇一五年一二月に静岡で開催されたこのプロジェクトの国際ワークショップを指す）はとても興味深いと考えている。それは、私個人が難民として、人道支援の直接的、間接的影響を被ったからであるが、それだけではなく、とくにソマリ社会に関する遊牧の現在と古代の歴史を研究する研究者としても興味深く感じる。私は大学まで進学した遊牧民の第一世代であり、現在は遊牧民ソマリを対象とした考古学的な研究に従事している。本章ではこのような個人の経験と研究の両方から、遊牧民を対象とした人道支援のローカライズについて考えてみたい。

まず遊牧民の脈絡から緊急人道支援をローカライズするとはどのようなことかについて考えたい。私の理解では、ローカライゼーションとは人道支援を文化的に脈絡づけることにも関係している。それはたとえば「強制立ち退き」(displacement) について考えるとき、東アフリカの遊牧民にとって何が必要で何が必要ではないのか、遊牧民は自分たちの物質文化においてどういうものを維持しようとしているのか、遊牧民は持続と変化についてどのようなバランスを取ろうとしているのか、さらに、遊牧民が持つ技術について何が改善でき、何がより効果的で持続可能な技術に置き換えられるのかを検討することである。「接合領域接近法（本書序章参照）」は、人道支援のモデルにおいて、現在、人道支援の実務家の指針となっているような従来の前提を解体する見方を発見することによって、この問題に対して新たな問いかけをしようとしている。私はこのようなアプローチによって、人道支援を行う地域の主体（エージェンシー）は何であるか、そして、強制立ち退きを余儀なくされた人びとの対応のメカニズムとはどういったものかを発見することが可能になっていくだろうと考える。

2 遊牧文化の脈絡から互酬性・平和・包摂を考える

(1) 技術に対する遊牧民の主体的選択

第一に、人びとをたんに遊牧民としてカテゴリー化する前に、彼らはいつ、どのような理由で、どのようにして変化するのか、そして何を変化させるのか、を問う必要がある。彼らはどうして他の（古い）モノではなくこの（新しい）モノを使うのか。このモノ（あるいは考え）は彼らにとって必要なのか。彼らは、これらすべての問いを通じて、遊牧開発の専門家や援助従事者に対して、大きな問題提起をしているのである。

私は実地調査においてこれらのことを経験している。私のアシスタントのうちの何名かは遊牧民である。彼らが雇用された理由の一つは、彼らが持つ文化的景観との特別な関係と、居住地が遺跡に近く、遺跡を保存しやすかったことである。もう一つの理由は、彼らは電話を使うことができ、われわれに最新情報を伝えることができるからである。しかし、彼らが先進国の人びとよりもスマートフォンが好きで、そして上手に使っていることは、私にとって新鮮であった。彼らはスマートフォンを使って、Hadhwanaag 地方ニュースやＢＢＣのような国際ニュースのウェブサイトをみたりして、ラクダの価格や、サッカーの国際試合の結果や、その他の新しい情報を収集している。ソマリランドでは、新しい顧客を引きつけるために、電話会社が無料で太陽光発電の携帯電話を配布することはよくある。これは電気にアクセスできない遊牧民に適した戦略である。この事例は、技術への主体的選択のアプローチを示している。つまり、情報を口頭で伝える口承文化を持つ地域にとって電話という技術が選択されただけではなく、持続可能な太陽光エネルギーを利用することも、彼らの遊動的で変動が大きい生活に適している。

(2) 現代社会における互酬性の実践と文化価値

第二に、この遊牧民というカテゴリーを考える過程で、本書の各章において報告されているように、互酬性は、社会の各層において、実際に彼ら自身が主体的になり得るような見方を見つけられることを示している。そのしくみが、旱魃や紛争、そして環境等の問題に反応したり、対処したりする仕方といかに関係しているかをおそらく発見することができるだろう。このような伝統的でありながらも発展する関係は継続性を示している。電話と同様、文化と適合し、そのうえ歴史を持ち、さらに未来へとつながっている。

互酬関係のシステムは、後述するように遊牧活動に限られたものではない。たとえば、仕事や商売、海外からの送金などによって定収入を得ている人びとは、自らの家族だけではなく、それを必要とする親戚や友人、同僚とも共有している。これも私がこの地域で働いたときの経験から知ったことである。一般に、人びとが自分の懐に蓄えるのは月収のたった二〇%に過ぎないと私は考えている。その他は、共同の義務（クラン内の償いの義務や保険的義務）や誰かの医療や入院費用、子どもの結婚、葬式、子どもの誕生に対する経済的支援、親類の子どもの教育費の支払いなどに充当される。したがって、最大で八〇%が他人に充当されるのである。興味深いことに金を受け取った者たちはまた別の者たちにそれを分け与える。ここで私が二〇米ドルを誰かに、そして五〇米ドルを別の誰かにあげるとすると、彼らは各々がもらった金額の二〇%しか自分の手元におかず、残りを必要とする他者に与える。

このようにして、互酬関係は人間関係と経済的必要性の鎖によってつながりつづけていく。共有の文化によってコミュニティの安定性が保たれており、それは、ディアスポラ（diaspora: 離散者）の間でも同じである。本書第1章で示された食糧援助の事例からも同じことが読み取れる。たとえば、援助機関の基準を満たした被災者が、同様の状況に置かれながら基準を満たさなかった被災者に対して、自分たちが受けた援助を分け合っている例をみることができる。

しかし、互酬的信念の普及は不平等がないという意味ではない。実際には、国内的にも国際的にも、資源へのアクセスの不平等が増大する傾向によって、不平等がもたらされ、それは拡大しているのではないかと私は訝っている。それでも、国際的な送金がこの不平等を緩和する役割を果たしている。たとえば、西洋で働いている親戚がいて送金収入がある人は、近所の人に対しても（金銭的な）責任を負う。したがって、この意味での責任は、自分、家族、そして、親類を超えるものであり、これが社会の持続可能性にとって非常に重要である。

(3) 人道支援と平和維持における意思決定と文化

現在、私たちは援助従事者の矛盾を目撃している。彼らは現場で意思決定する役割があるが、このような意思決定の中には、前述した真の文化的価値、人びとを結びつけ、平和を促進し、平等と平等主義的価値観を構築する文化価値を図らずも破壊しうるものがある。

私はコミュニティの一部を排斥し、断絶をもたらす基準に言及した。地域住民の必要に対するこの種の基準や外部評価は、甚大な影響力を持つ。たとえば、二〇〇四年にソマリアで国際連合による暫定連邦政府（TFG: transitional federal government）が樹立された。ソマリ人はそのような政府を選んだことはなかった。「トップダウン」のアプローチによって、もっとも声の大きい地域指導者に高い地位が与えられた。これは、当時、ソマリ人から私が耳にした評価である。私は暫定連邦政府の最初の議論のときにたまたまケニアで古代遺跡の発掘をしていた。ナイロビのイシリー地区を訪問したとき、ソマリ人は、好戦的で民衆に認められていない人間が、代表者を捏造するために任命されたことに不満げであった。国際機関は地域住民にどのようなメッセージを伝えようとしたのか疑問である。ソマリアのような場所では、援助や人道支援は国際的な政治介入という点からみることが理解の上で重要である。もし、罪のない人びとを殺したと思われる人物が突然、共同体の代表に選ばれたとしたら、当然、権力闘争が起こる。人びと自身の結論を無視した意思決定は持続可能な解決方法を損なってしまう。ソマリアでは依然として起こっていることに対する解決の兆しはない。これは、援助関係の脈絡においてだけではなく、政治的な脈絡においても当てはまることであり、たとえば、サービスが潜在的な「トップダウン」のアプローチによって提供されたことに関係している。しかし、紛争地帯で将来の計画を立てることが困難な場合でも、互酬関係とレジリエンスのおかげで、人びとはただ待つのではなく前に進んでいる。

(4) マイノリティの文化的権利と包摂問題

ここで、この二つめの論点は、冒頭で提起した伝統的・地域的な主体（エージェンシー）と対処メカニズムに戻る。ソマリランドでは一九九一から九七年の間に、在来の紛争解決方法によって指導者たちが集まり、民兵の武装を解除し、平和条約が締結され、平和構築と和解のプロセスが示された。そして憲法が制定され、民主主義の萌芽が生まれた。その間に失敗もあったが、二〇年以上にわたって平和が維持された。ローカルなエージェンシーによって、人びとが共有できる文化的価値とコミュニティの責任意識が作り出された。その責任とは、資源を共有することによって生まれた他者に対する責任だけではなく、戦争をコミュニティの問題としてとらえ、コミュニティによってそれを解決すべきだという観点からの責任である。

さらに、ローカライゼーションの考え方はコミュニティの核心的な問題を提示する。つまり、遊牧民であれ、どこに住んでいる人びとであれ、地域住民は自分たちの生活場所を汚染したくないという意識を持つ。本書の終章では、

写真 8-1　ソマリの伝統的な家を建てる女性たち

遊牧民もまた強制立ち退きをつらいと感じている事例が報告され、遊牧民が定住民ほど強制立ち退きの影響を受けないという従来の前提が批判された。強制立ち退きをつらいと感じることは、遊牧民が土地や景観と結んでいる関係に心の傷を残すようなショッキングな変化が起こることを意味している。景観は、戦争や困難の記憶を連想させるだけではない。遊牧民の経験、技術、知識が特定の景観に結びついており、それは彼らの基本的なニーズを満たす手段を提供しているのである。それゆえ、食糧、避難住居、医薬品は、すべてローカルな資源とそれらについての人びとの知識とつながっている。もし、強制的に立ち退きさせられることになると、彼らは水や食糧、薬用植物、そして家を作るための木材を確保するのに苦労するようになる（写真8-1）。

土地とのかかわり方には潜在的な土地への所有権をはじめとして、さまざまな関係がある。強制立ち退きの際には、新しい土地でどう振る舞ったらいいかを知るのは難しいことである。誰がその土地を所有しているのか、自分はこの土地に帰属しているのか。この土地をどう耕したらいいのか。また家畜は土地とどうかかわればいいのか。自由に放牧できるのか。何をするのが許されているのか。自分の権利は何か。このように、ローカライゼーションの考え方は、場所という観点から考察することができる。

さて、そこで、現在の事例について考察すべきだろう。すなわち、共有された儀礼や疑似親族関係によって、後進的なコミュニティと定住的コミュニティとの間に交換経済における結びつきを作りだすことができるだろうか、という課題である。国家の設立プロセスという政治的行為において、クラン関係が組み込まれているのは一般的である。さまざまな民族を同質化するような、ある種の政治的に支配的な語りが構築されることは、その帰結の一つである。

しかし、同質的な装いと支配的な語りを持つことにより、国家の方向に人びとを動員する過程は、多様性を損なってしまう。しかし紛争時には、このような文化的価値は、まれな資源であるがゆえに優先的には扱われない。人種差別やアイデンティティや帰属問題も、ローカライゼーションに関連する問題である。たとえば、バントゥ系のソマリ人は地域住民ではないのか。彼らが土地や資源に対してどのような権利を持つのか。周縁化された人びとについて考えるならば、バントゥ系ソマリ人はまさに差別、周縁化され、そして抑圧に苦しんできた。本書においては、このような人びとをどのように扱ったらよいのであろうか。ソマリアはすべての人びとにとっての住まいであるのか、それとも、バントゥ系ソマリ人のように立ち退きを強制された人びとの場所なのか。とくに、文化的権利にかかわる問題を扱う際には、これらの闘争の主唱者たちの声に耳を傾け、ディアスポラと地域的に強制立ち退きさせられた人びとの両方を含めて、マイノリティの人びとについて議論し、彼らを支援できるような議論の場ができれば、私は大変興味深く思う。

3　ベーシック・ニーズとしての文化遺産

ここでさらに、ソマリアの文化遺産を研究する際の私の取り組みから得られた環境的な視点を通じて、人間に対するだけでなく、土地に対する暴力の問題について言及したい。基本的に、文化的に脈絡づけられた理論的枠組を持って地域コミュニティと一緒に活動するという観点からみれば、ローカライゼーションというアイディアは、考古学にも適用可能である。考古学を学びはじめたときに直面した疑問の一つは、地域住民がなぜ古代遺跡とともにアイデンティティを形成しないのか、という疑問であった。それだけではなく、地域住民は遺跡の破壊や博物館の略奪に対しても無関心である。私は西洋で教育を受けたため、博物館やモノは重要だと教えられた。地域住民に「あなたの遺産は何か？」と尋ねたとき、はじめて彼らは自分自身のローカルな観点から遺産について語りはじめた。それは、景観と経験に関して、祖父母から何を教わったのかとか、場所とかモノの制作の仕方といったことである。彼らが自分の文化について無知であったわけではないことを私は知るようになった。彼らは、自分たちの経験を通じて、文化的なモノや土器などについて私が知りたいすべての情報を知っていた（Mire, 2007）。この知識と記憶こそがモノ以上に彼らが大切にしていたものであると思われた。

そこで、私は自分がインタビューした人びとが遊牧民ではなく、ディアスポラであるにもかかわらず、彼らはこの知識に対する絶大な誇りを示し、遊牧文化にあったものを保存したがっていたことに気づいた。これは博物館や古代遺跡への無関心と対照をなしている。私はこれを疑問に思った。

私は、これが実に遊牧民の文化のあり方によるものだということを知るようになった。遊牧生活では人びとの手元に残るものは非常に少なく、その代わりに、（無形の）知識として保存される。彼らの生き方は、知識を口承によって語り継ぐことを通じて保存される。古代より、彼らは、昔からの実践と訓練を通じて、家の建造方法、モノの作り方や技術についての知識を保存してきた。自分たちの作るすべてのモノが有機物で、いつか消失しうるので、それを必要なときには、また作り直せる知識を保存する必要があったのである。私はこれを「知識中心型アプローチ（knowledge-centered approach）」と名づけた（Mire, 2007）。

ディアスポラの人びとでさえも、その知識を保存している。実際、このように生きた遺産と技術を保存することに気づいてから、私は、モガディシュの郊外で幾度かの夏を過ごした私自身の記憶を思い出した。実際、私たちはどのようにして家を建てるのかを学ぶことになっていた。戦争が起きてから数年後、私たちがそうした状況の中で生き延びることができたのは、このような技術のおかげなのである（Mire, 2015a）。彼らが実際に遺産を保存したのは、知識を通じてなのである。それは、基本的ニーズを満たすために実行され、物質化される知識である。これがきっかけとなり、文化遺産は人間の基本的なニーズであり、たんなる奢侈品ではないことに、私は気づかされたのである。

一九八〇年代にモガディシュで、私たちは、都市生活や都市の経済に片足を置きながらも、都市の外で自分たちの土地・文化・生活を実際に学びながら育てられた。これは多分、政府と都市経済に対する不信にも関係している。なぜならば、公務員も給料を受けとれないことがたまにあったからである。人びとは自らモノや文化的な製品を作らなくてはならず、とくに女性は、私の実母がそうしていたように、製品を市場で売ったり、親戚の必要を満たしたりするためには、そうしなければならなかった。

技術という点で、生活手段を実現し、物質化できるような備えのプランを常にもっておくというこうした方法は、すべて重要でありつづけてきた。そして、知識中心型アプローチのような知識を保存するアイディアは（Mire, 2007, 2011）、記念碑的な遺物やモノの保存を主眼とする考古学とはまったく異なるものである。実際に、知識の保存という考え方は、記念碑やモノを越えて、自分たちなりの過去の見つめる方法があるということを教えてくれたのである。

4 結論――遊牧活動と自然資源の利用に関する考古学

(1) 東アフリカの遊牧活動に関する考古学

考古学的な観点からみると、遊牧は少なくとも五〇〇〇年間は存在している（写真8‐2）。これにより私たちはより長期的な視野から遊牧について考えることができる。つまり、この驚くべき生業経済は少なくとも五〇〇〇年もの間、東アフリカの社会を支えてきたのである（Mire, 2008）。

では、実際にこの生業はどのように持続してきたのか。カテゴリーの問題に戻ると、興味深いことに、すべての人が遊牧民であったわけではない。時代によっては、人びとがそのときの環境要因や紛争によって一時的に遊牧をやめ、漁師となったりした。

私はケニアのヴィクトリア湖から発掘された動物化石群を分析する責任者であり、湖畔の貝塚を分析した。魚と貝殻だけが見つかると思っていたが、実際にはヒツジの歯も見つかった。東アフリカの農耕は西暦四〇〇年ごろにはじ

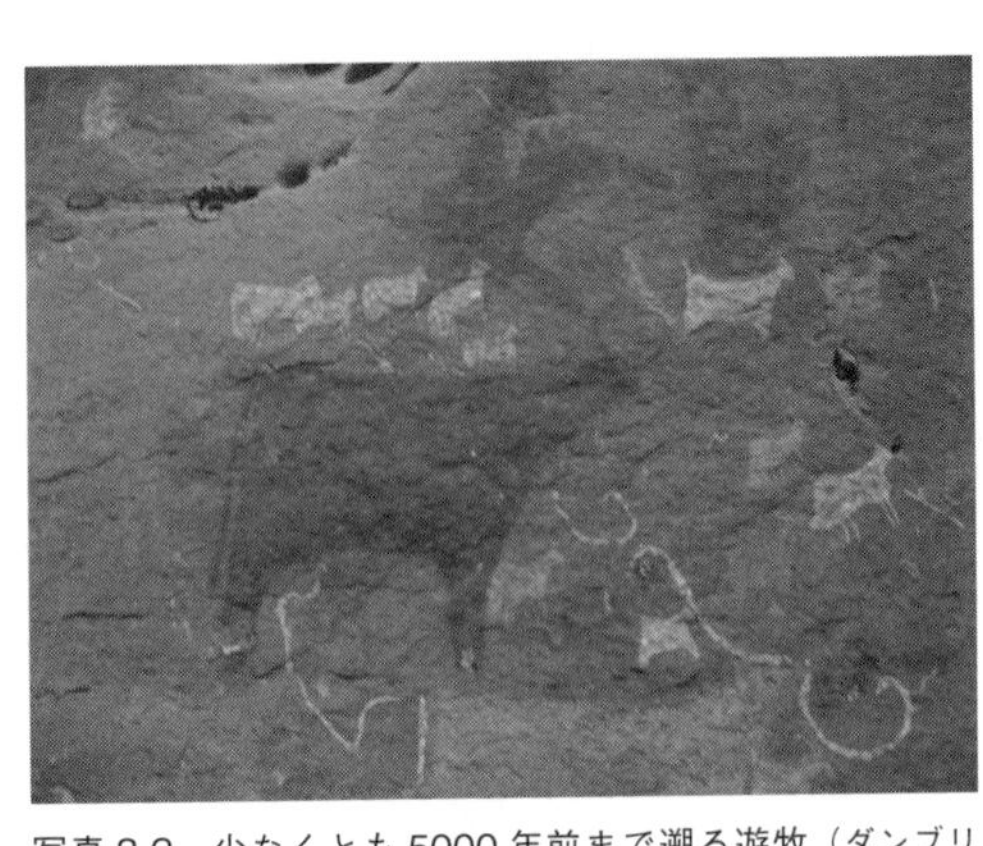

写真 8-2　少なくとも 5000 年前まで遡る遊牧（ダンブリアン岩壁画）

まったと私たちは考えていたが、これらのヒツジの歯は紀元前一五〇〇年まで遡るものだった（Lane et al. 2007）。つまり、ヴィクトリア湖周辺の人びとは少なくとも四〇〇〇年もの間、牧畜、漁業、狩猟からなる混合的な生業を行ってきたのである。同じように現代においても、紛争や強制立ち退きによって人びとが一時的に生業を変えることがある。たとえば、ソマリ人は戦時中、通常では行わない狩猟をはじめたことによって生き延びたが、それによって狩猟採集民になったわけではない。

これと同様に、現在の地域の問題をみるとき、過去に人びとがそれとよく似た問題にどう対処してきたかを考察する必要がある。私が専門家として、またその地域に住む一個人として、度々かかわってきたすべての問題、たとえば古文化財の略奪、遺跡の破壊、ソマリノロバ（Somali wild ass: 学名：*Equus africanus somaliensis*）の密猟、鳥の固有種の狩猟、違法な漁撈、有毒廃棄物の投棄、木の焼却などの違法行為は、程度の差こそあれ、東アフリカ全体を通じた地域問題である。

(2)　文化遺産からみる地域の環境問題

また、土地の浸食や、旱魃や、侵略性植物の拡散などの問題もある。ソマリランドのボンという町はサボテンに完全に占有された（写真８-３）。地域住民は現在、すべての食糧を輸入に頼っている。サボテンは地域の従来の植物相に取って代わり、そのせいで動物相も死に瀕している。たとえば、ラクダはサボテン以外に食べるものがない。数年前、私がこの町を訪れたとき、知事が死んだラクダの腹を見せてくれた。ラクダの胃はサボテンの棘に刺されてくっついていた。また、家畜がサボテンを餌としていることは広く知られているため、遊牧民は家畜を売ることもできない。では、ボンの人びとはどうしたらよいのか。そして政府や国際社会は何ができるのだろうか。

ボンの町の近郊に重要な古代遺跡がある。アバッサ（Abbasa）という名前で知られるこの遺跡も、サボテンによって完全に覆われている（Mire, 2015b）。私にとっては、サボテンは生計問題だけではなく、遺跡へのアクセスを阻む点でも問題である。一方、サボテンは同時に、略奪者から遺跡を保護する役割も果たしている。この例のように、遊牧民とその家畜が直面している環境問題は、考古学的な研究や、ツーリズムを通じてもたらす便益や地域の雇用などにも影響を及ぼす。

写真 8-3　アバッサの古代遺跡とソマリランドのボン町はサボテンに完全に占有された

考古学的な調査研究に影響を与えるもう一つの環境問題は炭焼きである。自然と文化の混合した景観を残すハルゲイサ近郊のルクード（Lukuud）という石器時代の遺跡は、ツーリズムにとって大きな可能性が期待できる。そこには石器時代の遺物や岩壁画があるが、現在は環境問題に直面している。人びとが遺跡の木々を切り倒し、それが長期的に遺跡の等級に影響を与えるかもしれない。その景観はもう文化と自然の混合したものであるとはみなされなくなってしまう。人びとは木々を切り倒すだけでなく、炭を焼くために穴を掘る。そうすることによって古代の地層や物質文化が侵害を受ける。木炭を売って短期的な利益を得ることによって、地域の長期的・持続可能なツーリズムの可能性を損なってしまっているのである。

さらに、人びとはヘルスケアにとって重要な樹木を切り倒してしまうが、これらの樹木は再生するのに時間がかかるため、自分たちの未来を破壊する悪循環に陥っている。ブッドレア（写真８‐４）（学名：*Rotheca*

写真 8-4　ブッドレア（ティイア）*Rotheca myricoides*

写真 8-5　アフリカン・オリーブ（*Olea europaea* sp. *africana*）の木

myricoides）のような森の樹木は、さまざまな病気の治療に用いられる。日本人を含む多くの研究者が、これらの植物を研究し、心臓病やアレルギーの治療にとって重要な成分を含んでいることや、解毒剤としても役立つことを見出している（Mire, 2016）。

そしてアフリカン・オリーブ（方名：*waga* 学名：*Olea europaea* sp. *africana*）（写真８‐５）も、かつては神聖なものであったが、今は切り倒されている（Mire, 2015c）。従来、在来の社会的な制度によって神聖な森として宣言された場合、それはたんに精神的な意味づけだけではなく、人びとがそれを切り倒したり不当に扱ったりするのを止めさせる保全メカニズムとして働くことがよくある。これは遊牧民が景観を保存するある種の方法である。アフリカン・オリーブの硬い木は、実用面、医療面、精神面などでさまざまな機能を担っている。このような文化的価値がすべて崩壊するとき、精神的な傷が生じる。二〇一一年の旱魃では正式に雨乞い師が組織され、ハルゲイサのサッカー競技場で大統領主導のもと雨乞いが行われた。興味深いことに、このような祈祷は実際に伝統的なソマリア文化に結びついているのである。イスラム教の伝来以前においても、雨乞いのための儀式は、聖なる木、井戸、山など神聖な景観のもとで行われた。このような聖地や神聖な景観は、今でもイスラム教やモスレムの聖者の祝賀に結びついた重要な場所である（Mire, 2015c）。このような景観は遊牧民にとって重要であり、そして知識中心型アプローチによって、それにかかわる実践、景観、技術が保存されている。

緊急時には精神的で文化的なニーズが忘れられがちだが、人びとは生き残り、持ち直すのに食糧が必要なだけでなく、道徳的指針となる自分たちの文化遺産が必要である。これらは人間が生き延びる上で、呼吸をすることに勝るとも劣らない重要性を持つ。尊厳を持って生きる権利は、たんに食糧を持つだけでなく、自分たちの文化的価値を持つことであり、さらにはその文化を承認されたものとし、保護することでもある。

(3) 文化遺産の多面的価値の再評価と活用

最後に、強制立ち退き問題を解決に導いたり、平和を作り出す文化を醸成し、人びとを結びつけたりするために、文化が、それらの問題を着地させる役割の一部をどのようにして担いうるのかについて議論を提起してみたい。文化は政治的な状況と結びついている。遊牧民である私たちは、文化が（実際にソマリランドで起こったように）紛争解決に寄与すること、また、潜在的に経済成長の恩恵をもたらすことも知っている。文化遺産はソマリランドにおける紛争後の経済に貢献している（Mire, 2011）。たとえば、岩壁画遺跡の一部は現在ツーリズムに使われている。また、さまざまな土地に立ち退きさせられた遊牧民は、遺跡ツーリズム資源の開発の一翼をこれから担っていくことができる可能性を持っている。環境的にも、戦争や強制立ち退き、そして年配層の自然死などによって、知識を失いつつある。特定の実践に関する知識が必要である。緊急に記録する必要がある分野の一つは民族植物学で、燃やされてしまった樹木とともにそれに関する知識も失われつつある。

文化遺産は人びとが自分たちの基本的ニーズを満たす能力の基礎となるものであると結論づけられる。環境や経済、セキュリティ、社会生活、健康、教育は、いずれも、景観についての文化的知識および人びとのダイナミックなアイデンティティ、実践、そして信仰とともに発展していくものなのである。

参考文献

Lane, P.J., P. Lane, C. Ashley, O. Sietsonen, P. Harvey, S. Mire & F. Odede 2007. The transition to farming in eastern Africa: New faunal and dating evidence from Wadh Lang'o and Usenge, Kenya. *Antiquity*, 81: 62–81.

Mire, S. 2007. Preserving knowledge, not objects: A Somali perspective for heritage management and archaeological research. *African Archaeological Review*, 24(3–4): 49–71.

Mire, S. 2008. The discovery of Dhambalin rock art site, Somaliland. *African Archaeological Review*, 25(3–4): 153–168.

Mire, S. 2011. The knowledge-centred approach to the Somali cultural emergency and heritage development assistance in Somaliland. *African Archaeological Review*, 28(1): 71–91.

Mire, S. 2015a. Opinion: Beautiful Somali buildings are rising up in a former war zone. It gives me hope. *The Guardian*, September 13, 2015.

Mire, S. 2015b. Mapping the archaeology of Somaliland: Religion, art, script, time, urbanism, trade and empire. *African Archaeological Review*, 32(1): 111–136.

Mire, S. 2015c. Wagar, fertility and phallic stelae: Cushitic Sky-God belief and the site of Saint Aw-Barkhadle in Somaliland. *African Archaeological Review*, 32(1): 93–109.

Mire, S. 2016. 'The child that tiire doesn't give you, God won't give you either.' The role of *Rotheca myricoides* in Somali fertility practices. *Anthropology and Medicine*, 23(3): 311–331.

第9章　レジリエントな社会の構築とソーシャル・キャピタル

エチオピアの遊牧民・農牧民コミュニティにおける旱魃対策支援

島田　剛・本村美紀

1　序――災害に強いレジリエントな社会には何が必要か

一九九〇年代以降、アフリカにおける自然災害の数は急増している。これは気候変動の影響によるものと思われるが、こうした自然災害の増加は人びとの生活や、彼らの農業、遊牧などにどのように影響するだろうか。本章では最初に、その経済的影響について定量的な分析を行い、地域的な差はあるものの農業、森林、家畜、人びとの消費活動（すなわち生活レベル）などへの影響が大きいことを明らかにする。では増加する災害に国際社会はどのように対応し、レジリエントな社会を構築していけばよいのだろうか。これはいわば人道支援が必要になる前の段階でどのように予防的な支援を行うべきなのかという問いでもある。本章の後半ではエチオピア・オロミア州の遊牧民・農牧民コミュニティにおける国際協力機構（ＪＩＣＡ）の旱魃対策プロジェクトの事例をとりあげ、その社会に存在するソーシャル・キャピタルを重視した支援のあり方に解決の鍵があることを論じたい。

2　急増するアフリカの自然災害とその生活への影響

(1)　どのような自然災害がアフリカのどの地域で起きているのか？

自然災害の発生頻度は一九八〇年代から世界的に増加しているが（Shimada, 2015a）、アフリカに限った場合はどうだろうか。そこで、エム・ダット（EM-DAT）のデータベースを用いてその傾向を分析してみた。エム・ダットは、ベルギーのルーヴェン（Louvain）・カトリック大学災害疫学研究センター（ＣＲＥＤ）によって作られたデータベースである。エム・ダットには一九〇〇年から今日までの、世界の二万二〇〇〇件を超える大規模災害に関する災害データが含まれている。

このデータベースを元に作成した図９‐１は、世界的災害の増加傾向はアフリカにおいても同様であることを示している。一九九〇年代に自然災害が徐々に増加し、二〇〇〇年代から現在までにさらに頻繁になっている。この急増の傾向は今後のアフリカにおけるさまざまな政策が自然災害をまれな出来事として考えるのではなく、かなりの高い確率で発生する可能性があることを考慮に入れないといけないということを示している。

では、どうして災害が急増しているのだろうか。この問いに答えるためには、より詳しく自然災害が増加している傾向を調べる必要がある。先ほどと同じデータベースから自然災害のタイプに分けて分析を行ったものが図９‐２である。この図が示すようにアフリカにおいては旱魃と洪水がもっとも大きな災害の原因となっている。つまり、アフリカにおいては降雨量が著しく多い地域と、逆にほとんど降雨がない地域があるということである。両者とも気候変動と密接な関係のある災害である。これらの災害原因はたとえば、日本では地震や台風が多数を占め、災害の種類がかなり異なっている。つまり災害の発生パターンには地域的な差があり、アフリカは気候変動の影響をより強く受けているということがわかる。

図９‐３は、アフリカのどの地域において自然災害が多いかを示している。これによるとアフリカの中でも地域的

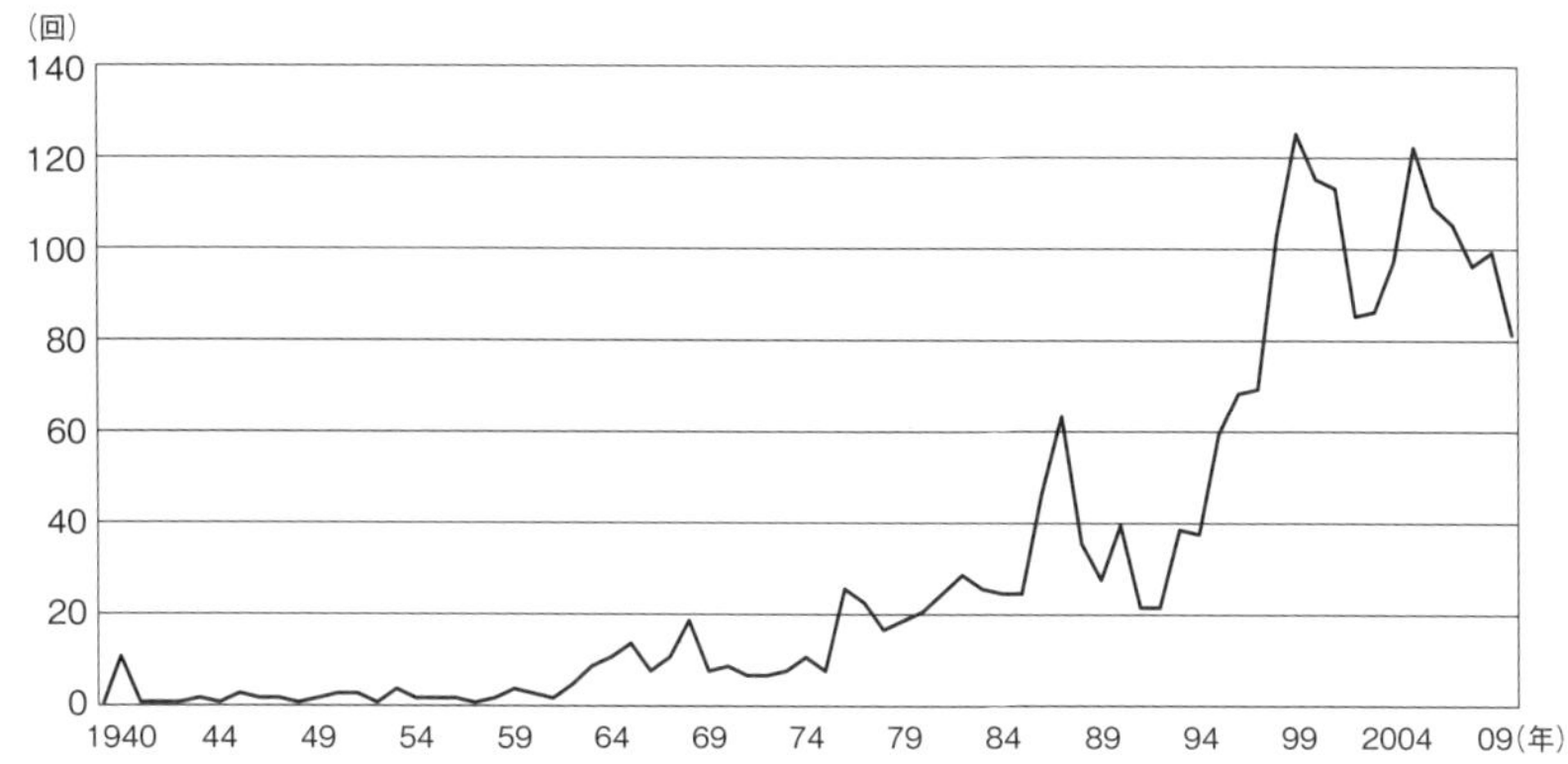

図 9-1　アフリカにおける自然災害発生数

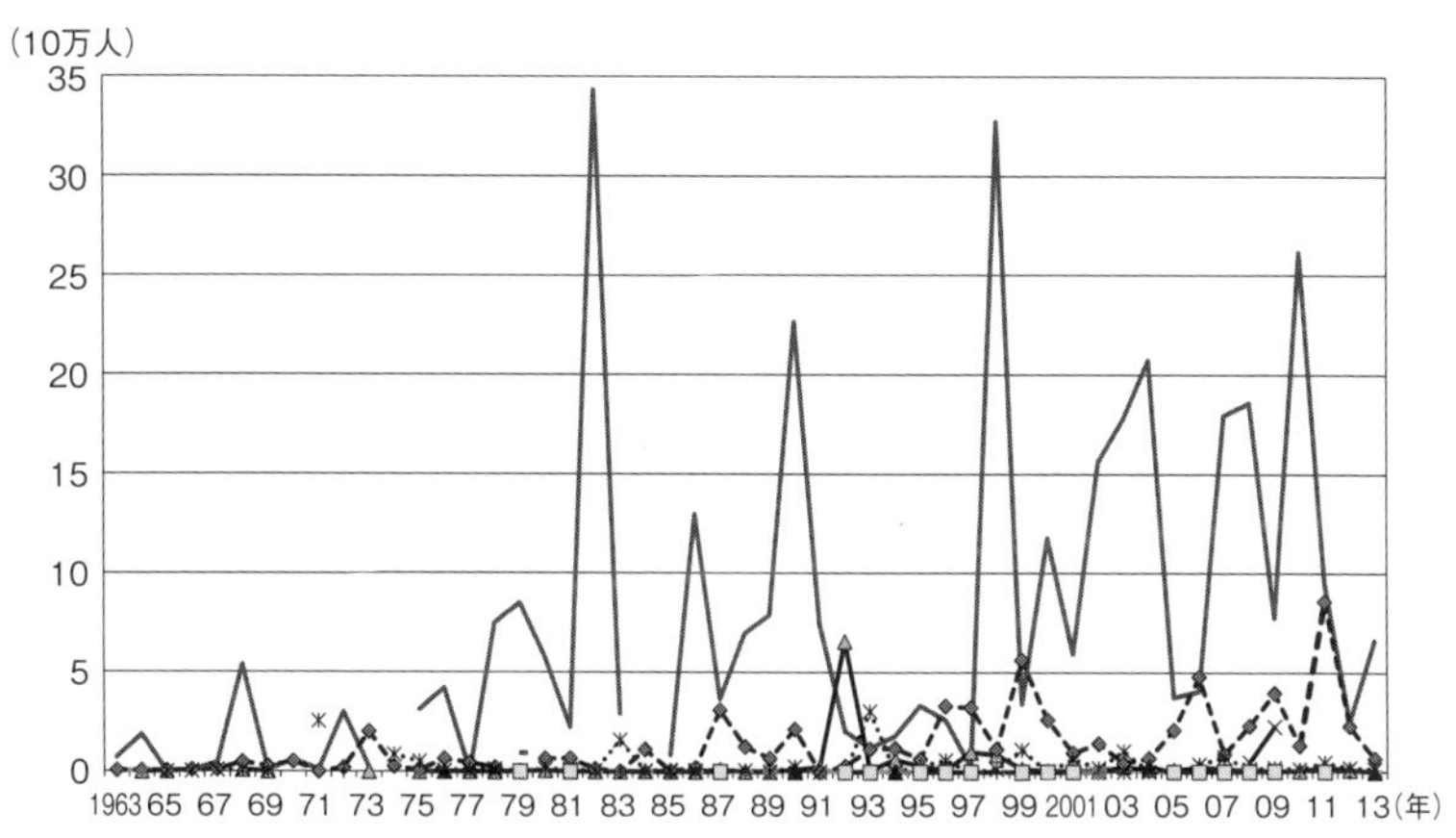

図 9-2　アフリカにおける自然災害のタイプ別にみた被災者数

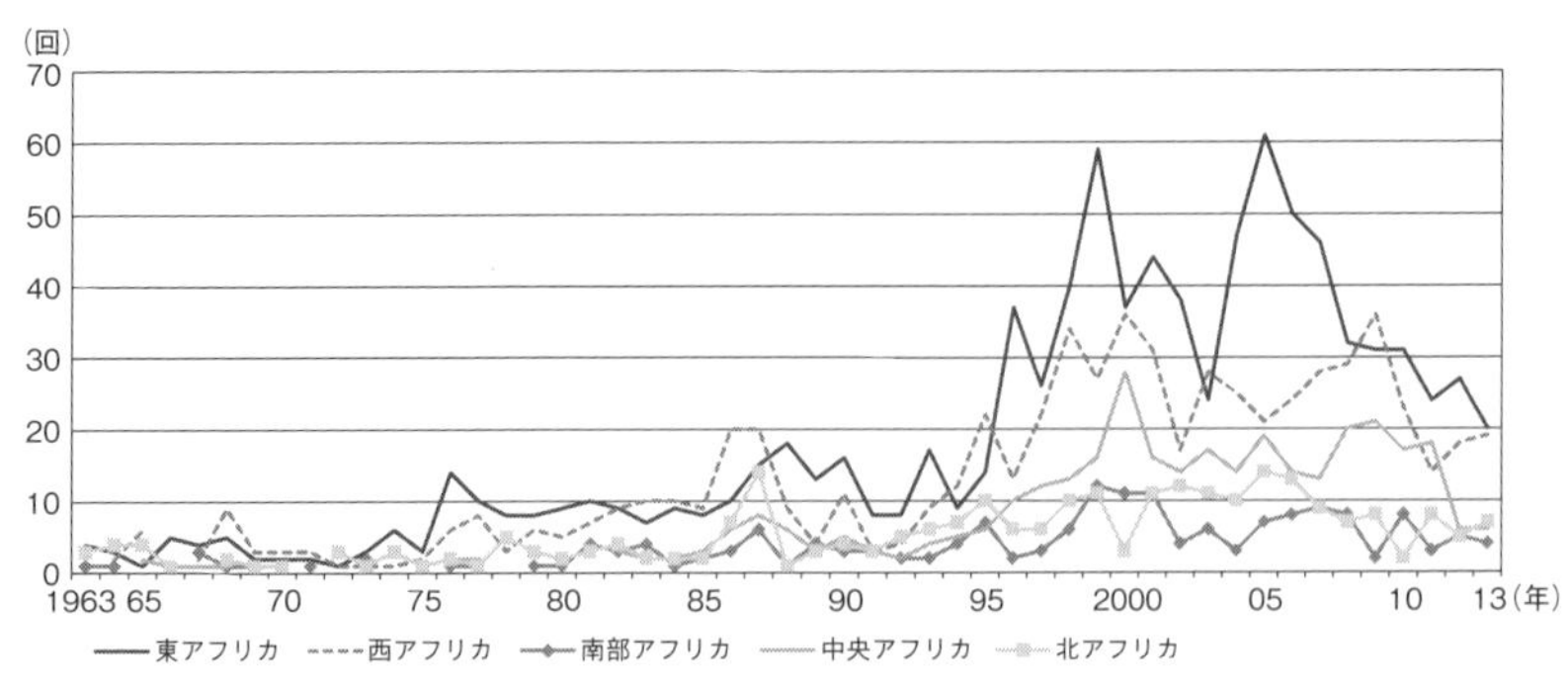

図 9-3　アフリカにおける地域別の自然災害発生数

な差が大きいことがわかる。とくに自然災害が多いのが東アフリカであり、これに西アフリカと中央アフリカがつづいている。一方、北アフリカと南部アフリカの状況は、他の地域よりは比較的安定しているようだ。これまでに見てきたようにアフリカでは異なる種類の災害が、アフリカの各地域に異なる影響を及ぼしており、その影響は均質ではなくばらつきがある。

では自然災害はアフリカの人びとの生活や、彼らの農業、遊牧民の家畜などにどのような影響を与えているのだろうか。これらについて、次項でみてみたい。

(2)　自然災害による家計や農業、家畜などへの影響は？

現在までのところ、気候変動が人びとの生活や農業・家畜に及ぼす影響については定量的な手法ではほとんど研究されていない。最近、地球規模で自然災害が作物の生産に与えた影響を分析した研究結果（Lesk, et al., 2016）が報告されたが、[1] 本章はアフリカのみに焦点を当てており、クロスセクション（横断面データ）ではなく、パネルデータ（時系列と横断面データの組み合わせ）で分析を行った。また、長期トレンドによる影響を考慮して、自己回帰モデルを用いた（Beck and Katz, 2004）。家計・農業・畜産の長期的な変動を除去し、自然災害による影響を分析するためである。

分析に使ったデータは世界銀行と食糧農業機関（ＦＡＯ）の既存のデータである（FAO, 2016, World Bank, 2016）。マクロ経済データは、世界銀行から入手可能な「アフリカ開発指標」を活用した。また、農業と家畜のデータについて

表 9-1　パネルデータの記述統計（57 か国、1961-2015 年）

変　数	*N*	平　均	標準偏差	最小値	最大値
家計一人当たり最終消費成長率（%）	1,363	1.861	11.856	-45.363	219.142
一人当たりGDP成長率（%）	2,164	1.384	6.671	-50.29	92.586
農業生産指数（2004-2006 = 100）	2,536	71.881	28.41	14.23	192.72
災害発生数	2,824	0.867	1.403	0	12
死亡者	2,824	320.613	6,874	0	300,000
農地（全土地に占める%）	2,567	44.146	21.498	2.456	91.16
森林面積（全土地に占める%）	1,163	28.477	23.618	0.044	88.478
穀物生産の土地面積（ヘクタール）	2,450	1,580,696	2,523,846	2	19,400,000
トウモロコシ生産の土地面積（ヘクタール）	2,352	468,564.60	822,798.10	2	6,008,470
ロバ（頭数）	2,345	317,253	771,643	5	7,428,037
ウシおよびスイギュウ（頭数）	2,986	3,565,560	6,386,310	0	56,700,000
ニワトリ（1,000 羽）	2,883	16,293	27,707	7	200,000
ヒツジとヤギ（頭数）	2,991	7,153,798	13,000,000	1,700	112,000,000
ウマ（頭数）	2,064	113,937	295,361	0	2,750,000
ブタ（頭数）	2,641	325,418	685,080	333	7,471,730

出所：著者作成

はＦＡＯが構築している統計データ集ＦＡＯＳＴＡＴを利用した。表９・１はそのデータの内容について記した記述統計である。標準偏差が大きい変数に関しては対数を取った。したがって分析のモデルは大部分が両対数モデルである。

表９・２、表９・３および表９・４はこれらのデータを元に分析した回帰分析結果である。本章ではパネルデータを使用しているため、プーリング回帰モデル、変量効果モデルと固定効果モデル分析を実施した。この三つの回帰分析手法のうち表では変量効果モデルの分析結果を示している。これは、どの分析手法がより適切かを判断するために実施した四つのテストにより変量効果モデルがもっとも適切であるとの結果による（四つのテストとはF-test、Hausman テスト、Breusch & Pagan Lagrangian 乗数テスト、および Suest テスト）。

表９・２は、自然災害と一人当たりＧＤＰ、一人当たりの家計最終消費支出、農業生産指数との関係を示している。モデル（一）～（三）は、

表 9-2　自然災害と主要指標の相関分析

モデル	(1)	(2)	(3)	(4)	(5)	(6)
従属変数	一人当たり GDP 成長率（log）	家計一人当たり最終消費成長率（log）	農業生産指数（log）	一人当たり GDP 成長率（log）	家計一人当たり最終消費成長率（log）	農業生産指数（log）
一人当たり GDP 成長率（log）（1 年ラグ）	0.163 [5.05]***			0.164 [5.07]***		
消費（log）（1 年ラグ）		0.124 [2.75]***			0.123 [2.73]***	
農業生産指数（log）（1 年ラグ）			0.963 [167.00]***			0.962 [166.10]***
自然災害発生回数	-0.006 [-0.22]	-0.049 [-1.56]	0.007 [4.50]***			
自然災害発生回数（1 年ラグ）				0.005 [0.21]	-0.068 [-2.25]**	0.008 [4.73]***
定数項	0.868 [15.36]***	1.189 [14.53]***	0.170 [7.22]***	0.856 [15.37]***	1.213 [14.87]***	0.174 [7.33]***
N	983	570	2483	983	570	2483

* p<0.1, ** p<0.05, *** p<0.01
カッコ内は t 値

自然災害が発生したその年における災害と先の三つの変数との関係を分析したものである。また、モデル（四）～（六）は、自然災害が発生して一年後（ラグ）の関係を分析している。モデル（四）～（六）の独立変数はすべて統計的に有意となっている。つまり、自然災害の影響は発生したその年だけではなく長期的にインパクトを持つことを示している。

モデル（一）～（三）によると自然災害が発生したその年で統計的に優位になったのは農業生産指数のみで一人当たりGDPと家計支出はそうではなかった。しかし、先に見たモデル（四）～（六）が示すように、自然災害の翌年には家計支出に対しては負の統計的に有意な結果が出た。つまり、少しの時間差を置いて人びとの生活、すなわち消費生活に影響が出るようになったことがわかる。家計支出が下がったということはすなわち家計の消費レベルが下がったということである。消費は生活水準の代替変数であり、この結果が示すことは自然災害から一年後に人びとの生活水準が低下し、自然災害の影響が短期だけではなく長期にわたるということがわかる。

一方、農業の変数である農業生産指数はプラスに統計的有意になっている。すなわち、自然災害の翌年に農業の生産が

表 9-3　自然災害と土地利用

モデル	(7)	(8)	(9)	(10)	(11)	(12)	(13)	(14)
従属変数	農地（ha）		森林面積（全体の土地に対する％）(log)		穀物生産の土地面積（ha）(log)		トウモロコシ生産の土地面積（ha）(log)	
自然災害発生回数（log）	493,992.920 [2.65]***		-0.034 [-4.98]***		0.146 [7.87]***		0.156 [5.20]***	
自然災害発生回数（log）（1年ラグ）		597,036.602 [3.15]***		-0.039 [-5.36]***		0.140 [7.26]***		0.158 [5.13]***
定数項	27447489.5 [203.71]***	27,325,322 [200.69]***	2.666 [478.83]***	2.663 [448.31]***	13.456 [996.18]***	13.444 [968.93]***	11.745 [534.67]***	11.733 [522.16]***
N	1093	1060	720	713	1084	1052	1056	1024

* $p<0.1$, ** $p<0.05$, *** $p<0.01$
カッコ内は t 値

増加したということを示しているが、この指数は、価格と生産量の複合指数であることに留意する必要がある。つまり、生産の増加ではなく、むしろ生産の減少にともなう価格の上昇によってこの指標がプラスになっている可能性があり、この結果だけをもって災害後に農業生産が増加しているとまでは結論づけることはできない。そこで、さらに他の変数を見ていくことにする。

そこで表9-3ではその他の変数への影響を分析した。その他の変数とは、農地面積、森林面積である。とくに農地では農地全体への影響だけではなく、もっとも基本的な作物である穀物及びトウモロコシそれぞれの作付面積の変化も分析した。この分析では自然災害の発生にともない、自然災害の年だけでなく翌年にも農地が拡大したことがわかる（モデル（七）〜（八））。さらに、これらの係数が非常に大きく、自然災害の土地拡大への影響が大きいこともわかる。これらの結果は、農家が災害の影響に対処するために農地を拡大していることを意味する。その規模は自然災害が発生するたびに、約五万ヘクタールの新しい農地が開拓されることになる。これは自然災害によってこれまで持っていた土地からの収穫が減少する結果、この減を補うために農地の拡大により対応している結果ではないかと思われる。加えて食料価格の上昇に応じて農作物の生産量を増やすために農地を拡大した結果も含まれていると思われる。同様の結果は、二つの作物を分析したモデル（一一）〜（一四）によっても確認できる。

表9-4　自然災害と家畜

モデル	(15)	(16)	(17)	(18)	(19)	(20)	(21)	(22)	(23)	(24)
従属変数	ウシとスイギュウ（頭数）(log)		ニワトリ（1000羽）(log)		ヒツジとヤギ（頭数）(log)		ウマ（頭数）(log)		ブタ（頭数）(log)	
自然災害発生回数(log)	-0.013 [-2.36]**		-0.016 [-1.66]*		-0.014 [-1.73]*		-0.027 [-2.68]***		-0.012 [-1.11]	
自然災害発生回数(log)（1年ラグ）		-0.013 [-2.36]**		-0.018 [-1.88]*		-0.017 [-2.21]**		-0.031 [-3.07]***		-0.017 [-1.57]
定数項	14.723 [631.95]***	14.738 [627.71]***	9.619 [231.17]***	9.639 [230.97]***	15.481 [455.67]***	15.517 [459.76]***	9.934 [227.20]***	9.943 [227.33]***	12.051 [260.75]***	12.089 [261.20]***
N	886	865	878	857	886	865	652	637	824	804

* $p<0.1$, ** $p<0.05$, *** $p<0.01$
カッコ内は t 値

また自然災害は森林破壊にも大きな影響を及ぼしていると思われる。モデル（九）は自然災害が発生した年に、おもに災害そのものによって森林破壊が進んだことを示しており、モデル（一〇）は自然災害の一年後に農地を拡大するために森林が破壊された結果を示している。

では、自然災害は家畜にどのような影響を与えるだろうか。表9-4は自然災害の家畜（ウシ、スイギュウ、ニワトリ、ヒツジ、ヤギ、ウマ、ブタ）への影響を分析したものである。ブタを除いて、他のすべての家畜は自然災害が発生した年と翌年（ラグ）の両方で頭数の減少が統計的に有為な結果となっている。これはつまりおもな家畜（ウシ、スイギュウ、ヒツジ、ヤギ、ウマ）は、自然災害の直接的および間接的な影響を受けるということを指し示している。ここでいう直接的な影響とは、自然災害そのものの影響で家畜が減少してしまうことであり、間接的な影響とは災害発生による食糧不足のために家畜が売買され減少することを指している。

3　災害の被害にどう対処するか

⑴　国際社会の役割は何か？

それではアフリカはこれまで見たような自然災害の急増にどう対処すべきなのだろうか。また、日本を含む国際社会はどのように支援を行うべきなのだろうか。対処方法の一つは気候変動に取り組むことである。これは長期的な取り組みである。グローバルな合意に達するには時間がかかり、そのような措置が発効するまでにはさらに時間がかかるからである。

短期的に重要な取り組みは、レジリエント（強靭）なコミュニティを作り上げることである。レジリエントなコミュニティを作り上げることができれば、これらのコミュニティは自然災害を受けても対処が可能になり復旧や復興など災害前の生活を取り戻すまでの時間が短くなる。では自然災害が急増している現在、どうしたらレジリエントなコミュニティをアフリカで作り上げることができるのだろうか。ここ数年、さまざまな研究がレジリエントな社会を作り上げる重要な要素としてソーシャル・キャピタル（社会関係資本）に注目し実証研究を行ってきている（Aldrich, 2012, Shimada, 2014, 2015a, 2015b, 2015c, 2015d）。ただこれらの研究は、おもに途上国ではなく先進国を事例としてとりあげてきており、アフリカでの事例研究はほとんどない。そこでこの節では、ソーシャル・キャピタルがアフリカにおいてレジリエントな社会を作り出すことになるかどうかを検討したい。また、それは同時にどのような援助が必要かを検討するということでもある。

⑵　レジリエントな社会の構築にあたりソーシャル・キャピタルの役割とは何か？

レジリエントな社会についてはさまざまな定義がある（これらの定義の詳細な議論についてはShimada 2015aを参照）。

よく日本国内ではインフラの復旧を指して復旧あるいは復興という言葉を使う。しかし、我々も東日本大震災などを通じて経験している通り、インフラの復旧は比較的容易でも人びとの生活、あるいは社会や人間はそうではない。失われた生活・社会が元に戻るのはかなり困難である。そうした意味ではレジリエントな社会とは、社会の機能が早く元に戻る社会であると定義できるだろう。もう少し具体的に見ると、レジリエントな社会とは次のような「能力」を持つ社会である。それは、①災害の影響を軽減する能力があり、②復旧・復興により社会機能をできるだけ早く戻す能力があり、③将来の災害を防止する能力がある社会である。

では、なぜソーシャル・キャピタルはレジリエントな社会を構築する上で、とくに前述のような「能力」を持つ上で重要な要素であると考えられるのだろうか。

これには三つの理由がある。それはソーシャル・キャピタルが「共同」、「共助」、そして「協働」の三つの役割を果たすからである。

一つひとつ見ていこう。第一に「共同」である。自然災害はその社会にあったソーシャル・キャピタルを壊すものである。自然災害によって人びとはそれまで住んでいた土地を追われ、ある場合には家族を失い、見知らぬ人たちと馴染みのない場所で生きることを強いられる（そしてときにはそれらの見知らぬ人と小競り合いや紛争に陥ってしまうことも珍しいことではない）。こうした状況で、とくにコミュニティ内のメンバー間の信頼感が低い場合、人びとの生活が非常に困難なものになるのは容易に想像がつく。自然災害の後にソーシャル・キャピタルを強化するという場合、ほとんどの場合において壊されてしまったソーシャル・キャピタルの再構築という側面を持っており、それはときとして新しい社会の構築、新しい共同関係構築ということである場合も多い。ソーシャル・キャピタルが高まれば、共同関係を築くことができ、生活を取り戻す基礎を作り出すことができるのである。

第二に「共助」である。自然災害に直面した人びとはほとんどの場合、親類や隣人、すなわちソーシャル・キャピタル以外に頼れるものがない。自然災害発生直後に外国からの援助団体やその地域の地方自治体が住民のニーズを把握し、それに応じた支援をするのには限界がある。それぞれの人びとは、彼らの置かれた特定の状況の中でさまざまなニーズを持っているからである。災害直後に出てくるそうしたニーズは当然のことながら量も多く、行政が把握するのは難しく、ましてや現場の土地感覚のない外国の援助団体がきめ細やかに対応するのも（局地的には可能でも全体では）やはり難しいからである。被災のあった地域で、隣人や親類は誰が困っているかを把握できても外部者がそうした情報を集めることには限界がある。このため、災害の困難な状況に直面したときに最初に助けられるのは隣人や親類である。言葉を変えていえば、「共助」という形でソーシャル・キャピタルがインフォーマルな保険として機能しているということである。

第三は「協働」である。社会機能を元どおりにしていく復旧・復興期には、多くの場合、個々の世帯ではなくコミュニティ全体での協働が必要となる（たとえば、阪神淡路大震災や東日本大震災の後でも復興の方向性で地域がまとまるかどうかがその後の復興の進展上、とても重要であった）。ソーシャル・キャピタルが多い地域ではこうした協働、あるいは集団での行動が可能になる場合が多い。

4　旱魃が繰り返し発生する中での支援のあり方

(1)　エチオピア・オロミア州遊牧民・農牧民コミュニティ

ではそうしたソーシャル・キャピタルを中心にどのようにレジリエントな社会を作ったらいいのであろうか。アフリカにおいてＪＩＣＡ等の援助機関はどのような支援をすべきなのだろうか。本節では、エチオピア・オロミア州南部に位置するボレナゾーンにおいて、旱魃に対するレジリエンスを構築するために、ＪＩＣＡが実施した「農村地域における対応能力強化緊急開発計画策定プロジェクト」をとりあげる。このプロジェクトは、レジリエンスを構築する上でソーシャル・キャピタルが果たす役割を重視し、二〇一二年から二〇一五年まで実施された。このプロジェクトでは、天候インデックス保険を含む複数の取り組みを行ったが、本章では、コミュニティの従前からの開発活動を支援したコミュニティベースのプロジェクト（Community Based Project）に焦点を当てる。

ボレナゾーンの面積は約四万五〇〇〇平方キロメートル、人口は約一一〇万人である（CSA, 2011, 2012）。ボレナゾーンでは、グジやコンソといったさまざまな民族集団が高地から移住し、同地域で頻発する旱魃に対処するために、一九七〇年代に農業をはじめた。気候の面から、ボレナゾーンはエチオピアでももっとも脆弱な地域の一つであり、近年の旱魃からも深刻な影響を受けている（気象データはJICA, 2016）。ボレナのコミュニティは、家畜を移動させることにより、牧草や飼料の確保に努めているが、十分な降雨がなく、牧草・飼料が確保できないことも多い。二〇一〇／一一年の旱魃発生時には、同地域の飼育頭数の約一三％にのぼる約一三万一〇〇〇頭のウシが死亡したと報告されている（JICA, 2013）。

このプロジェクトでは、ソーシャル・キャピタルの社会的なつながりを活用しながら、予防力（旱魃発生時に生き残るための力）と回復力（旱魃発生後に回復する力）の強化を通じて、旱魃に対するレジリエンスを構築することを目指した。たとえば、プロジェクトのコンポーネントの一つは、水関連施設（池、放牧地など）の改善であったが、これらは社会的なつながりを活用しながら実施された。

(2) 日本の旱魃対策プロジェクト

ボレナゾーンには、「ボレナ・ガダ・システム（Borena Gada System）」とよばれる社会的つながりが残っており、牧草や水、家畜などの資源を管理するための特定の決まりを有する（Hallpike, 1976, Oba, 2014）。ガダにはコミュニティの社会的記憶が含まれていると指摘されている（Legesse, 1973: 179）。コミュニティが自然災害から回復するために、この歴史的記憶が重要である。ボレナゾーンでは、人びとはすべての主要なイベントに特定のリーダーの名前をつけており、これにより自然災害（家畜、井戸あるいは人びとへの被害）のような歴史的な出来事を覚えておくことが

表 9-5　ボレナにおける政府行政区分と伝統的な社会構造

政府行政区分（および伝統的な社会構造）	説　明
州（行政区分：第一レベル）	
ゾーン（行政区分：第二レベル）	
ワレダ（行政区分：第三レベル）	ゾーンの下の行政単位（人口は 30,000 ～ 100,000 人程度）
（ゴサ）	ボレナのプライマリ・サブ・クラン（父系氏族）。18 存在。
村組織（PA）／ケベレ（行政区分:第四レベル）	ワレダの下の行政単位
（ゾーニ）	PA の下には 3 つのゾーンがある。ゾーニとも呼ばれる。
（レラ）	共有牧草地の単位。ゾーニは 1 ～複数のレラで構成される。
ガレ（行政区分：第五レベル）	オラを定住させるために、政府が導入した行政単位。ガレは 1 ～複数のオラで構成される。ただし、オラがガレより規模が大きい場合もある。
（オラ）	10 ～ 29 世帯（100 ～ 500 人）で成る自然集落。10 ～ 15 年ごとに、オラはレラの中を移動する。
（モナ）	夜間、ウシを共同管理する集団。モナはワラとよばれる大きな家族単位によって運営されている。
（個人）	親戚と親しい友人で構成される。

出所：JICA 2016: Ⅱ-3-14 をもとに著者が作成

可能となっている。いいかえると、家畜、井戸、また人びとは、社会的記憶を介して相互に結びついているといえる（Tiki et al. 2013）。ボレナ口述歴史家へのインタビューによると、一五三〇年以降、ガダとその儀式が、自然災害により被害を受けた社会を再建するために有効に機能してきたことが報告されている（Oba, 2014）。前述した通り、自然災害の本質的な特徴は、コミュニティとその人びとのソーシャル・キャピタルを破壊することである。このため、ボレナ・ガダ・システムといった社会的つながりやつながりの中に残されている記憶は、その社会にとっての時間や歴史の回復に重要な役割を果たすのである。

こうしたことを踏まえ、今回とりあげているＪＩＣＡプロジェクトでは、施設の改修・建設を通じたコミュニティのレジリエンス強化を目的としていたが、プロジェクト開始時に社会調査を実施したところ、ボレナ・ガダ・システムは土地などの資源を管理するだけではなく、食糧を共有することで、モナ（夜間、ウシを一緒に管理する集団）／オラ（自然集落）

内での相互扶助を促していることが明らかとなった。

行政単位とボレナにおける伝統的な社会構造を表9‐5に示すが、モナもオラも行政単位ではなく、伝統的な社会構造である。モナはウシを管理する集団であり、オラは複数のモナからなる自然集落である。モナはワラとよばれる大きな家族単位によって運営されている。行政単位は、ワレダ（第三レベル）、村組織（PA: Peasant Assosiation）／ケベレ（第四レベル）、ガレ（第五レベル）で構成されている。ガレは、政府が導入した行政村であり、通常は一から複数のオラで構成される。エチオピアでは、行政単位と伝統的な社会構造が同じこともあるが、まったく異なることもある。コミュニティのレジリエンスを検討する際には、この違いを十分に考慮する必要がある（Tiki et al., 2013）。

さらに、社会調査の結果、旱魃などの自然災害が軽い場合、人びとはモナやオラ内で食糧を共有し、自然災害が非常に深刻な場合には、ゴサ（ボレナのプライマリ・サブ・クラン〔父系氏族〕）や村組織（PA）／ケベレ外の親戚から支援を得ようとすることが明らかとなった。いいかえれば、自然災害の影響が大きいほど、人びとはより広い社会的つながりを活用するようになるということである。

これまで見てきたように、社会調査によってボレナゾーンでは、ソーシャル・キャピタルが「共助」を促進し、自然災害による被害を軽減するために機能していることが確認されたのである。このプロジェクトを実施するにあたり、JICAがソフトおよびハード両面でレジリエンスを強化するために、政府の再建能力を強化するだけでなくソーシャル・キャピタルを強化することを戦略とした理由はここにある。

ではプロジェクトで、具体的にどのようなことを行ったのか。多くのドナーは、施設の改修・建設に「キャッシュ・フォー・ワーク（cash for work）」を採用している。これはそれらの一定の労働に対して一定の報酬を支払うしくみである。しかし、本プロジェクトはこの従来型のアプローチを採用せず、「RREP（Rural Resilience Enhancement Project）アプローチ」とよぶアプローチを採用した。RREPアプローチは、キャッシュ・フォー・ワークアプローチとは異なり、一切の報酬を支払わない。援助機関側が決めた事項の方向に報酬によってコミュニティを導くのではないということである。むしろ、ＲＲＥＰアプローチではボレナ・ガダ・システムに基づき住民が行った決定に援助機関が従い、技術支援と必要な工具（シャベル、つるはし、手押し車、斧など）を提供したのである。

ボレナ・ガダ・システムでは、ボレナゾーンの住民自身が、必要に応じて池や井戸などの施設の改修・建設を行っているが、彼らは、自分たちで何を、いつ、どのように行うのかを決めている。これはボレナ・ガダ・システムの特徴の一つであり、意思決定に責任を負うメンバーの積極的な参加によって行われている。ＲＲＥＰアプローチは、キャッシュ・フォー・ワークアプローチのように一時的な活動ではなく、住民の既存の共同活動を支援するものであり、コミュニティ活動として実施する内容も、コミュニティに任されている。もしドナーが賃金を支払うと、金銭的インセンティブは既存の共同活動を低下させ（または締め出し）、社会的つながりを強化するのではなく、逆に弱体化させてしまう可能性があるからである。

住民の共同活動を促進するため、このプロジェクトでは、コミュニティメンバーと普及員を含む主要な関係者を対象に、一四回のワークショップとスタディーツアー（計三〇一一人が参加）を開催した。これらのワークショップやスタディーツアーでは、ゾーン、ワレダ、村組織（ＰＡ）、ガレ、自然集落の現状および課題の分析を、参加者自身が実施したのである。またその後、プロジェクトは普及員と複数のワークショップを開催し、コミュニティ活動についてさらに議論した。この全体のプロセスが、ステークホルダー（関係者）間、とくに参加者（村人）の間で、共通の認識・理解を生み、また、コミュニティ活動への参加を促すために重要な役割を果たしたと思われる。なぜなら、これらの議論をとおして、参加者は問題を認識しただけでなく、それらを解決する方法も見つけたといえるからである。

(3)　その成果と要因

それではＲＲＥＰアプローチは効果的だったのだろうか。本節では、プロジェクトの成果とその要因を検証してみたい。

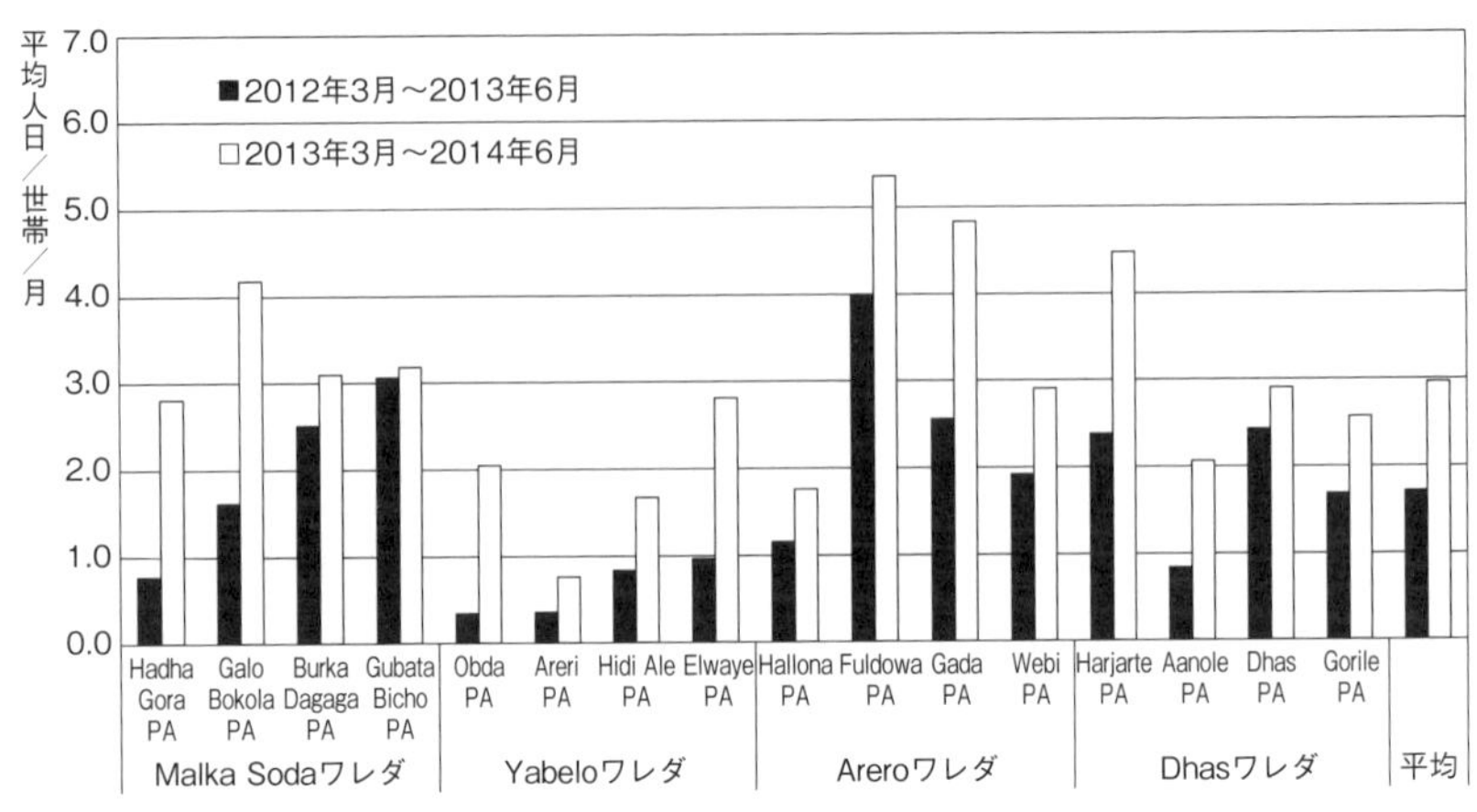

図 9-4　プロジェクト前後の参加率の比較
出所：JICA 2016: Ⅱ-4-9 をもとに著者が加筆作成

本プロジェクトは七三四のコミュニティ（ガレ／オラレベルの二万一三一一世帯）に対し、必要な技術的支援を、また四万一九六〇個の工具（シャベル、つるはし、手押し車、斧など）を提供した。既存の伝統的な社会構造を活用し、強化するために、プロジェクトは各ガレ／オラに工具を配布し、また参加者が受け取るのは工具や技術的支援のみで、報酬はないことを説明した。プロジェクトがはじまる前から、ほとんどの活動は工具なしで実施されていたが、これは非常に困難なものであった。住民たちは、深く掘り進めるために、すべての土壌を人力で運び出していたからである。

今回、コミュニティ自身が選び、実施した活動は、人用のため池（ハロ）および家畜用井戸（エラ）の改修・建設、放牧地管理（フェンスの建設と放牧地のリハビリ）、インフラ整備（道路や橋の建設）、施設建設（学校、保健センター、獣医室など）などであった。

水へのアクセスに関して、エラは伝統的な井戸であり、遊牧民のおもな水源である。ハロは乾期には乾いてしまうが、エラは一年をとおして使用することができる。このため、人びとは乾期にはエラを使う傾向があるが、ＪＩＣＡが調査したところ、プロジェクトの開始当初、四七％ものエラが洪水、地すべり、その堆積物により壊れていた。したがって、これらの井戸を改修することは、コミュニティが旱魃に対処するのを助ける上で、非常に重要なことであった。

本プロジェクトを通じて、三二の村組織（PA）において、インフラの改修・建設を目的とした四〇〇にものぼる活動が実施されたが、このプロジェクトの成功の鍵は、「コミュニティ活動への参加」であった。図9‐4は、プロジェクト前後のコミュニティ活動参加状況の変化を示したものである。すべての村組織（PA）において参加が増えており、プロジェクト開始前（二〇一二年三月～二〇一三年六月）に平均一・七人日／世帯・月であった参加は、プロジェクト実施前から比べて一七〇％までに増加した。

これらの活動の支援に当たり、コミュニティ間の協力を促進するため、プロジェクトは個人だけでなく、ガレ／オラレベルでも必要な工具を配布した。工具がガレ／オラレベルで管理・保管されていれば、住民は必要に応じて、さまざまなレベルの活動に、さまざまな協働（村組織（PA）、レラ、およびオラ）を行いながら、工具を使用することが可能となるからである。

表9‐6は、プロジェクト実施後に、（一）農民および農牧民地域、（二）移行地域（遊牧民から農牧民）、（三）遊牧民地域の三つのエリアでいかに共同利用と協働範囲が拡大したかを示している。同表からも活動への参加増加と工具へのアクセス改善により、より多くの人びとが共同資源や施設を利用するようになったことがわかる。たとえば、（一）農民および農牧民地域では、ハロ（人用ため池）は同じオラやガレの範囲内で利用されていたが、プロジェクト開始以降、複数のオラおよびガレ、また村組織（PA）にまで共同利用の範囲が広がるようになった（ハロを使用できるソーシャルネットワークが、三段階、拡大されたといえる）。この顕著な変化は、（二）移行地域のハロおよびエラでもみられ、共同利用の範囲が四段階も拡大し、ゴサにまで及ぶものもあった。カロは、伝統的にはレラ／村組織（PA）ゾーンで利用されるものであるが、活動への参加や使用可能な工具の制約から、最近ではオラで利用されていた。プロジェクトを通じて、これらの制約が改善されたことから、レラ／村組織（PA）ゾーンで利用されるようになった。なお

これら資源・施設の管理は、伝統的なガダ・システムに則っているため、利用者間の紛争等はないという。

これらの変化は、本プロジェクトがソーシャル・キャピタルのつながりを強化したことを示している。よく知られているように、ソーシャル・キャピタルには「ボンディング」と「ブリッジング」の二種類がある（Narayan, 1999）。「ボンディング」は、家族や近隣のような内向きのネットワークを作るが、「ブリッジング」は、外向きのネットワーク、および「ボンディング」ネットワークをつなぐネットワーク（たとえばコミュニティ間のネットワーク）を形成する。

右述のとおり、ボレナゾーンのコミュニティは、困難が生じたときに相互扶助する文化を持っている。コミュニティ活動参加の増加と、資源や施設の共同利用者の拡大は、そこで暮らす人びとがより幅広い文脈でお互いを知る機会を提供したといえるだろう。またこれは困難が生じたときに、頼る人の選択肢とオプションを増やしたと考えられる。このつながりは旱魃に対するコミュニティのレジリエンス強化につながるものと予測できる。

なおRREPアプローチと比較して、「キャッシュ・フォー・ワーク」により人びとを雇用する場合、これらの社会的つながりを破壊したり混乱させたりしないように注意を払う必要がある。一般的に「キャッシュ・フォー・ワーク」では、活動（何をするか、いつ行うのか、その方法）は、資金提供者やその団体により決定される。また「キャッシュ・フォー・ワーク」は、社会的弱者に一時的な雇用機会を提供する傾向があるが、特定の人びとを選ぶことは、社会的つながりを分裂させてしまう恐れがあるのである。

もしプロジェクトが、ハロや放牧地の修繕など、従来から実施してきた開発活動に「金銭」を持ち込んだ場合、伝統的なグループではなく、社会的弱者を選ぶ傾向があるが、これは伝統的な開発活動から一部のコミュニティメンバーを排除することにつながってしまう。さらに悪いシナリオを想定すると、かつてはプロジェクト参加者と非参加者の間に存在していた社会的つながりを壊してしまう可能性もある。またボレナゾーンのコミュニティには、放牧地や池などの共同施設を維持するための独自の規則があるが、特定のグループのみを対象とする「キャッシュ・フォー・ワーク」は、それらの伝統的な規範を崩壊させ、コミュニティ内またはコミュニティ間の社会的つながりを失うことにつ

表 9-6　各グループごとの RREP アプローチによる共同利用と協働範囲の拡大

グループ	活　動		社会的紐帯のレベル					変化した度合い	理　由
			オラ／ガレ	複数のオラ／ガレ	レラ／PA ゾーン	PA	ゴサ		
グループⅠ：農民および農牧民地域（Malka Soda ワレダ、Teltele ワレダの Bule Dambi PA、Bule Korma PA）	1. ハロ（人用ため池）	実施前	↔						乾季における水および牧草の不足を改善するために、PA ゾーンのより多くのコミュニティが、ハロおよびカロの活動に参加した。生産物の市場アクセス向上のため、多くのコミュニティが PA ゾーンを繋ぐ道路に関心を有した。
		実施後	←	—	—	→		+3	
	2. カロ（牧草地）	実施前	↔						
		実施後	←	—	→			+2	
	3. インフラ整備（道路／橋）	実施前	↔						
		実施後	←	—	—	→		+3	
グループⅡ：移行地域（遊牧民から農牧民）（Arero ワレダ、Chari PA を除く Yabelo ワレダ）	1. ハロ（人用ため池）	実施前	↔						非常に深刻な水不足は、コミュニティをハロおよびエラの活動に駆り立てた。ハロが大きくなるにつれて、ゴサでも利用されるようになった。
		実施後	←	—	—	—	→	+4	
	2. カロ（牧草地）	実施前		↔					
		実施後		←	→			+1	
	3. エラ（井戸）	実施前	↔						
		実施後	←	—	—	—	→	+4	
グループⅢ：遊牧民地域（Dillo ワレダ、Dhas ワレダ、Yabelo ワレダの Chari PA、Teltele ワレダの Dibe Gaya PA、Marmaro PA）	1. ハロ（人用ため池）	実施前	↔						PA の中心にあるため、レラ／PA ゾーンのハロの活動参加、管理が強化された。牧草地の浸食が深刻な問題であるため、PA レベルのカロに注意が払われた。エラの活動は非常に多くの労働力と資金を必要とするため、通常 PA レベル、ゴサレベルで実施される。
		実施後	←	—	→			+2	
	2. カロ（牧草地）	実施前	↔						
		実施後	←	—	—	→		+3	
	3. エラ（井戸）	実施前				↔			
		実施後				←	→	+1	

出所：JICA 2016: Ⅱ-4-14 をもとに著者が加筆作成

ながってしまう。

これは、昨今の行動経済学における議論とも一致している。アリエリー（Ariely, 2010）は、人びとは金銭のために必ずしも懸命に働くとは限らないという。実際に、人びとは（たとえば友情など）金銭が関与していないときに、自発的な社会的規範のもとでより一生懸命働く傾向がある。またアリエリーは、現金が市場規範を社会規範に持ち込む、市場規範は社会規範を崩壊させる可能性があると指摘している。たとえば、ボランティアに「あなたにはいくら支払えばよいか」と尋ねたとしよう。この質問により、ボランティア活動へのコミットメントを損ない、また彼らが二度とボランティアを行うことがなくなる可能性もある。いいかえれば、人びとは金銭なしで、より一層効率的に働くことができる。社会規範がより重要な役割を果たしているボレナ・ガダ・システムのような伝統的な文化や社会においては、「キャッシュ・フォー・ワーク」のような介入は適していないのである。

RREPアプローチの場合、プロジェクトはボレナ・ガダ・システムに基づいて実施されたが、プロジェクトをとおして、人びとは自分たちで活動を決め、コミュニティの人びととのプロジェクトに対する責任感・当事者意識を醸成したのである。物理的にだけではなく、社会的にどのようにコミュニティのレジリエンスを向上させるべきなのかが重要なのである。

5 結論——ソーシャル・キャピタルを重視した援助・支援に向けて

本章で見てきたように、気候変動の影響は自然災害の頻度の急速な増加という形で現れている。アフリカの多くの地域で、そもそも水や土地などの資源が不足しているのに、さらに災害によって状況が悪化してきている。本章ではエチオピアでのJICAプロジェクトを検証し、ソーシャル・キャピタルに焦点を当てたJICAの新しい開発アプローチは、従来の金銭的インセンティブに基づくアプローチよりも効果的であることがわかった。このプロジェクトは、人びとの行動が金銭的なインセンティブではなく、むしろソーシャル・キャピタルの規範により動機づけられていることを示している。今回のエチオピアのＪＩＣＡのアプローチは、物理的なインフラストラクチャーと地域社会の社会的関係の両方に大きな改善をもたらしたのである。

もちろん、必要な介入は目的・目標集団・活動に応じて異なる。しかし、国際社会による援助にとっては、長い歴史の中で人びとが蓄積してきた社会関係のコンテキストを尊重し、それを守る方法でプロジェクトを実施することが重要だと思われる。

謝辞

本研究はＪＳＰＳ科研費ＪＰ二五二五七〇〇五の助成を受けたものである。本章を執筆するにあたって本稿の早期の段階で以下の方々からコメントやインプットをいただいた。ここに記して感謝したい。ジョセフ・スティグリッツ教授、アクバル・ノーマン教授、永友紀章氏、橋口幸正氏、島津英世氏、ＲＲＥＰプロジェクトチーム。また、本科研プロジェクトのメンバーの先生方には有益な御助言をいただいた。以上の方々の御厚意と御協力に、心より御礼申し上げる。

注

1　彼らは以下の五つの要因を特定した。（一）一九六四～二〇〇七年の極端な天候（旱魃および極度な高温）のために、国産穀物生産量が世界全体で九～一〇％減少した。（二）洪水や極端な寒さに関する影響はみられなかった。（三）旱魃は収穫面積と収量の両方を減少させる。（四）極度の高温は穀物収量を減少させた。（五）途上国は先進国よりも大きな被害を被った。

参考文献

島田剛　二〇一五「阪神・淡路大震災20年から東日本大震災を考える――レジリエンスとソーシャル・キャピタル」鎌田薫（監修）、

早稲田大学「東日本大震災復興研究」編集委員会（編）『東日本大震災復興研究――災害に強い社会の実現に科学は貢献できるか』早稲田大学出版会、三七六―三八五頁。
ＪＩＣＡ　二〇一三『エチオピア国農村地域における対応能力強化緊急開発計画策定プロジェクト　インテリム・レポート』国際協力機構。

Aldrich, D. P. 2012. *Building Resilience: Social Capital in Post-disaster Recovery*. The University of Chicago Press, Chicago.

Ariely, D. 2010. *Predictably Irrational: The Hidden Forces That Shape Our Decisions*. Harper Perennial, Kindle edition

Beck, N. and J. N. Katz 2004. Time-series-cross-section issues: Dynamics 2004. *Working Paper*. The Society for Political Methodology. Online.（http://polmeth.wustl.edu/media/Paper/beckkatz.pdf　二〇一四年一月一八日閲覧）

Central Statistics Agency (CSA) 2011. *Statistical Data Set*. Central Statistics Agency, Addis Ababa.

Central Statistics Agency (CSA) 2012. *Statistical Data Set*. Central Statistics Agency, Addis Ababa.

FAO. 2016. *FAOSTAT*. FAO, Rome. Online.（https://www.fao.org/faostat/en　二〇一六年七月一四日閲覧）

Hallpike, C. R. 1976. Review: The origins of the Borana *Gada* system, *Journal of the International African Institute*. 46 (1): 48-56.

JICA 2016. *Final Report of the RREP (Rural Resilience Enhancement Project) in Ethiopia*. JICA, Tokyo.

Legesse, A. 1973. *Gada: Three Approaches to the Study of African Society*. Free Press, New York.

Lesk, C., Rowhani, P., and Ramankutty, N. 2016. Influence of extreme weather disasters on global crop production. *Nature*, 529: 84-87.

Narayan, D. 1999. *Bonds and Bridges: Social Capital and Poverty*, Poverty Groups. PREM, World Bank, Washington, D.C.

Oba, G. 2014. *Climate Change Adaptation in Africa: An Historical Ecology*. Routledge, London.

Shimada, G. 2014. A quantitative study of social capital in the tertiary sector of Kobe: Has social capital promoted economic reconstruction since the great Hanshin Awaji earthquake? *JICA Research Institute Working Paper. No. 68*. JICA Research Institute, Tokyo.

Shimada, G. 2015a. Toward community resilience: the role of social capital after disasters. IN (Chandy, L. Kato, H. and Kharas, H.

eds.) *The Last Mile in Ending Extreme Poverty*, pp. 369-297. Brookings Institution Press, Washington D.C.

Shimada, G. 2015b. The role of social capital after disasters: An empirical study of Japan based on time-series-cross-section (TSCS) data from 1981 to 2012. *International Journal of Disaster Risk Reduction* 14: 388-394. doi:10.1016/j.ijdrr.2015.09.004

Shimada, G. 2015c. What are the macroeconomic impacts of natural disasters? The impacts of natural disasters on the growth rate of gross prefectural domestic product in Japan. In (Haddad, L. Hiroshi K. Nicolas M. eds.) *Growth is Dead, Long Live Growth The Quality of Economic Growth and Why it Matters*. JICA Research Institute, Tokyo.

Shimada, G. 2015d. Twenty years after the great Hanshin-Awaji earthquake and the great East Japan earthquake: From the perspective of resilience and social capital. In (Waseda University "After 3.11 disaster" Editorial Committee) *After 3.11: Waseda's 92 Analysis and Suggestions* (In Japanese). Waseda University Press, Tokyo.

Tiki, W., Oba, G. and Tved, T. 2013. An indigenous time-related framework for reconstructing the impact of disasters on ancient water systems in southern Ethiopia, 1560–1950. *Journal of Historical Geography* 41: 33-43.

World Bank 2016. *Africa Development Indicators*. World Bank, Washington D.C.（https://www.data.worldbank.org/data-catalog/africa-development-indicators 二〇一六年七月一四日閲覧）

第10章　紛争後の農業再構築

アンゴラの農耕民がとった新生活戦略

村尾るみこ

1　序——南部アフリカの戦後復興

(1)　長期化難民の食糧確保

南部アフリカでは、二〇世紀末以降、モザンビークやナミビア、アンゴラなどで紛争が長期化した。これらの紛争中に発生した多くの難民は、長期化難民として世界的にとりあげられ、以後今日まで、短期間で大量に発生する難民の問題とともに解決すべき課題として掲げられている。国連難民高等弁務官事務所（UNHCR: United Nations High Commissioner for Refugees）は、アフリカ難民問題の解決策として、帰還、第三国定住、庇護国定住の三つを提示している（UNHCR, 2008）。とくに、アフリカでもっとも紛争が長期化した国の一つであるアンゴラから逃れた難民に対しては、庇護国社会での定住が推進されてきたほか、二〇一二年まで断続的に帰還事業が実施された。こうしたアンゴラの例が示す通り、南部アフリカの難民に対する緊急人道支援の規模は現在縮小され、開発事業への移行が進められている（村尾 二〇一七）。

南部アフリカにおいて、緊急人道支援で配布されるもっとも主要な作物の一つにトウモロコシがある。アンゴラ紛争中にザンビアへ流入した難民は、このトウモロコシを活用しながら、農業などでの食糧生産や食文化などをはじめ、ザンビアの社会文化にさまざまな側面で適応した（Hansen, 1996, Bakewell, 2000, 村尾 二〇一二）。これらの難民が長期化した紛争によって荒廃したアンゴラへ帰還する際、各地での食糧確保のための手段は壊滅的な状態にあった。そのため、人びとが迅速に食糧を確保し飢饉を緩和することが重要となった。しかし、アンゴラ東部は、長期化した紛争の影響で人口が希薄となっていたことに加え、緊急人道支援が短期間かつ局所的に実施された地域である。こうした状況にあるなかで、帰還した農耕民は限られた人道支援物資を活用して自給自足を達成してきた。

(2) 紛争後のアンゴラにおける農業支援

アンゴラ紛争中は、国連が停戦にむけた調整を重ね、紛争中に崩壊した食糧生産をはじめとする紛争後の復興計画を検討した（Roque, 1997）。二〇〇二年に停戦が合意されると、帰還事業のほかレセプション・センターでの種子と農具といった緊急人道支援物資の一時的な配布が行われた。

一方、アンゴラ政府は国内に大量に埋没する地雷と不発弾の撤去や鉄道道路網などのインフラ整備を重視した。アンゴラはアフリカ第三位の産油国として、高い経済水準を保っており、ドナー国からの支援ではなく、投資を通じた開発の受け入れを進めた。そして国内主要地域を中心とした産業部門の再興に注力し、急速かつ高度な経済成長を遂げた。こうしたなか農業部門の開発事業は、国家開発計画として盛り込まれた（República de Angola, 2012）。しかしながら、組織的体制をもって全土的に推進されてきたとはいい難い。国際社会やアンゴラ政府のどちらによっても、農村における農業支援が継続的になされてきたわけではなかったのである。

以上から、長期にわたり難民化した後、紛争後のアンゴラ社会に戻った農耕民らが、短期的に緊急人道支援で配布された種子などの物資をいかに活用しながら農業を再構築してきたのかはミクロレベルでの地域研究分野で注目すべき課題である。しかしながら、アンゴラ東部農村における緊急人道支援を活用した農業の再構築をミクロレベルから明らかにするものは見当たらない。

(3) 本章の目的と方法

本章は、アンゴラ東部の焼畑農耕民ンブンダの農業再構築プロセスに焦点を当て、長期間の避難生活と帰還を経験するなかで、彼らがいかに緊急人道支援物資を日常生活のなかに組み込んできたのかを明らかにする。とくに、品種ごとの栽培特性や収穫期の違いを活用した自給自足の達成、味の嗜好性、そして労働力不足といった点から、アンゴラ紛争後社会におけるンブンダの新生活戦略を明らかにする。そしてその戦略がアフリカ焼畑農耕社会の柔軟性や流動性といった点でいかなる特徴を持つものかを考察する。

ポルトガルの公文書館をはじめ国立図書館などでの文献調査を重ねたところ、アンゴラ東部のなかでもンブンダの住むモシコ州は、研究者による現地調査の蓄積が極めて薄い地域であることがわかった。そのため、二〇一三年以降、首都ルアンダで基礎的な情報収集をしながら、ンブンダの居住域である東部のモシコ州都ルエナとその南四〇〇キロメートルにかけての広域調査、およびN村での詳細な現地調査を実施した。以下では、調査で収集した情報資料をもとに検討をすすめる。

2 アンゴラ東部の農耕民ンブンダと緊急人道支援

(1) 農耕民ンブンダ

ンブンダは一九世紀にかけてコンゴ民主共和国のルバ・ルンダ王国領土よりアンゴラ東部へ南下したバントゥ系焼畑農耕民である。彼らは一九世紀末までに、現在のアンゴラ東部、モシコ州を南下し、同州南部のルンバラ・ンギンブ周辺まで移動した。その過程で、同じくルバ・ルンダ王国から南下したルバレ、ルチャジ、チョクエの人びととも混住した。それらの民族集団は、言語やその他文化的な特徴が類似しており、通婚もあった。ンブンダはアンゴラ東部へ到達した当時、現在のモシコ州中東部を中心にパラマウントチーフを頂点とする首長制社会を形成した（Cheke. 1994）。そしてトウジンビエやソルガムといった雑穀およびキャッサバを中心とした焼畑農耕を主生業としながら、狩猟採集、漁撈などを行い生計をたてていた。当時の主食は、焼畑で耕作した雑穀とキャッサバを練粥にしたものであった。焼畑ではトウモロコシが栽培されることもあったが、自給に達する量を耕作しておらず、ゆでて軽食として利用していた（von Oppen. 1996）。

後述するとおり、アンゴラにおけるポルトガルの植民地支配が東部内陸部に達すると、ンブンダの多くは植民地政府による暴力的な税収や強制労働といった圧政を逃れ、ザンビア西部に移住していった。ザンビアの農村部へ移住した後、彼らはトウジンビエやキャッサバを中心とする焼畑農耕をはじめ、養蜂、採集を行っており、狩猟や漁撈はアンゴラにいたときほど行われなくなった。

やがてアンゴラで独立解放闘争とその後の内戦がつづいたことによって、さらに多くのンブンダがザンビアへ逃れてきた。彼らは、農村に住み親族知人の支援を受けるものと、難民認定を受け難民定住地に住むものに大別される（村尾二〇一二）。農村に定住したものは、緊急人道支援を一切受けることなく、トウジンビエやソルガムといった雑穀およびキャッサバを中心とした焼畑農耕を主生業としながら、狩猟採集、漁撈などでも生計をたてていた。一方、難民定住地に定住した人びとは、国際機関から緊急人道支援を受けてきた。さらにその後の避難生活のなかで、生活用品、種子や農具などのほか、医療、教育といった社会サービスなどを享受してきた。難民定住地での生計活動は、各難民定住地の環境によって異なるが、キャッサバとトウモロコシを主作物とする農産物販売を中心に、日用品の小売りや出稼ぎなどによる現金収入を得ていた。農村に定住したものは主食として雑穀やキャッサバの練粥を主に食べていたのに対し、難民定住地ではキャッサバとトウモロコシの練粥が食べられていた。その後アンゴラ紛争が終結し、ザン

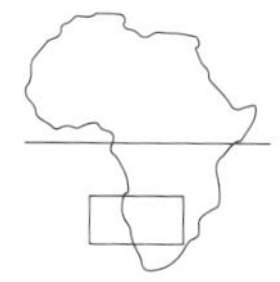

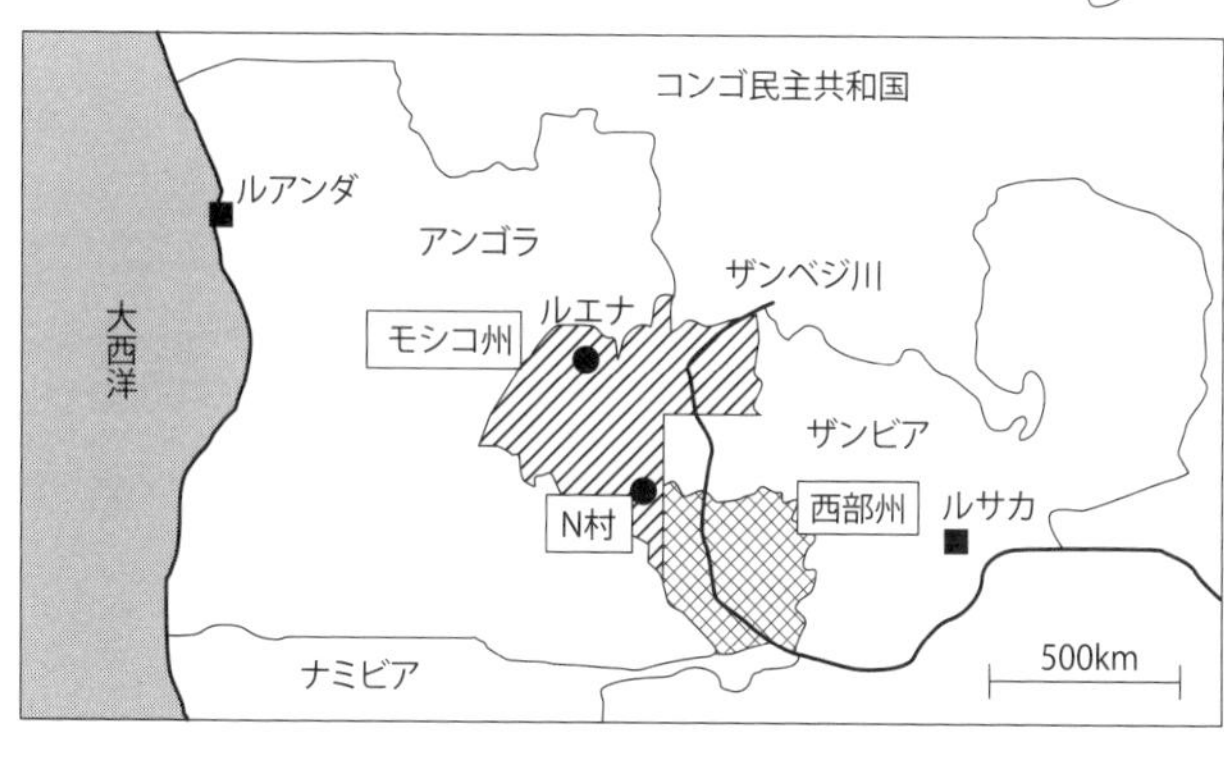

図 10-1　調査地の位置

ビアの農村や難民定住地から多くの人びとがモシコ州へ帰還することとなった。

(2)　アンゴラ東部概要と紛争の歴史

アンゴラは、面積が一二四万六七〇〇平方キロメートルと広大な国である。行政区分は一六の州からなる。二〇一四年五月に行われた国勢調査によれば、当国の総人口は二四三八万三三〇一人で、うち六二・三%に当たる一五一八万二八九八人が都市部、三七・七%に当たる九二〇万四〇三人が農村部に居住している(Journal de Angola, 2014)。また、総人口の約二七%が首都ルアンダのあるルアンダ州に居住している。なかでも、調査地N村のあるモシコ州は州面積二二万三〇〇〇平方キロメートル、推定人口が四四万四〇〇〇〜七五万人のアンゴラ最大の州である(図10-1)。モシコ州の州都ルエナは首都から一四〇〇キロメートルの距離にある。ここに州政府関連の建物のほか、国立病院や大学等の教育機関が置かれている。また、国営のスーパーや公設市場、中国系、西アフリカ系の商店が並ぶ。銀行や道路建設会社、携帯電話会社の支所もある。市内の各所には国内外からのビジネスマンや軍および政府関係者でにぎわうホテルも置かれている。州外からは、首都ルアンダとの間で国内線航空便が一日一往復で運行されるほか、二〇一三年に再建されたベンゲラ鉄道によって港湾部の物流中継地ロビトから週二回列車が到着する。さらに近年は他地域とルエナ市とをむすぶ幹線道路網が再整備されつつあり、さまざまなものを運ぶ人びとが多く行き交う。こうして二〇〇二年に紛争が停戦になるまで壊滅的な状態にあったモシコ州の政治経済機能は回復し発展をつづけている。

アンゴラでの紛争は、アフリカで長期化した紛争のなかでもとくに長く、四〇年以上にわたってつづいた。一五世紀に来航して以降、ポルトガル人は二〇世紀後半まで長期にわたりアンゴラを植民地支配しつづけたが、一九六一年、ルアンダでついにアンゴラ人らが蜂起した（Birmingham, 2015）。これによって、アンゴラで独立解放闘争がはじまり、一九七五年に独立を果たすものの、東西冷戦の代理戦争として内戦になり、二〇〇二年にようやく停戦合意となった。モシコ州は、独立解放闘争期には後の与党Movimento Popular de Libertação de Angola（以下、ＭＰＬＡ）の軍事拠点となり、内戦期にはＭＰＬＡと、反政府勢力União Nacional para a Independência Total de Angola（以下、ＵＮＩＴＡ）との長きにわたる陣取り争いが繰り広げられた。後述するが、東部をはじめ、国内各所の農村部は戦闘によって長らく壊滅的な被害を受けつづけ、周辺国へ人びとが逃れたために無人状態となる村も多くあった。

二〇〇二年に停戦合意が結ばれてからは、二〇〇三年から二〇〇六年までの間、モシコ州で国連による帰還事業が実施されたほか、各地でアンゴラ国民の日常生活復興を支援する活動が局地的かつ短期的に展開された（Crisp et al. 2008）。

3　農村における紛争の経験と生活

(1)　調査地Ｎ村

モシコ州の農村は、州内全域に広がる森林の中を東西に流れる複数のザンベジ川支流に沿って点在している。その支流の一つに形成されたN村は、人口一四七一人の村であり、付近でも規模が大きい。N村の規模が大きい理由の一つとして、ンブンダの首長が治める地域のなかでも、第二位の首長ムウェ・ニュンドゥが治めていることがあげられる。ニュンドゥは独立解放闘争にMPLAの医師として従軍したのち、内戦の激化によってザンビアへ一度避難するが、紛争終結直後に帰還し村の復興に尽力した。そうしてN村には、現在、帰還民だけでなく、紛争中村周辺に残った人びとや元兵士が混ざって住んでいる。民族集団は、ンブンダが多く、ルチャジ、チョクエの人びとも若干住んでいる。現在、N村の人びとのおもな生業は農業で、焼畑と斜面地畑を耕作している。また小規模であるがニワトリやブタ、ヤギなどの家禽および家畜を飼養している世帯もある。

紛争前のN村での生業は、焼畑でのトウジンビエやキャッサバ栽培を中心にしながら、斜面地畑や屋敷畑を耕作していた。このほかには、狩猟採集、漁撈などがさかんに行われており、自給自足で村びとの食生活は豊かであったといわれる。しかし、この地域にポルトガル人が入植し、やがて紛争がはじまると、この生活は一変した。一九一〇年代、ポルトガル植民地政府がルンバラ・ンギンブ地域に来た際、ポルトガル勢の銃による弾圧に対し、ンブンダらは弓矢で交戦したが敗北した（Cheke, 1994）。そして同地域に、一九一九年、ついにルンバラ・ンギンブに植民地支配の拠点が設置され、税収などが体系だって行われるようになった。植民地行政によって、暴力的に納税の義務を課せられた住民は、農耕で得られる農産物のほか、採集や狩猟をして得られた蜂蜜、野生動物の毛皮、肉を税として納めた。また一九六〇年にかけて、多くの人びとが植民地政府の強制労働や拷問を伴う暴力的な徴税から逃れ、ザンビアへ避難した。

一九六一年、のちの初代大統領アゴスティニョ・ネトがMPLAを編成してポルトガルに対する植民地解放闘争を開始した。植民地政府とアフリカ人勢力との戦闘がはじまると、ルンバラ・ンギンブ地域の多くの住民がザンビアへ避難を開始した。一九六四年には、N村のニュンドゥや住人らも森での避難生活を経てザンビアに構築されたMPLA軍の拠点へ移住したという。一方、ザンビアへは逃げず、戦闘が激化したときのみ村周辺の森で生活するなど、村と森とを往復するものもいた。

しかし、一九七五年にアンゴラが独立しポルトガル軍が撤退した直後に内戦へ突入すると、村付近は、UNITA、MPLAだけでなく、内戦にかかわっていたNATO軍や南アフリカ軍等による空爆の被害を受けた。そのたび、村びとたちは農耕や煮炊きが不可能となり、森のなかで身を潜める生活を強いられた。村びとが森に身を潜めている間は、採集で得られる野生の果実（学名：*Strycnos spp.*）を食べ、飢えをしのいでいた。

紛争中のルンバラ・ンギンブの市街地は、MPLAとUNITAが代わる代わる占拠していたが、二〇〇二年の停戦までの数年間はMPLAが街を占拠し、MPLAの勝利によって紛争が終結した。アンゴラ内戦は民間の軍事会社による傭兵部隊が多く介入した例で知られるが、ルンバラ・ンギンブなど軍事拠点の町をのぞき、N村をはじめ農村部の占拠や武装化が組織だって長期的に行われることはほとんどなく、農村部は南アフリカ軍などによる空爆のほかUNITA軍のゲリラによる誘拐や物資収奪の対象になることが主であった。聞き取りによると、UNITA軍へ自発的に食糧を提供していた農民を除き、勢力下にある武装勢力の違いにもとづく農村レベルでの対立は際立ったものではなかったといわれる。そして停戦後、N村へはニュンドゥなどの首長をはじめ、各地から人びとが帰還し、国連が州内に設置したレセプション・センターで緊急人道支援物資を受け取っている。緊急人道支援物資として、テント、鍋、皿、カップ、スプーン、フォーク、食用油、塩などのほか、鍬などの農具やトウモロコシの種子、キャッサバの茎などが配られた。そうしてN村では、土地の再配分がニュンドゥにより円滑に行われながら紛争後の生活を再開した。

(2) 村の生計活動

今日の村で重要な生計手段は農業である。農業以外の生業には、狩猟採集、家禽の飼養がある。今日の狩猟活動では、銃を使ったものが広く行われるようになり、紛争前と比べ変化している。また、村びとの現金収入は、農作業、道路・学校建設等の日雇い労働や、ガソリン、肉、魚等を村で販売する小売業から得ることができる。そのほか、農業で得られるトウモロコシやササゲなどの余剰を販売することがある。なかでもどの世帯も行っているのが、自給している乾燥キャッサバの販売である。キャッサバは、川で三、四日間水に浸して毒抜きした後、乾燥したものが、ルンバラ・ンギンブの市街や州都ルエナの公設マーケットで仲買人に売られる。こうして得た現金は、副食の購入や子どもの教育費、日用品の購入にあてられる。キャッサバは年中収穫できるため、必要なときに販売すれば現金収入を得ることが可能となる安定的な資源である。

こうした村での生計は、紛争後、アンゴラと周辺地域との経済流通の復興・開発が進行し、新たな地域経済圏が再編される動きのなかに組み込まれつつある。とくに二〇一三年に再建されたベンゲラ鉄道によって、村びとが州都ルエナで販売する乾燥キャッサバが西部海岸地域へ多く出荷されるようになった。また海岸部からはポルトガルや諸外国から輸入された魚、缶詰、紅茶、米などの製品がルンバラ・ンギンブ一帯へ届くようになり、それらの製品をN村で小売している。この物流は、植民地期に整備されたものが再建された形となっている。これに加え、ザンビア等国外からの人びとの帰還と同時に、ザンビア、タンザニア、南アフリカ等、東南部アフリカ諸国から多くの商品が流入し販売されるようになったといわれる。村での非農業収入や農業収入は、地下資源を背景として急成長する国家経済とともに、こうした地域経済の大きな動きとたしかに連動している。

こうした市場の拡大の一方で、村での農業は依然小規模な天水農業であり、ンブンダらの労働力に支えられている。紛争前に多かったトウジンビエ栽培は、今日ではほとんどみられない。代わりに、ザンビアで多く栽培するようになったトウモロコシの栽培がみられるが、彼らは自給可能である唯一の作物、キャッサバに大きく依存して生計を営んでいる。焼畑ではキャッサバとトウモロコシ、ササゲを栽培しているが、トウモロコシとササゲは自給に達するほど栽培していない。開墾一年目の畑にはキャッサバ、トウモロコシ、ササゲを耕作し(写真10-1)、二年目以降はキャッサバのみの耕作となる。斜面地畑ではこれにカボチャが加わることがある。今日N村でみられる焼畑の作付体系は、図10-2に示した。キャッサバは三年一サイクルで栽培される。現在、キャッサバはおもに表10-1に示した

写真 10-1　焼畑でのトウモロコシとキャッサバの混作

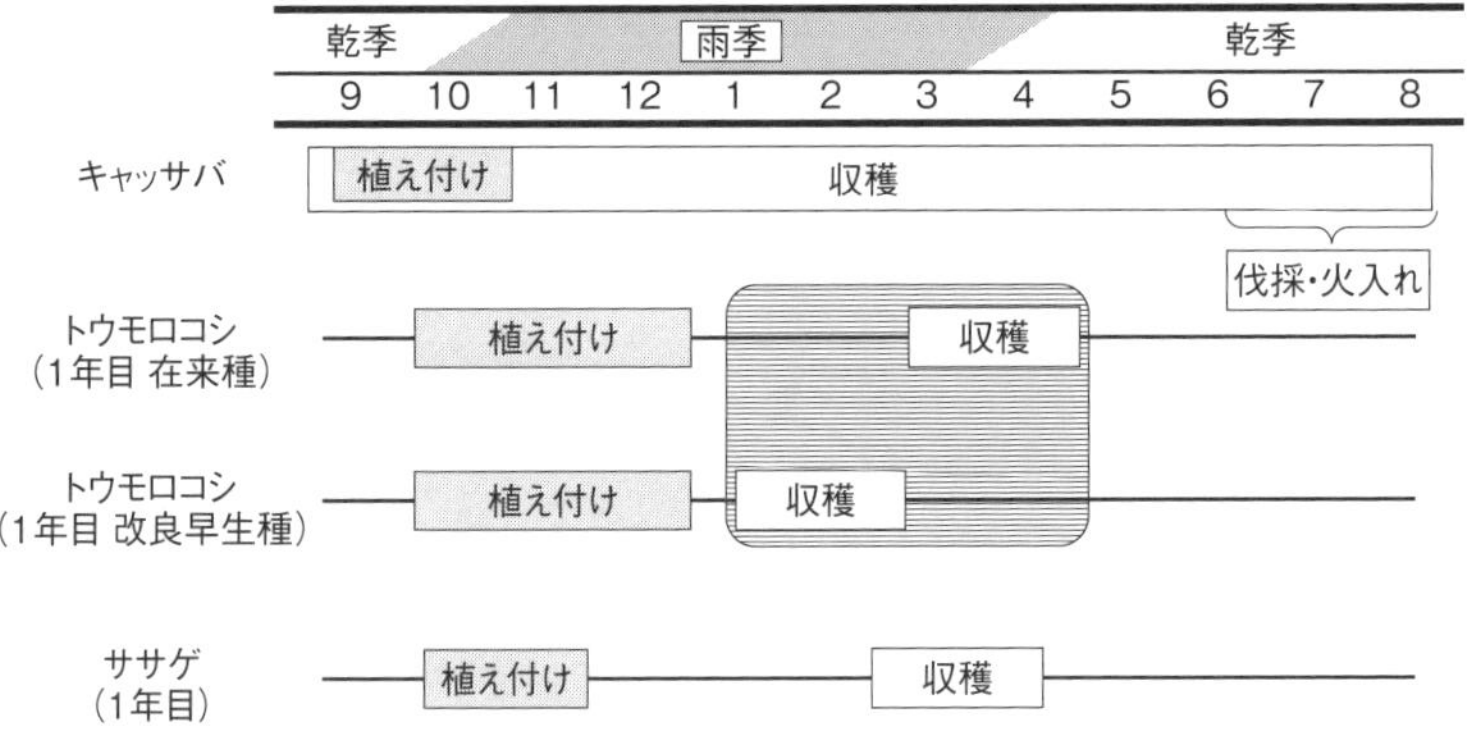

図 10-2　焼畑での作付体系

表 10-1　N 村で栽培されるキャッサバの品種

	植え付け	収穫開始まで	収穫終了まで	作付株数*
苦味種				
*nalumino***	9〜10月	15か月	48〜72か月	1768
litali	9〜10月	15か月	60か月	1081
lingoma	9〜10月	15か月	24か月	966
甘味種				
*kapumba***	9月	6か月	24か月	448
*nakamoya***	9月	12か月	24か月	890

30人に聞き取り調査を実施（*うち4人の焼畑で作付株数を実測）
** 帰還民とともにザンビアから来た品種

五品種が栽培されているが、苦味種と甘味種双方が栽培されているが、苦味種が多い。焼畑では栽培期間の長短異なる品種を組み合わせて栽培し、六年連続して耕作する。こうして収穫されたキャッサバやトウモロコシは主食の練粥として日々の食事で調理される（写真10‐2）。

写真 10-2　主食の練粥（上）と副食（下）

4　食糧確保と早生種トウモロコシ

(1)　消える品種と残る品種

今日、キャッサバは、N村のンブンダがザンビアで栽培していた品種と帰還後にアンゴラで入手したものが混ざって栽培されている。しかし、アンゴラで入手したキャッサバは住民同士で譲渡したり物々交換したものであり、緊急人道支援で配布されたキャッサバは含まれていない。表10‐1に、村の四人が耕作するキャッサバの品種別株数を実測し、その総和を示した。表から、ザンビアから持ち帰られた苦味種ナルミノ（*nalumino*）がもっとも多く栽培されており、同じザンビアから持ち帰った品種でも甘味種ほど少ない傾向にあることがわかる。また、アンゴラではザンビアに比して土壌水分環境がよいため、どの畑にも水分の多い場所を好む甘味種が植えられている。これはザンビアでみられなかったことである。こうして人びとは苦味種と甘味種を一筆の畑のなかで耕作している。

キャッサバの苦味種が多く栽培されている理由は、ンブンダら住民がその味を好むことがあげられる。図10‐3には、表10‐1に示したキャッサバの品種ごとの農事歴を示した。この表では、一〇〜五月には甘味種の収穫がないことが示されている。この時期は、後述するトウモロコシで補いつつ主食を自給している。三二人のザンビアからの帰

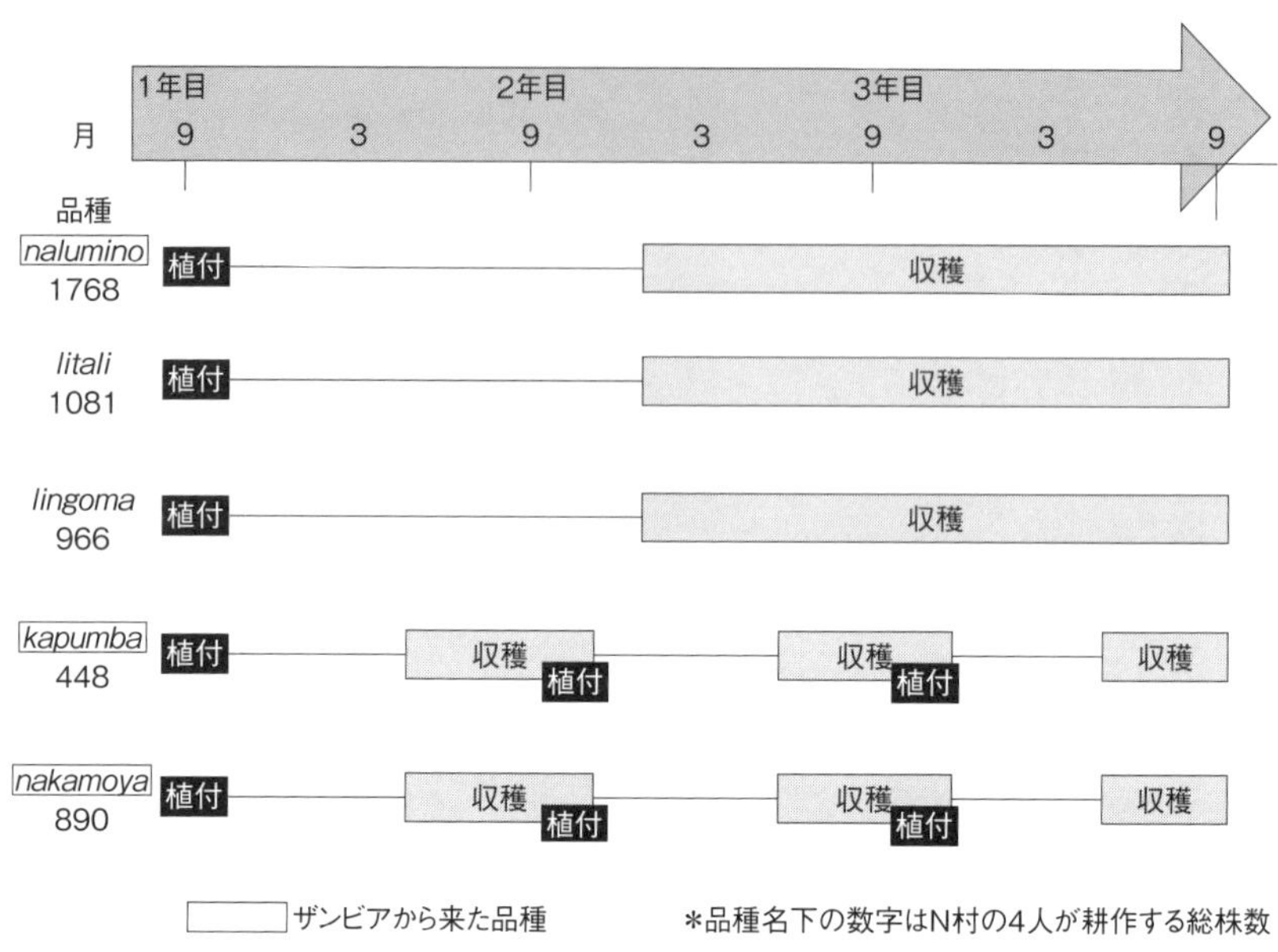

図10-3　キャッサバの五つの品種の農事歴（下の二つが甘味種）

還民と一三人の退役軍人であり国内避難民の人びとの計四五人への聞き取りによると、二八人の帰還民と五人の退役軍人らがナルミノを好むと答えた。四人の帰還民と四人の退役軍人らはどの品種でも好きであると答え、四人の退役軍人らが返答なしであった。さらに、今日村で栽培されなくなった緊急人道支援のキャッサバについては、三二人の帰還民全員が、味がよくないため栽培しなくなったと回答した。

また図10-2にある二品種のトウモロコシは、一つが紛争後ザンビアから持ち帰られた在来種、もう一つが帰還時に緊急人道支援で配布された改良早生種の通称「アーリーマチュア」である。多くのンブンダが、帰還後、ルンバラ・ンギンブのレセプション・センターで改良早生種を受け取り、N村に住み始めてから一〇年近く栽培しつづけている。この理由には、彼らの日々の食糧消費の方法が関係している。

紛争前、ンブンダはキャッサバやトウジンビエ、ソルガムなどの雑穀を主食の練粥に加工しており、トウモロコシを早取りし、未熟なものをゆでて軽食に利用していた。キャッサバは紛争後も練粥としての利用法が保たれたが、雑穀栽培がすたれてしまったため雑穀の練粥がみられなくなった。また、トウモロコシは、ザンビアでは国民食であり、彼らがザンビアに避難中、農作業などの出稼ぎをした際の報酬として受け取るものであった。こうしてンブンダは長い避難生活をつづけたなかで、ザンビアの人びとが食べるトウモロコシの練粥に親しみ、その食生活をアンゴラへ帰還した後もつづけている。この他にも、従軍または国内避難民としてアンゴラの西側へ行った経験のあるものは、その地方で食べられるトウモロコシの練粥にも親しんだという。かつて主食の練粥として調理に使われていなかったトウモロコシは、今日のアンゴラにおいて練粥に使われるようになったのである。

以上のように、トウモロコシは今日のN村で栽培される作物のなかでは補完的なものであるが、国内避難民らをはじめザンビアへ避難した帰還民にとって、日常の生計戦略の変化を示す重要な指標でもある。そこで、キャッサバと同様に、ザンビア在来種と緊急人道支援で配布された改良早生種のトウモロコシへの嗜好性についてインタビューを実施した。三二人の帰還民全員と六人の国内避難民が改良早生種を好み、七人の国内避難民のみがザンビア在来種を好むと答えた。帰還民にこの理由をきくと、ザンビア在来種は味が淡白で後味がなく、練粥にした際どの副食にもあってよいという。これに対し改良早生種は、独特の味の濃い後味がありよくないのだという。

ではなぜ、彼らはさほど味を好まない改良早生種を今日も栽培しているのであろうか。図10‐2および図10‐3中のキャッサバとトウモロコシの収穫期を見てみると、配布された改良早生種が、ザンビアから持ち帰ったトウモロコシやキャッサバの収穫の端境期となる一～三月に収穫可能となっている。そしてこの端境期に村びとが食事に利用し、また販売して現金を得るのに利用されている。改良早生種は、ンブンダが慣れ親しんだトウモロコシの味とは異なるものの、村でのトウモロコシ全体の生産量を増加をしつつ端境期の食糧を補充する上で重要な役割を担っているのである。先述した味が好まれず栽培されなくなったキャッサバとは違い、緊急人道支援で配布されたトウモロコシが、味が好まれないにもかかわらず、今日も栽培されているのはこのためである。

(2) 早生種トウモロコシと労働力不足

N村のンブンダらがトウモロコシの改良早生種を栽培する理由には、先述の食糧確保の理由に加え、紛争後社会の脆弱性も関連している。彼らは、帰還後、移民局での登録をすませ住居を構えると、わずかな食糧を求め、労働力と交換で紛争直後の生活をしのいだ。首長のニュンドゥがN村へ帰還すると、周辺国や国内の別の場所へ避難していた元N村住人らに向けて口頭でメッセージを発し、首長が帰村し村を立て直すので安心して戻ってくるよう伝えた。こうして伝えられた情報を聞きつけ、さまざまな場所から多くの人がN村に戻ってきた。そしてN村出身者以外の避難民らも受け入れながら、N村の人口は今日まで急増してきた。「アンゴラに帰還して八年経つが、かつて一緒に住んでいた親族を全員探し当てることはいまだに難しい」「ザンビアで同じ難民収容施設にいた人との交流は、帰還したら途絶えてしまうものだ。さしあたり頼れる親族がいるかどうかなんて、帰還するまでわからないことが多いし、全員とにかく住むことができそうな場所へ移動していくからね」と語る住人は多い。

N村をはじめモシコ州では、今日、かつて対立していたMPLAとUNITAが農村社会の社会関係に大きな分断を残してはいない。これは、内戦中の両者の対立が独立以後の比較的短期間に深まったものであること、海外の民間軍事会社の傭兵が戦闘に多く参加したこと、UNITAが資金的にも組織的にも相当程度弱体化した上、MPLAが武力によって勝利したこと、またUNITA軍の武装解除と元兵士の再統合が比較的平和裏に行われたためであると考えられる。このこともあって、帰還後に頼る先がないものは、政府の移民局にIDなどの登録を行ったのち、首長のもとを訪れて居住の許可と耕地獲得を請うことができたのである。

しかし、村での生活を再開するには大変な労働力が必要である。ンブンダらは伝統的に二、三世代の親族らで居住集団リンボ（*limbo*）を構成して住み、食糧などを互助的にやりとりする。リンボでは、世帯を越えて労働力もやりとりされる。しかしながら、紛争後にンブンダらが各地から集まりリンボを再編してきたため、この互助的な機能が十分に働かない状態になっている。こうした状況にあって、村の人びとがキャッサバやトウモロコシによる自給自足を達成するためには、一年をとおして焼畑を開墾して耕作、収穫、販売する労働力を必要としている。村びとが焼畑を開墾するのは、住居から徒歩で一時間以上離れた遠い場所が多い。保存の難しいキャッサバを主たる作物とする彼らは、三、四日に一度、遠い焼畑へキャッサバの収穫に通わなければならない。さらに先述のように、収穫したキャッサバは水に浸して毒抜きした後、天日で乾燥する必要があるなど、労働力がかかる。

また、地雷や戦闘に巻き込まれた障害者の世帯、親族のいない年長者のみで構成される世帯にとっては、離れた林に焼畑を開き、三、四日に一度は収穫し加工するキャッサバに依存した生活は大変困難である。以上のような理由で、しばらくN村に身を寄せて生活を再建しようとしてきたンブンダらのなかには、村にきて数年たたないうちに頼ることのできる親族を見つけだし、次の移住先へ移っていく人も少なくない。

このような村びとの生活状態と社会関係が希薄な状態では、少ない労働力で耕作できるトウモロコシのほうが生計をたてるのに容易である。また、N村から異なる場所へ移住しようと考えているものにとっては、トウモロコシが、移住後すぐに生計をたてなおすのに重要である。インタビューによれば、緊急人道支援で配布されたトウモロコシの早生種は、彼らが親族のいる望ましい土地へ移住する際によいものとして認識されていた。新たな土地に移住しすぐに耕作を開始して自給自足を達成しようとしたとき、改良早生種はやせた土地で焼畑を早急に造成することなしに耕作可能であるためである。

しかしながら、N村をはじめモシコ州南部でトウモロコシにのみ頼って生計を維持することは、ンブンダらにとって大変困難である。モシコ州はカラハリ砂層帯に位置しており、地下一〇〇メートルにわたってカラハリサンドという砂が堆積している。このため土壌肥沃度は低くトウモロコシ栽培には不適であり、また土壌改良が容易にはできない。ここに位置するN村では、トウモロコシだけで生計を維持することができず、キャッサバに頼らざるをえない。

以上のようにしてトウモロコシ栽培は、キャッサバほど主作物の中心ではないが、労働力の不足しがちな農村における主食作物および現金作物としてンブンダらの新たな生活戦略を担っていったのである。

5 結論――選択と補完の新生活戦略

(1) 嗜好性にもとづく食糧選択

本章でみたように、モシコ州の農村は帰還民にとって新生活を再開する上で重要な帰還先である。しかしながら、住居や耕地へのアクセスがあるものの、その後の生活はまったく安定しているというわけではない。前節までをふまえ、マクロレベルでの戦後復興は安定していると評価されるアンゴラで、ミクロな農村レベルにみられる生活戦略の特徴を考察する。

N村の生計活動は、紛争開始期から一見変化がないようにみえる。しかし、現在、村で栽培されているザンビア在来種と緊急人道支援による早生種のトウモロコシが主食用と販売用として栽培されており、重要な新生活戦略を担っていた。このようにトウモロコシが重要になった理由の一つが嗜好性である。

ンブンダらはアンゴラへ帰還後、主食である練粥の味を決めるにあたり、いかなる作物を耕作するかを考慮するようになっていた。ザンビアの在来種は、避難生活が長い人は四〇年にわたって慣れ親しんだ味である。しかしそれはザンビアでンブンダが受動的に受け入れたものではなく、彼らが日々の生計を維持する主体的な活動のなかで徐々に親しんだ淡白な味であり、それを人びとは栽培するようになったのである。

避難先のザンビアで難民となった人びとのこうした作物の選択は、他のアフリカ難民が戦略的に緊急人道支援などの配給を受け取るものとは異なる（Malkki, 1995）。先行研究では、都市などに住む難民らが自立的な生計を営んでいるものの、何かしらの理由で生計が苦しくなると難民キャンプへ行き緊急人道支援物資を受け取るとされている。一方でN村のンブンダらはザンビアの難民定住地で長期間にわたり緊急人道支援を受けつづけてきた。さらに彼らは、ザンビアでの支援で配給されるトウモロコシに受動的に慣れ親しんだというよりは、賃労の対価や受け入れ社会との日常的なかかわりを通じてザンビアの在来種に主体的に慣れ親しんだのである。そうしたなかで彼らは、故地に住んでいたときから行ってきた日々の調理方法を変えることなく主食である練粥の食材として、淡白な味のザンビア在来種のトウモロコシを選び、人道支援物資である改良早生種を次善のものとして補完的にとりこんだ。これによって、避難と帰還で経験した生計の崩壊と再構築のプロセスで副食が変化しやすい状況へ柔軟に対応したのである。

(2) 社会の流動性と柔軟性

ンブンダはトウモロコシを主食の食材に取り込んだものの、彼らが好まない緊急人道支援の改良早生種を栽培している。その新生活戦略は一見矛盾するようであるが、彼らが帰還後の痩せた土地で農業を再構築し、社会的に脆弱な状況に置かれるなかで行った重要な選択の結果である。

端境期に収穫可能な改良早生種を取り入れ、トウモロコシ全体の収量を高めることは、帰還後のンブンダらの労働力不足を補うことと関係していた。紛争後のN村では、村びとの労働力不足を補う互助的な関係が構築しにくく、住民の労働や食糧の交換が少なくなっていた。紛争が長期化した南部アフリカのなかで、これがいかなる特徴を持つものかをモザンビークの事例と比較し検討したい。

モザンビークからマラウィに避難した難民は、故地では親族同士が隣り合って居住し互助的関係を構築していたが、避難後、彼らは各地から逃れてきた見ず知らずの難民と互助的な関係を擬制的に再構築することによって避難生活を生き抜いていた（Englund. 2002）。やがて紛争が終わりモザンビークに帰還した人びとは、緊急人道支援を受け取りはじめた（Juergensen. 1993）。しかしこの場合、植民地期からモザンビーク各地に根づいた政治的社会的分断が人びとの日常生活に大きな影響を与えており、紛争前後でどの政治勢力が当該地域を占拠していたか、そして人びとがどのような政治的立場をとってきたのかが生活する上で重要な問題となっていた（舩田 二〇〇七）。そうして従来の農村から移動するか否かも左右され居住地選択も影響をうけた。

一方でアンゴラからザンビアへ逃れたンブンダらは、難民定住地であっても農村であっても、親族同士の互助を中心とする社会関係がキャッサバ生産をするうえでの労働力を支えていた。紛争が終わりアンゴラへ帰還すると、紛争中から続いていたＭＰＬＡおよびＵＮＩＴＡの政治勢力の対立関係よりも、むしろ親族・知人などの相互扶助を担う社会ネットワークを探すことができるか否かが生活再建にとって重要であった。こうした状況が背景にあることにより、緊急人道支援の改良早生種トウモロコシを日常の生計へ補完的に取り入れてきたのである。

また、この緊急人道支援で配布された改良早生種トウモロコシは、ンブンダが長期化した紛争で離散した親族を探し、村から村へ移動する際に活用することで、移住先での迅速な生活再建をも可能にすると認識されている。すなわち、改良早生種トウモロコシは人びとの移動を容易にし、社会の流動性を高くするものと捉えることができる。こうしたアンゴラ紛争後社会の流動性は、掛谷（一九九八）がかつて焼畑農耕社会について指摘した、環境利用法や互酬的な社会関係の維持に深く根ざした社会の流動性とは異なっている。本章で述べたアンゴラ紛争後社会の流動性は、長期化した紛争による生活に必要なインフラの未整備や、社会関係の断絶を克服しようとする南部アフリカ焼畑農耕民の主体的で柔軟な営みを示すものといえよう。

参考文献

掛谷誠　一九九八「焼畑農耕民の生き方」高村泰雄・重田眞義（編）『アフリカ農業の諸問題』京都大学学術出版会、五九—八六頁。

船田クラーセンさやか　二〇〇七『モザンビーク解放闘争史——「統一」と「分裂」の起源を求めて』御茶の水書房。

村尾るみこ　二〇一二『創造するアフリカ農民』昭和堂。

村尾るみこ　二〇一七「ザンビアにおける元難民の社会統合の現状」『立教大学21世紀社会デザイン研究』一五：七九—八六。

横田洋三総合研究開発機構（共編）　二〇〇一『アフリカの国内紛争と予防外交』国際書院。

Bakewell, O. 2000. Repatriation and self-settled refugees in Zambia: Bringing solutions to the wrong problems. *Journal of Refugee*

Studies, 13(4): 356-373.

Birmingham, D. 2015. *A Short History of Modern Angola*. C Hurst & Co, London.

Cheke. 1994. *The History and Cultural Life of the Mbunda Speaking Peoples*. Cheke Cultural Writers Association, Lusaka.

Crisp, J., J. Riera, & R. Martins de Freitas. 2008. Evaluation of UNHCR's returnee reintegration programme in Angola. UNHCR, Geneva.

Englund, H. 2002. *From War to Peace on the Mozambique-Malawi Borderland*. Edinburgh University Press, Edinburgh.

Hansen, A. G. 1996. The refugee integration aspects in two settlement models in Zambia: The case of the North-western Province. In (J. M. Nsolo, ed.) *African Refugees and Human Rights in Host Countries: The Long Term Demographic, Environmental, Economic, Social, and Psychological Impacts of Angolan Refugees in Zambia*. pp. 76-104.Vantage Press, New York.

Journal de Angola Online（http://jornaldeangola.sapo.ao/politica/mulheres_sao_a_maioria_da_populacao　二〇一四年一〇月二〇日閲覧）

Juergensen, O. T. 1993. Official repatriation from Malawi to Mozambique: A view from the top. *Refuge: Canada's Journal on Refugees* 13 (6): 22-23.

Malkki, L. H. 1995. *Purity and Exile: Violence, Memory, and National Cosmology among Hutu Refugees in Tanzania*. University of Chicago Press, Chicago.

República de Angola 2012. *Plano Nacional de Desenvolvimento 2013-2017*. Ministério do Planeamento e do Desenvolvimento Territorial, Luanda.

Roque, F. M. 1997. *Building the Future in Angola: A Vision for Sustainable Development*. Celta, Oeiras.

UNHCR 2008. *Global Appeal 2008-2009*. UNHCR, Geneva.

von Oppen, A. 1996. *Terms of Trade and Terms of Trust: The History and Contexts of Pre-colonial Market Production around the Upper Zambezi and Kasai*. LIT Verlag, Münster.

第11章　困難に直面する森の民
アフリカ熱帯林に住む狩猟採集民の人道危機

松浦直毅

1　序——狩猟採集民の人道危機

(1)　アフリカ狩猟採集民をとりまく現状

アフリカの各地で、自然資源に依存した狩猟採集生活を営む人びとが暮らしているが、とくに二〇世紀以降になり、彼らの社会に対する政府、NGO、外国企業などの外部アクターによる影響が強まっている。それは多くの場合、負の影響、すなわち、政治経済的な周縁化をもたらすものである。狩猟採集民が移住政策によって遠隔地に移動させられたり、開発プロジェクトにともなう資源開発によって土地を奪われたりした例は、枚挙にいとまがない。一方で、各地で勃発する紛争や内戦が、もともと社会的に脆弱な立場にあった狩猟採集民に対して、大きな物理的・精神的なダメージを与えている。アフリカ狩猟採集民のなかには、深刻な人道危機に直面している人びとが少なくないのである。

熱帯雨林の狩猟採集民として知られるピグミー[1]も、そのような状況に置かれている。森のなかで遊動的な生活を営んできたピグミーの社会では、二〇世紀後半になって定住化・農耕化が進み、それにともなって近隣農耕民をはじめとする外部の集団との関係も変容している。この過程でピグミーと農耕民の混交が進む場合もあるが、もともとあった政治経済的な格差が顕在化・拡大し、ピグミーに対する差別と周縁化が強まることが多い（松浦 二〇一二）。

一九八〇年代になると、外国企業による森林伐採や資源採掘などの開発事業が森林地帯の奥深くにまで浸透し、その一方で政府や国際ＮＧＯが主導する環境保全政策が広がった。「開発」と「保全」は対照的な方向性を持つが、そのどちらもがピグミーの生活をおびやかしている点では同様である。すなわち、資源開発も保護区の設立も、長い間暮らしてきた土地からピグミーを強制的に排除することにつながっており、それに対する十分な配慮と補償がなされていないのである。また、コンゴ民主共和国や中央アフリカ共和国などでは、内戦がたび重なり、しかも長期化しているが、こうした政情不安にともなって起きる暴力行為によってもっとも深刻な被害を受けるのも、ピグミーをはじめとする社会的弱者たちである。

⑵ ピグミーに対する人道支援とその課題

ピグミーが直面する深刻な危機に対しては、国連機関、国内外の組織、ＮＧＯなどによってさまざまな人道支援が展開されている（Msoka, 2007）。ベーシック・ヒューマン・ニーズにかかわる物品を援助したり、土地の利用権の確保を支援したりすることで、移住先のコミュニティへの定着をうながす取り組みが行われている。しかしながら、それが、ピグミーの生活形態や社会組織の特徴を十分に理解しないまま、物や土地を配分するだけの支援であれば、十分な効果を生まないばかりか「非人道的な」結果につながる危険性さえもはらんでいる（Wodon et al., 2012）。

森と強く結びついた遊動生活を送ってきたピグミーの社会の特徴として、居住地や居住集団を柔軟に変化させること、食物の分配や相互扶助にもとづき、権威者を持たない平等主義社会であることが挙げられる（Hewlett, 2014）。また、ピグミー社会の特徴を語るうえで欠かせないのが、近隣農耕民と長きにわたって築いてきた共生関係である。先に述べたように、現在では多くの集団で定住化が進み、社会の変容が進んでいるが、それでも遊動生活に根ざした社会の特徴は保持されており、近隣農耕民との関係の重要性にも変わりはない（Takeuchi, 2014, 松浦 二〇一二）。

このようなピグミー社会の特徴は、近代的な法律や社会制度と適合しないことがあり、そのことが彼らの権利の適切な保護を難しくしている。たとえば、彼らの慣習的な土地利用形態では、土地に対する権利があいまいであるため、容易に土地収奪を受けてしまうことになる。また、コミュニティを代表する権威者や組織を持たないことから、人びとの声が政府や国際社会にも届きにくい。深刻な人道危機に直面するピグミーに対する支援には、したがって、近代的な社会制度を前提とした普遍的な人道理念に依拠するだけでなく、彼らの社会的脈絡に対する深い理解にもとづく人道支援枠組みの「ローカライズ」が不可欠であり、その際には、長きにわたって蓄積されてきた膨大な民族誌的研究が重要な役割を果たすだろう。

以上をふまえて本章では、ピグミーが直面している人道危機とそれに対する支援の取り組みに焦点を当てる。まず、危機をもたらす要因として、資源開発、環境保全政策、そして紛争や内戦などの政情不安について概観する。つぎに、そうした状況に対する人道支援の状況とその問題点について述べる。そのうえで、民族誌的研究の成果で明らかになったピグミーの社会文化的な特徴を考慮して、より適切な人道支援のあり方を検討する。

2　人道危機を引き起こすもの

(1)　森林伐採と資源開発

ピグミーが生きるコンゴ盆地の豊饒な熱帯雨林は、政府や外国企業にとっても、木材をはじめ、鉱物資源や遺伝資源などを有する重要な開発対象である。伐採事業は、一九六〇年代にはすでに展開していたが、一九七〇～八〇年代になって拡大し、さらに、一九九四年の通貨（ＣＦＡフラン）切り下げを契機に木材輸送や労働者雇用のコストが大幅に減少したことで、森林の奥深くにまで浸透した（Ichikawa, 2006）（写真11‐1）。木材が伐採されるだけでなく、

写真 11-1　森のなかに切りひらかれた伐採道路（ガボン共和国）

伐採道路が切りひらかれることによって急速に森林が減少し、野生動物の生息地が失われている。それと同時に、獣肉取引が急増して狩猟圧が高まることで、多くの野生動物が絶滅の危機にひんしている。

森林と野生動物の減少は、そこから生活の糧を得ているピグミーの生活もおびやかす。のみならず、森林と深く結びついた彼らの文化的アイデンティティの基盤をゆるがし、ピグミーと近隣農耕民の共生関係にも負の影響をもたらしている（Ichikawa, 2014, 服部 二〇一二）。カメルーン南東部では、伐採会社に雇用されるのは大半が農耕民で、バカ・ピグミーが雇用される機会は極端に限られている（服部 二〇一二）。バカ・ピグミーが雇われる場合も、農耕民のように月単位の雇用ではなく日雇い労働で、その単価も農耕民の半額程度である。伐採会社は地域コミュニティに対して土地の使用料を支払うが、バカ・ピグミーは農耕民の一〇分の一しか得られていない。もともと両者の間には経済的な格差があったが、伐採事業によってそれがさらに拡大し、それによって政治的な格差も顕著になっている。

資源開発が自然環境とピグミーの生活に大きな負の影響をもたらす例として、もう一つ、世界銀行を含む国際共同事業体が四二億USドルを出資したチャドとカメルーンの海岸部をつなぐ全長一〇〇〇キロメートルにおよぶ石油パイプラインの建設事業を挙げよう（Pemunta, 2013）。二〇〇〇年代はじめに実施された事業の当初の計画では、石油から得られる収入の一部が地域住民の貧困削減や能力開発に用いられるとされており、その対象にバギエリ・ピグミーもふくまれていた。しかし実際には、この事業は自然環境の深刻な悪化をもたらしたのみならず、十分な補償がないことで住民生活の破壊と彼らの周縁化を招いた。とくに犠牲者となったのが、社会的マイノリティであるバギエリ・

ピグミーであり、なかでもその女性たちであった。慣習的に女性は男性より地位が低いことから、女性たちは男性と同様な補償を得ることができず、結果として男女の格差がさらに広がった。

鉱物資源の採掘事業も、水や空気の汚染、土壌侵食、化学物質や金属の混入などによる環境の悪化をもたらし、人びとの生存をおびやかす。伐採事業の場合と同様に土地の権利収奪にもつながっており、不平等や周縁化を助長するという意味でも、ピグミーの人権が著しく侵害されている。カメルーン、中央アフリカ共和国、コンゴ共和国にまたがるサンガ川流域三か国保護地域では、地元に暮らすバカ・ピグミーは移住労働者に比べて採掘事業によってわずかな収入しか得られておらず、適切な能力開発や教育も行われていない（Ingram et al. 2011, Schure et al. 2011）。

以上にみてきたように、資源開発事業は、どのようなタイプであれ、森林環境や野生動物に大きなダメージを及ぼし、それに強く依存したピグミーの生活もおびやかす傾向にある。開発事業が政府や外国企業に莫大な利益をもたらす一方で、政治経済的な弱者であるピグミーの権利は適切に保護されておらず、代替となる産業育成や生活保障もない。開発事業によってもともと地域社会に内在していた格差が強化され、それによってピグミーはますます周縁化され、差別的立場に置かれてしまうのである。

(2) 環境保全政策

一九八〇年代以降、資源開発事業の拡大によって野生動物の危機が叫ばれるようになると、政府、国際機関、NGOなどが主導して、自然保護区の設置や拡張、資源管理システムの構築などの環境保全政策が、アフリカ熱帯雨林の各地で展開してきた（写真11‐2）。現代の環境保全政策は、従来のトップダウン型の保全の反省に立ち、地域住民の参加と権限委譲を重視した「住民参加型保全」を基調としている（山越・目黒・佐藤〔編〕二〇一六）。しかしながら、中部アフリカ諸国においては、地域住民、とりわけピグミーが意思決定のプロセスに適切に参加し、保全による利益を十分に享受することは、お題目に掲げられているほど容易ではなく（Ichikawa 2014）、住民参加をうたいながら実際には保全政策が人権侵害につながるようなケースも少なくない。社会科学者や人権活動家のなかには、国立公園の設立によって多数の地域住民が強制的に移住させられ、政治経済的に周縁化させられていると厳しい批判の声を上げる人たちもいる[2]（Brockington et al. 2006, Cernea & Schmidt-Soltau, 2006, Schmidt-Soltau & Brockington, 2007）。

保全政策が深刻な人権侵害をもたらしている例として、カメルーンのゾウ密猟対策における住民への取り締まりを挙げよう。イギリスに本部を置く人権ＮＧＯ「サバイバル・インターナショナル」（ＳＩ）の声明によると、密猟取り締まり作戦において、自家消費のための狩猟にとどまっていたバカ・ピグミーも密猟者とみなされ、武装したエコガードによって暴力や拷問を受け、生命の危機にまでいたる者もいたという。ＳＩは、密猟対策を支援している国際的な自然保護ＮＧＯであるＷＷＦに批判の矛先を向け、経済協力開発機構（ＯＥＣＤ）に訴えている。密猟取り締まり作戦が行われたバカ・ピグミーの村で調査を行っている大石（二〇一六）によると、ゾウ狩猟に携わったことのない者もふくめた村人が取り締まりの対象となり、銃だけでなくワナ猟のための金属製のワイヤーや日常の作業に用いる山刀までが押収されたという。拷問を受けた人びともおり、彼らは肉体的にも精神的にも大きなダメージを負った。

写真 11-2　自然保護 NGO が設置した森林内のキャンプ（コンゴ民主共和国）

同様のケースは各地でみられており、コンゴ民主共和国のヴィルンガ国立公園では、ムブティ・ピグミーが武装化した保全活動による攻撃の脅威にさらされている（Inter Press Service, 2016）。このような「保全の武装化（militarization）」の背景には、アフリカ諸国で紛争が頻発するのにともなって武器の流通がさかんになった結果、密猟者が武装を強めている状況がある（Duffy, 2014）。密猟者との抗争によって自然保護官が命を落とすようなケースもあり、保全活動側も密猟者に対抗して武装を強めているのである。とはいえ、その結果として無実な弱者であるピグミーが犠牲者になることは、決して正当化されないだろう。

「保全」と「開発」は概念的には相対立するものだが、以上にみてきたように、ピグミーが暮らす現場で起こっている事態は同じである。すなわち、ピグミーの生活がおびやかされ、彼らの周縁化や差別が強められているのである。住民参加がうたわれるようになって久しいが、アフリカ熱帯雨林の保全政策は依然としてトップダウンで実施されており、ピグミーがそこに参加するのは困難であるという状況は、ほとんど変わっていない。

(3) 紛争と内戦

ピグミーの人権をおびやかすもっとも深刻な問題は、紛争や内戦にともなう暴力行為や虐殺である。政情不安を抱えた多くの地域において、政治経済的にもっとも脆弱な立場にあるピグミーが暴力や差別の一番の犠牲者となっているという多数の報告が、さまざまな人権団体や国連機関によってなされている（Human Rights Watch, 2003, IRIN, 2006, Pottier, 2007, USAID, 2012, ACAPS, 2015, OCHA, 2015）。

一九九四年のルワンダ虐殺では、トゥワ・ピグミーの三〇％が命を落としたといわれている。また、一九九〇年代から二〇〇〇年代にかけて起こったコンゴ民主共和国の内戦では、女性や子どもをはじめとする多くのピグミーが暴力やレイプの被害に遭い、食人の対象にまでなるという惨禍に見舞われており、成人男性たちに対する強制的な徴兵もあったという。二〇一三年の中央アフリカ共和国のクーデターでは、四〇万人が国内避難民、四六万人が難民となったとされている。このうちの何人がピグミーであったかを示すデータはないが、被害地域を考えれば、多くのピグミーがふくまれていることは疑いない。

紛争や内戦による人権侵害の問題は、それが長期におよぶことにもある。ルワンダ虐殺から二〇年以上が経過した現在でも、トゥワ・ピグミーはそれ以前の平和と安全な状況には戻れていない（Beswick, 2011, Hartley, 2015）。彼らの教育、居住、雇用などをめぐる環境は依然として劣悪で、物乞いに頼って暮らさざるをえない人びとも多い。ルワンダ政府は、民族間の対立に起因する虐殺の反省から、民族による分離を否定して国民アイデンティティの創出を目指してきたが、そのことによって逆に、マイノリティであるピグミーに対して十分な配慮がなされず、ピグミーたちが先住民であることを理由に特別な国際的支援を受けることが妨げられており（Beswick, 2011, Hartley, 2015）、結果としてトゥワ・ピグミーに対する差別と周縁化が助長されている。

コンゴ民主共和国南東の旧カタンガ州[3]の北部では、トゥワ・ピグミーとルバの民族対立が深刻化している。それまで抑圧的な立場に置かれていたトゥワ・ピグミーが土地の利用権を主張し、強制労働を拒否したことをきっかけに、二〇一三年五月に両者の間で武装対立が勃発した。ルワンダやコンゴの政府軍と敵対するルバの民兵は、トゥワ・ピグミーがコンゴ政府軍に協力していることを非難して彼らの村を襲撃した。その結果、多くの家屋が破壊や焼き討ちに遭い、女性や子どもを含む無実の村人たちが虐殺された。これに怒ったトゥワ・ピグミーの民兵が二〇一四年に復讐としてルバの村を襲撃し、それがさらにルバによる復讐を引き起こすなど、両者の争いはエスカレートをつづけ、二〇一四年の一〇か月の間に起こった略奪、家屋の焼き討ち、拷問、性的暴行は、報告されているだけで一万六〇〇〇件におよぶ（UNHCR, 2014a）。数百人の市民が殺害され、四〇万人が村を追われたという。二〇一五年一〇月と二〇一七年二月に和平に向けた話し合いが行われたものの、その間やその後にも数十名規模の死者を出す衝突が相次いで起こっており、二〇一六年一二月には三七万人、二〇一七年三月には五四万三〇〇〇人が国内避難民になっていると報告されている（OCHA, 2017）。

ピグミーが狩猟採集から定住農耕へと生活様式を変化させたことにともなって近隣農耕民とのかかわりが強まっているが、それは多くの場合、土地や自然資源をめぐる争いの激化を意味しており、もともと差別的な立場に置かれていたピグミーが人権侵害を受けることの方が圧倒的に多い。その一方で、それまで一方的に抑圧される立場だったピグミーが現金収入を得ることで武器を持つようになっており、そのことで武装対立はより深刻化し、結果的に数多くの無実の一般市民が暴力の犠牲者となっているのである。

3　人道支援の実態と課題

(1)　ピグミーに対する人道支援

ピグミーが直面する深刻な人道危機に対しては、難民高等弁務官事務所（UNHCR）、ユニセフ（UNICEF）、世界食糧計画（WFP）などの国連の各種機関、欧州委員会人道支援・市民保護総局（ECHO）や米国国際開発庁（USAID）をはじめとする各国の政府機関、多数の国際NGO・地域NGOが、それぞれの分野で人道支援活動を進めている。コンゴ民主共和国や中央アフリカ共和国などの紛争地域では、これらのアクターによって、ヘルスケア、食料と栄養、水、衛生、セキュリティなどを確保するためのさまざまなプロジェクトが展開されているが、以下では、2節でも述べたトゥワ・ピグミーとルバの対立によって深刻な人道危機が生じているコンゴ民主共和国東部の旧カタンガ州に関連した人道支援について検討する。

国連人道問題調整事務所（OCHA）の報告によると、二〇一五年の一年間に、コンゴ民主共和国全体に三〇億八〇〇〇万USドル、旧カタンガ州には七つのプロジェクトに一三億六〇〇〇万USドルの支援が割り当てられている（OCHA, 2015）。七つのプロジェクトはそれぞれ複数の目的を掲げているが、そのうち五つは「食料安全保障」にかかわるものである。ほかには「セキュリティ」と「水・衛生」がそれぞれ三件、「非食糧物資・シェルター」と「健康」がそれぞれ二件、「栄養」と「教育」がそれぞれ一件となっている。

以上にくわえて不測の事態に対する緊急の割り当てがあり、国全体では六二のプロジェクトに二四億四〇〇〇万USドル、トゥワ・ピグミーとルバの対立地域では、住民生活を支援する五プロジェクトに二〇〇万USドル、麻疹の流行対策の六プロジェクトに二四〇万USドル、故地への帰還を支援する五プロジェクトに二二〇万USドル（合わせて一六プロジェクト六六〇万USドル）が供出されている。これら一六のプロジェクトはそれぞれに一つの目的を掲げており、健康（六件）、非食糧物資・シェルター（三件）、食料安全保障（三件）、セキュリティ（二件）、栄養（一件）、教育（一件）となっている。食料安全保障と感染症対策の優先度が高いが、紛争にともなう暴力から身を守るセキュリティ対策も大きな懸案事項となっている（ACAPS, 2015, OCHA, 2015）。

(2) 人道支援の限界と課題

ピグミーが直面する人道危機に対しては、多様なプロジェクトに膨大な資金が投入されているが、それでもなお人道支援プロジェクトには限界があり、かならずしもあらゆる場面で効果的かつ十分な対策が講じられているとはいえない。そこでのもっとも大きな障害の一つは、当該国のガバナンスの不全である。コンゴ民主共和国東部では二〇年以上にわたって政情不安がつづいており、中央アフリカ共和国も一九六〇年の独立以来、度かさなるクーデターを経験し、二〇一三年の政変以降はきわめて不安定な情勢にある。これらの地域では、人道支援が強く求められる状況が長くつづいているが、深刻な危機にある人びとを救済するための緊急措置だけでなく、そうした問題の根底にある政情不安を脱することができなければ、根本的な解決にはならない。比較的政情が安定した国々においても、ガバナンスの改善は常に問題となる。すでに述べたように、ガバナンスの欠如した資源開発や保全政策によって土地問題が引き起こされ、地域住民の人権が著しく侵害されている。当該国政府や関係機関のガバナンスを強化し、土地や自然資源の適切な管理と利用を図る必要がある。

二つめに、援助資金をはじめとする資源の公正かつ効果的な配分に関する問題がある。多数のプロジェクトとそれに携わるアクターがいるために管理の経費がかさみ、資金をめぐるアクター同士の競合が激しくなっており、その結果、真に人道支援を必要とする人びとに行きわたる資金が目減りしてしまっている（SIDA, 2016）。

資源の配分は、地域における民族間関係にも影響される。ピグミーは長きにわたって近隣農耕民と経済的な相互依存関係を築いてきたが、この関係は、ピグミーが農耕民の社会階層に組み込まれるかたちで成り立っており、政治的にはピグミーが劣位な立場に置かれる場合が多い。ピグミーの生活形態が変化することで土地や自然資源をめぐる農耕民との競合が激しくなっているが、その過程で農耕民による差別が拡大する傾向が指摘されている（Takeuchi, 2014）。植民地時代以降、中部アフリカ諸国は、欧米諸国に対して周縁的な位置に置かれてきたが、そうした国家においてさらに周縁に追いやられているという意味で、ピグミーは「二重に周縁化」させられていると市川（Ichikawa, 2006）は指摘している。こうした傾向は、土地や資源の利用が制限されて競合が激化し、行政による管理も機能していないような人道危機下ではさらに顕著であり、そうした状況においてピグミーは、いわば三重に周縁化させられているともいえよう。

4　結論——どのような人道支援のあり方が望まれるか？

本章では、アフリカ狩猟採集民の人道危機について、熱帯雨林の狩猟採集民・ピグミーに焦点を当てて、その状況を述べてきた。自然資源の開発と環境保全は、概念としては反対の方向性を持つが、ピグミーの土地を奪い、生活をおびやかすという意味では同じ結果につながっている。政情不安や内戦下では、政治的立場がもっとも弱いピグミー、なかでも女性や子どもが、もっとも深刻な暴力行為や差別の脅威にさらされている。ピグミーが直面するこのような人道危機に対しては、さまざまな人道支援プロジェクトが実施されているが、ガバナンス不全に陥り、弱者に対する配慮のもとに公正な資源分配がなされていないような地域では、十分な効果があがっているわけではなく、ピグミーの健康で安全な生活が先々まで保障されているとはいいがたい。

それでは、どのような人道支援のあり方が望まれるだろうか。人道支援プロジェクトの導入と実施を考えるうえで重要なこととして、ピグミーが置かれた社会的脈絡や文化的背景を十分に考慮に入れることが挙げられる。そしてその際には、これまでに膨大に蓄積されてきた人類学・民族誌的研究が大きな役割を果たすだろう（Hewlett, 2014）。

ピグミーの土地の所有や利用について先行研究が明らかにしてきたのは、その基盤として遊動生活があり、土地に対する権利はゆるやかに規定され、共同的な利用がなされているということである。人道支援プロジェクトが依拠する近代的な制度にもとづいたグローバルな支援の枠組みは、このような特徴とは相入れないことがわかる。ピグミーの社会関係に目を向ければ、先行研究が共通して重要性を指摘してきたのは、近隣農耕民との関係である。だとすれば、ピグミーだけを対象にすえたようなプロジェクトは実態に即しているとはいえない。近隣農耕民の存在を視野に入れて、しかも両者の関係が、農耕民の方が上位の社会階層にあり、差別的な側面もはらんでいることを考慮に入れたプロジェクトの立案が必要だろう。

一方で、これまでの民族誌的研究においては、ピグミーと農耕民の関係は格差にもとづく排他的なものなのではなく、相互に依存しあった共生的なものであることも強調されてきた。メディアによる報道や人道支援の文脈では、ピグミーの悲惨な部分がとくにとりあげられがちである。実際に、そのような深刻な状況に置かれた場合があることはまちがいないが、地域によって社会状況は多様であり、そのような単純化したステレオタイプのイメージだけでは語れない（Hewlett, 1996, Bahuchet, 2014）。たとえば、筆者が調査を行ったガボンのバボンゴ・ピグミーは、近隣農耕民と比較的対等で平和的な共存を果たし、近代化にともなう変化にも柔軟に対応している（松浦 二〇一二）。バボンゴと近隣農耕民は、生物学的にも文化的にも混交の程度が大きく、民族間の境界があいまいになっている（松浦 二〇一二）。

人道危機下においても、共生的な民族関係がみられる場合がある。コンゴ共和国のプラトー県では、農耕民とピグミーが対等に近い関係で共存しており（IRIN, 2006）、バンベンガ・ピグミーとアトゥワ・ピグミーは、近隣農耕民と同じように町で商売を行い、病院の医者にかかり、選挙権も行使している。本稿でとりあげたコンゴ民主共和国のルバとトゥワ・ピグミーの対立地域でも、村を追われたトゥワ・ピグミーの避難民がルバの村長に受け入れられて、その村で保護されている事例がある（UNHCR, 2014b）。もちろん、このような事例はかぎられているが、ルバとトゥワ・ピグミーの双方とも、ふつうの人びとは対立を決して望んでおらず、平和的な共存と連帯を希求していることはまちがいない（UNHCR, 2014b）。

ピグミーのなかに、きわめて困難な状況に置かれ、緊急の対応を必要としている人びとがいることは厳然とした事実だが、だからといって彼らが一方的に蹂躙されているとだけとらえることは正しくなく、変化や不確実性に対して柔軟に対応しうる潜在力を持っていることも合わせて理解するべきだろう。一方ではピグミーの文化的特徴が近代社会への適応を難しくしている側面があるが、他方では社会組織の柔軟性という彼らの文化的特徴があるからこそ、大きく変動する社会環境に対する適応が可能にもなっているのである。

ピグミーと農耕民の関係も、政治的状況や農耕民社会の特性に応じて多様であることが知られている（Takeuchi, 2014, 松浦 二〇一二）。差別的であるだけでなく協調的でもあり、協調的な側面に光を当てて、それを生かすことができれば、人道危機下で両者が連帯と共存を確立することも不可能ではない。深刻な人道危機の地域では、民族誌的な現地調査を行うことは困難であり、実際にそのような研究はきわめて限られているが、まったくないわけではない。たとえば、ルイス（Lewis, 2006）によるジェノサイド後のルワンダのトゥワ・ピグミーに関する研究や、ヒューレット夫妻（Hewlett and Hewlett, 2008）によるエボラ危機に関する民族誌的研究がある。このような民族誌的研究を蓄積し、それをふまえてピグミーの文化や社会に対する幅広い理解を促進するとともに、そうした知見を人道支援の枠組みにも取り入れていくことが、長期的な問題解決の糸口になるのではないだろうか。

謝辞
本研究はＪＳＰＳ科研費ＪＰ二五二五七〇〇五の助成を受けたものである。同科研プロジェクトの研究代表者である湖中真哉氏をはじめとするメンバーの皆様には数多くのご助力をいただいた。心より感謝申し上げる。

注

1 「森の民」として知られるアフリカ熱帯雨林に暮らす二〇以上の民族集団の総称である。彼らの呼称についてはさまざまな見解があり、「ピグミー」という語には差別的なニュアンスが含まれるという指摘もある。しかし本稿では、彼らが同様の特徴を共有し同様の危機にさらされている状況を包括的にとらえることを重視するとともに、人道支援の文脈やメディアによる報道でも、幅広く知られアピール性が高い「ピグミー」という語が実際に用いられている点を考慮して、「ピグミー」とよぶこととする。

2 ピグミーを擁護する保全政策批判に対して、保全政策を推進する側からは、それを裏づける詳細な調査データがなく、一面的であるという反論もなされている（Curran et al. 2009, 2010）。

3 旧カタンガ州は、二〇一五年にTanganyika州、Haut-Lomami州、Lualaba州、Haut-Katanga州の四つに分割されている。

参考文献

大石高典　二〇一六『ゾウの密猟はなぜなくならないか――グローバルな取り組みと狩猟採集民コミュニティの葛藤』SYNODOS.（http://synodos.jp/international/17711/　二〇一七年七月二二日閲覧）

服部志保　二〇一二『森と人の共存への挑戦――カメルーンの熱帯雨林保護と狩猟採集民の生活・文化の両立に関する研究』松香堂書店。

松浦直毅　二〇一二『現代の「森の民」――中部アフリカ、バボンゴ・ピグミーの民族誌』昭和堂。

山越言・目黒紀夫・佐藤哲（編）二〇一六『自然は誰のものか――住民参加型保全の逆説を乗り越える』京都大学学術出版会。

ACAPS (Assessment Capacities Project) 2015. *Global Emergency Overview October 2015*. ACAPS.

Bahuchet S. 2014. Cultural diversity of African Pygmies. In (B. Hewlett, ed.) *Hunter-Gatherers of the Congo Basin: Culture, History and Biology of African Pygmies*, pp. 1-30. Transaction Publishers, New Jersey.

Beswick, D. 2011. Democracy, identity and the politics of exclusion in post-genocide Rwanda: The case of the Batwa. *Democratization*, 18(2): 490-511.

Brockington, D., J. Igoe & K. Schmidt-Soltau 2006. Conservation, human rights, and poverty reduction. *Conservation Biology*, 20(1):

250–252.

Cernea, M.M. & K. Schmidt-Soltau 2006. Poverty risks and national parks: Policy issues in conservation and resettlement. *World Development*, 34(10): 1808–1830.

Curran, B., T. Sunderland, F. Maisels, J. Oates, S. Asaha, M. Balinga, L. Defo, A. Dunn, P. Telfer, L. Usongo, K. von Loebenstein & P. Roth 2009. Are central Africa's protected areas displacing hundreds of thousands of rural poors? *Conservation and Society*, 7(1): 30–45.

Curran, B., T. Sunderland, F. Maisels, S. Asaha, M. Balinga, L. Defo, A. Dunn, K. von Loebenstein, J. Oates, P. Roth, P. Telfer & L. Usongo 2010. Response to 'Is the displacement of people from parks only "purported" or is it real?' *Conservation and Society*, 8(2): 99–102.

Duffy, R. 2014. Waging a war to save biodiversity: The rise of militarized conservation. *International Affairs*, 90(4): 819–834.

Hartley, B. 2015. Rwanda's post-genocide approach to ethnicity and its impact on the Batwa as an indigenous people: An international human rights law perspective. *QUT Law Review*, 15: 51–70.

Hewlett, B.S. 1996. Cultural diversity among African Pygmies. In (S. Kent, ed.) *Cultural Diversity among Twentieth-Century Foragers: An African Perspective*, pp.215–244. Cambridge University Press, Cambridge.

Hewlett, B.S. (ed.) 2014. *Hunter-Gatherers of the Congo Basin: Culture, History and Biology of African Pygmies*. Transaction Publishers, New Jersey.

Hewlett, B.S. & B.L. Hewlett 2007. *Ebola, Culture and Politics: Anthropology of an Emerging Disease*. Thomson Wadsworth, Belmont.

Human Rights Watch 2003. *Covered in Blood: Ethnically Targeted Violence in Northern DRC*. Human Rights Watch Report.

Ichikawa, M. 2006. Problems in the conservation of rainforests in Cameroon. *African Study Monographs, Suppl.* 33: 3–20.

Ichikawa, M. 2014. Forest conservation and indigenous peoples in the Congo basin: New trends toward reconciliation between global issues and local interests. In (B. Hewlett, ed.) *Hunter-Gatherers of the Congo Basin: Culture, History and Biology of*

African Pygmies, pp.321–342. Transaction Publishers, New Jersey.

Ingram, V., J.C. Tieguhong, J. Schure, E. Nkamgnia & M.H. Tadjuidje 2011. Where artisanal mines and forest meet: Socio-economic and environmental impacts in the Congo Basin. *Natural Resources Forum*, 35(4): 304–320.

Inter Press Service 2016. *Militarised Conservation Threatens DRC's Indigenous People*. Online.（http://www.ipsnews.net/2016/09/militarised-conservation-threatens-drcs-indigenous-people-part-1 二〇一六年一一月八日閲覧）

IRIN (Integrated Regional Information Networks) 2006. *Minority under Siege: Pygmies Today in Africa*. IRIN.

Lewis, J. 2006. Les Pygmées Batwa du Rwanda: Un peuple ignoré du Rwanda' In (S.C. Abega & P.B. Logo, eds.) *La Margininalisation des Pygmées d'Afrique Centrale*, pp.79–105. Maisonneuve et Larose and Afrédit, Paris.

Msoka, G.A. 2007. *Basic Human Rights and the Humanitarian Crises in Sub-Saharan Africa: Ethical Reflections*. (Vol.74.) Wipf and Stock Publishers, Eugene.

OCHA (UN Office for Coordination of Humanitarian Affairs) 2015. *DRC Humanitarian Fund: Annual Report 2015*. UN-OCHA.

OCHA (UN Office for Coordination of Humanitarian Affairs) 2017. *RD Congo: Bulletin Humanitaire No. 1, Mars 2017*. UN-OCHA.

Pemunta, N.V. 2013. The governance of nature as development and the erasure of the Pygmies of Cameroon. *GeoJournal*, 78(2): 353–371.

Pottier, J. 2007. Rights violations, rumour, and rhetoric: Making sense of cannibalism in Mambasa, Ituri (Democratic Republic of Congo). *Journal of the Royal Anthropological Institute*, 13(4): 825–843.

Schmidt-Soltau, K. & D. Brockington 2007. Protected areas and resettlement: What scope for voluntary relocation? *World Development* 35(12): 2182–2202.

Schure, J., V. Ingram, J.C. Tieguhong & C. Ndikumagenge 2011. Institutional aspects of artisanal mining in forest landscapes, western Congo Basin. In (J. Runge & J. Shikwati, eds.) *Geological Resources and Good Governance in Sub-Saharan Africa: Holistic Approaches to Transparency and Sustainable Development in the Extractive Sector*. pp. 199-216. CRC Press, London.

SIDA (The Swedish International Development Cooperation Agency) 2016. *Democratic Republic of Congo Humanitarian Crises*

Analysis 2016. SIDA.

Takeuchi, K. 2014. Inter-ethnic relations between Pygmies and farmers. In (B. Hewlett, ed.) *Hunter-Gatherers of the Congo Basin: Culture, History and Biology of African Pygmies*, pp.299–320. Transaction Publishers, New Jersey.

UNHCR (The United States Agency for International Development) 2012. *Democracy, Human Rights, and Governance Assessment of the Democratic Republic of the Congo (Final Report)*. USAID.

UNHCR (The United Nations High Commissioner for Refugees) 2014a. *Hundreds of Thousands of Congolese Flee Violence in Katanga Province's Triangle of Death*. Online.（http://www.unhcr.org/news/latest/2014/11/546b2c0a9/hundreds-thousands-congolese-flee-violence-katanga-provinces-triangle-death.html?query=luba% 20twa　二〇一六年一一月八日閲覧）

UNHCR (The United Nations High Commissioner for Refugees) 2014b. *Coexisting in Congo: Rivals Set an Example for Peace in Katanga Village*. Online.（http://www.unhcr.org/news/latest/2014/12/548eff2e6/coexisting-congo-rivals-set-example-peace-katanga-village.html　二〇一六年一一月八日閲覧）

Wodon, Q., P. Backiny-Yetna & A. Ben-Achour 2012. Indigenous people in central Africa: The case of Pygmies. In (G.H. Hall & H.A. Patrinos, eds.) *Indigenous Peoples, Poverty, and Development*, pp.118–148. Cambridge University Press, Cambridge.

第12章　人道支援を遊牧的にローカライズする

遊牧社会の脈絡を再定義する試み

サヴェリオ・クラトゥリ（湖中真哉 訳）

1　序――ローカライゼーション概念をとらえ直す

(1)　古典的な生態学モデルからレジリエンス的思考による生態学モデルへ

人道支援を、遊牧というある種の特別な措置が必要な脈絡に対して当てはめる際に、「ローカライゼーション」の概念をどのように用いるべきなのか。本章では、私が提案するあるものの見方を採用することによって、この課題を考えてみたい。

「ローカライゼーション」は、極めて重要な課題であり、遊牧社会の開発研究において長年の懸案事項であったと私は考えている。それと同時に、支援を遊牧の脈絡にローカライゼーションするどのような試みも、実際にやってみると、まずもって根本的な困難に直面するであろうことがすぐに思い浮かぶ。なぜなら、この二、三〇年の間に、遊牧についての科学的理解は一八〇度の大転換を経験してきたにもかかわらず、開発と人道的介入の世界は、いまだにこの転換に追いついていないからである。したがって、遊牧の脈絡において、支援の「ローカライゼーション」を議論する際に、遊牧という脈絡が、すでにまともにきちんと理解されているから大丈夫だと考えて、そこから出発するわけにはいかない。そこで、少し時間をさかのぼって、私がここでいう転換とはどういうことなのか、そのおもな要素を簡潔にふりかえっておこう。

約一世紀にわたり、古典的な生態学は、相対的に閉じた、安定状態に向かうシステムによって自然を表現してきた。この手法は一九七〇年代に入ってからようやく崩れた。そのときから、古典的な「均衡」モデルがどこにでも当てはまることを疑問視する生態学者が急速に増え、むしろ、可変性（variability）が当たり前の世界において均衡モデルは、ごく限られた状況においてのみ当てはまるものに過ぎないことが発見されてきたのである。レジリエンス的思考（resilience-thinking: 再起力を中心におく考え方）は、現在、開発の分野で一般的なものになりつつあるが、それはこうした理論的な反省から生まれたものである。この観点から研究を進める研究者は、可変性を、たんなる例外ではなく、むしろ通常の状態として扱うことが重要であるととらえられるような科学が必要であることを強調してきた。

生態学におけるパラダイム転換、とりわけ、可変性と複雑性の力学に新たに注目が集まったことで、遊牧と乾燥地を研究する学者が実はずっと以前から気づいていた現象を分析をするために好ましい環境が整うことになった。一九八一年には、レジリエンス的思考に基づいて研究する研究者は、「さまざまなサバンナとそれ以外の自然のシステムの力学を比較してみると、システムの再起力は、システムの安定性（通常はシステムの外部から人為的にもたらされたもの）が高まれば高まるほど、逆に減少していくと結論づけられる」（Walker et al. 1981: 473）ということにすでに気づいていたのである。一九八〇年代の終わりには、このような気づきは、遊牧民の開発に取り組む研究者にも広まることになった。たとえば、ケニア北部の遊牧民トゥルカナに関する記述で、エリスとスウィフトは、「もともと均衡的でないシステムを外部から安定化させようとして介入してしまうと、良くても的外れな結果に終わるだけで、運が悪ければ、むしろ妨害的で破壊的な結果を導いてしまうだろう」と警告している（Ellis & Swift. 1988: 451）。一九九〇年代半ばまでには、この新しい思考にそった調査結果が各地から集められるようになり、それまでの遊牧民に対する開発パラダイムに対する批判が新たに形成されるようになってきた（Behnke et al. 1993）。

この理論的な転換は、われわれがいかに可変性を理解するかにかかっている。つまり、可変性をじゃまなものや危険なものとみなす理解から、生態システムを構成する一つの要素とみなす理解への転換である。より一般的には、この理論的な転換が起こったことによって、遊牧民の開発を考える際には、「問題」とそれに対する「解決策」の位置づけを根本的に見直すことが必要になったのである。いくつかの事例では、これまで「問題」の枠に収められていた物事が、むしろ「解決策」として見直されることになった。たとえば、それまで「問題」としてみられていた遊牧民の遊動性は、今や生態学的な持続可能性と経済的な成果の双方にとって「解決策」の重要な手がかりであると再評価されるようになった。

つまり、ここでわれわれが注目すべきは、構造的な可変性によって特徴づけられるシステムにおいては、可変性を制御して、安定性を導入しようとすると、そのシステムを強くするどころかむしろ脆弱にしてしまうという考えである。アフリカの乾燥地における遊牧システムはまさにこれに当てはまる例なのである。

近年、カリフォルニア大学バークレー校の重大リスク管理研究所（Center for Catastrophic Risk Management）のエミリー・ロー（Emery Roe）はこれとよく似た問題を扱っている。彼は、二〇年以上にわたって、もともとの性質からして可変的なタイプの意思決定がなされる脈絡について研究をしてきたが、遊牧社会にも関心を持ちつづけており、遊牧社会を「高信頼性システム（high-reliability system）」（Roe et al. 1998）として理解することを試みてきた。ローはこのような可変的なタイプの意志決定がなされる脈絡を、あえて「無秩序なシステム（mess systems）」とよぶが、それは、秩序とはそもそも安定性や対称性に関係するものだという私たちの常識的な考え方を覆す必要があるからである。彼は「無秩序のパラドックス（mess paradox）」について語っている。つまり、システムの混乱が大きくなればなるほど、意思決定者はシステムをより制御したくなるが、それを制御しようとすればするほど、逆に、さらなる混乱を生み出してしまい、そして、それを制御しようとする新たな欲求を生んでいく（Roe. 2013）。このように、「命令と制御（command and control）」型アプローチは、こうした文脈ではうまく働かないので、むしろ、計画はあえておおまかにしておいて、そのつど必要な対応ができるような余地を残しておいたほうがよい。このパラドックスは、遊牧という脈絡において人道支援の役割を考える際の手がかりを提供している。すなわち、遊牧民の脈絡では、可変性または無秩序が、たんに破壊的であったり、緊急状態と結びついていたりするのではなく、彼らの社会が持つ性質としてもともと備わっており、人びとの生活戦略の中にあらかじめ織り込み済みになっているのである。

(2) 雨季を長引かせるための遊牧技術

それでは、構造的に可変的な環境（structurally variable environment）は、そもそもどういうことなのか。遊牧民が暮らす環境において、牧草や家畜が食用とする植物が持つ栄養は一様に分布しているわけではなく、時間的にも空間的にもむらのある状態であちこち散らばって降る雨によって決まってくる。わずか数キロしか離れていない地点で、「降雨に恵まれた年」の状況と「旱魃の年」の状況がまるで同時にあるかのように見えることすらあるほどである。雨が降るかどうかという変動性は、土壌、地形、植物種、同植物種内の多様性、さらに、植物のライフサイクルをとおしての栄養の散らばり具合の変化に結びついている。このために、同じ植物であっても、家畜がそれを食べるのが数日早いか遅いかによって、摂取できる栄養がまったく違ってくることもある。遊牧システムのように、休憩したり、中断したりすることが許されない脈絡においては、小さな差異が積み重なって大きな差異となり、それが、彼らが繁栄するか災難に苦しむかの微妙な線引きに影響してくることになる。

乾燥地における植物栄養素の集まり具合は、家畜の栄養にとって大切だが、それが具体的にいつどこで起こるのか、また、それがどれくらいつづくのかを前もって知るのは難しい。いや、というよりも、遊牧システムがうまく利用できるように重視してきたのは、まさにそれらの可変的な性格なのである。牧草の栄養がピークに達する時期は、通常、一、二週間程度のごく短い期間に過ぎず、もしすべての牧草が同時に成熟したとしたら、家畜にとって、牧草の栄養がピークのときにそれらすべてを摂取するのは不可能であろう。もし、そうなってしまえば、植物が蓄えた多くの栄養が、家畜によって利用される前に、植物の成長のために消費されてしまうことは明らかである。

ところが、実際には植物の生長が、時間的にも空間的にも分散していてむらがあるおかげで、そして、遊牧民がそれに合わせて遊動しているおかげで、彼らの家畜群は、どこかの同じ場所で遊動しないでいるよりも、ずっと長期間の間、牧草の栄養がピークの状態を利用しつづけられる。ニジェール共和国の遊牧民フラニのウォダベの研究において、ニコラウス・シャレイカ（Nikolaus Schareika）は、こうした特徴を利用した技術を、遊牧民が「雨季を長引かせる（stretching the rainy season）」技術とよんでいる（Schareika, 2003）。この観点から考えてみれば、乾燥地における牧草の可変性が、家畜の飼育にとって障害となりうるのか、あるいは逆に強みとなりうるのかは、むしろ、遊牧民の側の生産戦略のありようにかかっているといえるだろう。

可変性をそのままリスクや障害とみなしてしまうような古典モデルにおいては、事実上、遊牧民が実践しているあらゆること――たとえば、彼らが遊動することや、飼育する家畜の種類を多様化すること、家畜群を細かく分けて管理すること等――は、可変性をできるだけ小さくする（minimize）か、あるいは可変性になんとか対処する（cope with）戦略として理解されることになってしまう。しかし、より遊牧民に近い見方で見ると、このような「対処戦略（coping strategies）」は、システムの可変性を減少させるよりも、むしろ、増やす戦略であることがみえてくるだろう。

では、このしくみをどうやって説明すればいいのだろうか。これは、遊牧民は自分たちの生産システムそれ自体に可変性を埋め込むことによって、環境がもっている可変性に対する接合面（interface）を形作っていることから説明できる。この接合面によって「相関的にみた場合の安定性（relative stability）」がもたらされる。同じペースで動いている二つのものがあると仮定してみよう。両者が動いている過程自体は、絶対的な意味では、もちろんどちらも動いているので動いていることになる。しかし、両者の相関性からみた場合には、どちらもお互いが同じように動いているので、結果的に安定している状態が作りだされ、あたかも静止しているかのように見えることになる。これは、両者がともに動くことで問題を解決する技法であり、動かない何かがもう一方の動くものを処理することで障害を克服してゆく対処戦略のような技法とは異なっている。

両者がともに相関的に動くことによって、異なる価値がそこにはつけ加わっているのだ。新しい何か、特別な何かがこの過程においてなされたのである。先の事例でいえば、すなわち、雨季を長引かせることができたことがそれに該当するわけだ。絶対的な意味で環境のほうだけを安定化させることによって、雨季を長引かせることなどもちろん不可能である。たとえそれが経済的に実行可能な選択肢であったとしても無理だろう。ほぼ一世紀にわたって行われてきた外部からの介入による遊牧社会の開発をもってしても、実際、大規模にこれを実現するには至っていない。

これらすべてのことはローカライゼーションの問題とどう関連しているのか。これからとくに二つの点について示していこう。

2　ローカライゼーションの問題をどうとらえるか

(1)　ローカライゼーションは方法論的な負の伝統に批判的に取り組む必要がある

本書の各章は、人道支援における標準化（standardization）やカテゴリー化（categorization）の問題を取り扱っている。いくつかの章は、旱魃についての検討である。つぎに旱魃をどのように定義したらよいかを考えてみよう。なぜなら、この問題は、標準化が遊牧民の開発における方法論的な負の伝統といかに結びついているのかを考える上で格好の題材となるからであり、ローカライゼーションを考えるこのプロジェクトを進めるためには、概念の面からいかに細心の注意が必要なのかを示してくれるだろう（Krätli, 2016）。

遊牧はとりわけ旱魃に弱いというあらゆる主張があるにもかかわらず、不思議なことに、遊牧という脈絡をきちんと踏まえた上で、旱魃が定義されたことは、いまだかつてない。確かに、「水文学的な意味での旱魃」、「農業的にみた旱魃（作物を耕作するような意味での旱魃を指す）」、「地理学的な意味での旱魃」、「社会経済学的な意味での旱魃」などについてはこれまでも定義されてきた。しかし、「遊牧的な意味での旱魃（pastoral drought）」について考えられたことはない。現在あるようなこれらすべての旱魃の定義は、みな、ものごとを実体化して把握する見方にとらわれており、一様にある「モノの状態（state of things）」を指し示している。それは水の稀少性である。

人類学者は少なくとも一九五〇年代から遊牧民が旱魃をいかに理解してきたかについて調査資料を収集してきた。ガリバー（Gulliver, 1955: 22 note 1）は、ケニアの高地にある地域（キタレ）についての、遊牧民トゥルカナのある人物との会話を報告している。

「[彼は]、あそこは一年中湿った季節がつづきますね、と言った。私は、えっ、少なくとも三か月の乾季があるじゃないですか、と説いたが、彼は、『いや、雨について言っているのではなく、牧草について言っているのですよ。牧草が多ければ、湿った季節なのです。キタレに乾季はありませんよ』、と答えた」。

つまり、遊牧民のものの見方からすると、乾季、ひいては旱魃を定義するときには、降水量が多いか少ないかではなく、牧草が入手できるのかできないのかが基準となるのである。他の遊牧社会でもこれと同様の現象がみられる。モンゴルにおけるゾド（*zud*）とよばれる寒雪被害は、その一例である。モンゴルの気象庁は、一定量を上回る積雪量を基準にゾドを定義している。ただし、遊牧民は、雪が降らないタイプのゾド、もしくは「黒いゾド」についても語る。これは、凍結によって水表面が利用できなくなることを意味している。いずれの事例でも、遊牧民は、たんなるモノの状態（雨、雪の物理的降下量）ではなく、「関係性（relationship）（牧草地や水へのアクセス可能性）」をみることによって、現象を理解しているである。人道的支援の脈絡によりなじみ深い表現を使うと、旱魃やゾドを牧草へのアクセス可能性から理解する遊牧民の観点は、アマルティア・センが飢饉を、供給不足に関連するモノ自体の状態ではなく、食物への権原（entitlement）から理解した観点を思い起こさせる。二つの観点はともに関係的（relational）であり、実体的なアプローチとは異なる意義を持っている。

つまり、「遊牧な意味での旱魃」は、現在、開発と人道支援業務で使われている「農業的な意味での旱魃」とはそもそも異なる概念であり、降水量（および、たまに起こる「収穫の失敗」ではなく、牧草と水へのアクセス可能性にかかわっているのである。たんなる雨不足としての旱魃は、人間が制御できないモノの状態（したがって、政治的に中立）に過ぎないが、牧草へのアクセスが困難になる現象としての旱魃は、それをどう管理するか、どういった脈絡に置くかによって変わってくる。降雨量が少ないことが農業的な意味での旱魃を引き起こしたとしても、家畜の放牧者が他の牧草地を利用できさえすれば、必ずしも、遊牧的な意味での旱魃をただちに引き起こすわけではない。それとは反対に、降雨量にさしたる違いがないような場合でも、自由に遊動できない状態に置かれれば、遊牧的な意味での旱魃は、その結果、より頻繁に起こりうる。ガソリンスタンドを利用できるかどうかという問題は、満タンで一〇キロメートル走行できる車に乗っているか、一〇〇〇キロメートル走行できる車に乗っているかで、まったく変わってくるのと同じことである。

このように、実体的なものの見方から関係論的なものの見方への転換は決定的に重要である。牧草の質、なかでも牧草に対する嗜好性（palatability）の概念は、この違いを説明する例として役立つだろう。実体的な観点からすれば、家畜の牧草に対する嗜好性は、植物それ自体に内在する属性として扱われる。いわば、何らかのもとから「おいしい植物」が存在するというわけだ。これとは異なる関係論的なものの見方に立てば、嗜好性は、植物に内在する何らかの属性ではなく、ある植物とそれを食用とする特定の動物との関係性として理解できる。もし、ある動物がある植物を好んで食べれば、そこには嗜好性がある。また、もし、ある動物がある植物を食べたがらなければ、そこには嗜好性はない。つまり、嗜好性は、植物それ自体の中にあるのではなく、植物と動物の間の関係性の中にこそある。

遊牧民は牧草の質の善し悪しを、自分の家畜の様子を見ながら判断している。すなわち、その家畜は好んでその牧草を食べているのか、そして家畜は肥え太っているかを見ているのである。このようにして、遊牧民は、ある特定の場所、期間における放牧の経験を、まるごと一挙に考慮するようなやり方を採っている。それには、家畜がその植物を食べる際に、植物が雑音を立てたり、その植物に家畜が嫌う香りがついていたりして、採食のじゃまになる、といった要素も含まれる。また、どの植物とどの植物を、いつどう組み合わせて家畜に食べさせれば、家畜の食欲を亢進させることができるのか、といった要素も含まれる。

遊牧的意味における旱魃の事例のように、関係論的な観点を採れば、遊牧民による家畜管理の役割など、対象に働きかけをする行為者（agency）をずっと効果的にとらえることができるようになる。嗜好性を関係性として理解すれば、それはたんなる所与の状態ではなく、操作することができる対象となるだろう。たとえば、ある植物を牧草として食べられるように、家畜を訓練することもありうることになる。事実、フレデリック・プロヴェンザ（Frederick Provenza）らのユタ州立大学の放牧管理研究グループが導入した農業改良事業では、それまでは家畜が好んで食べないとされていた植物（たとえばブッシュセージ（sage bush））を家畜に食べさせ（肥育させ）る訓練に成功している。

そもそも可変性が当たり前の遊牧的な脈絡においては、実体的なものの見方は、基本的に相容れない。一直線の因果関係、安定性、過程よりも状態に注目してしまうような考え方もそうである。もし、こうした方法論的な負の伝統の問題点をあらかじめ見破っておかなければ、どんなにうまくローカライゼーションしようと努めても、最初から台無しになってしまうだろう。

(2) ローカライゼーションは「権力の磁場」に対処する必要がある

ここまで方法論的な負の伝統の問題点について語ってきたが、遊牧社会における開発の舞台で縦横に働く権力の網の目について考察する必要性についても述べておきたい。それは、遊牧民に対する人道支援に対しても影響を及ぼす可能性があるだろう。私がここで問題にしているのは、政策論的な環境のみならず、研究者、技術者、実務家、支援団体の間に広まっている物語り方（narrative）と思考態度（mindset）の負の伝統である。

どのように意図していようとも、この権力の磁場（force-field）に入ることで、私たちがどのような言葉を使用し、どのような事例を選択するかは、避けようもなく影響されてしまう。たとえば、「脆弱性（vulnerability）」という言葉は、「遊牧民が脆弱性を持つ」と用いられるときには、数十年来、遊牧民の開発言説において一般的にいわれてきたような、生産性の低さ（poor-productivity）、持続不可能性（unsustainability）、後進性（backwardness）の語りと共鳴していく。ここでは「脆弱性からの脱却」（あるいはたんに開発それ自体）が、いつのまにか「遊牧からの脱却」と同じことだとされてしまうのである。ここで私は、ものごとがどういう状態なのかについて言及すること自体を避けるべきだと主張しているのではない。脆弱性について語ることが、確かに否応なく正確であることもあるが、この負の伝統の罠にはまらずに、それを語る方法を見つけていくことは、ローカライゼーションが挑むべき課題の一つであるように思われる。

これは、居住地からの「強制立ち退き」（displacement）について語る際にも当てはまる。強制立ち退きは万人にとって問題となるが、とりわけ、遊牧民にとってはそうである。というのも、それは、たとえば、その土地に毎年戻ってくる場合などのように、所有権が常日頃から行使されている土地から離れてしまうことを意味するからであり、一、二年足らず土地を使用できなくなっただけで、結果的に所有権を永続的に失ってしまうことにつながるかもしれないからである。遊牧民自身が望んでもいないのに居住地を強制立ち退きさせられると、もともと彼らが遊動してきたという背景があるために、彼らにとってそれが問題だということが気づかれなくなってしまうことがある。この一方で、強制立ち退きは何でも問題だとみなす枠にはめこんで、そういうものとして受けとめてしまうと、「強制立ち退き」できるかどうかがまさに食い扶持に直結する遊動民の立場から考えた場合には、逆に望ましくない政策的主張がされることもある。

私がここまで語ってきたことから照射した場合、「強制立ち退き」をどうローカライゼーションできるかについて、一例を示すことで本章を結びたいと思う。生計が特定の場所に結びついている人にとって、強制立ち退きは文字通りその場所から強制的に立ち退くことに関係する。その場合には、生計上の資源から切り離されるということが、自分の場所から隔絶されるということと区別がつかないようなことになる。これは、もちろん、生計に対する定住民的な見方である。変則的な仕方で遠くの場所に移動できるかどうかに生計が左右される人びとにとっては、こうした意味での「強制立ち退き」という概念により、そのすべてを語り尽くすことはできない。遊牧民にとって、生計上の資源から切り離されることは、必ずしも、その場所から移動させられることと同じことにはならない。たとえば、スーダンと南スーダンの間に新しい国境が制定されたことで、これまで毎年行っていた遊動が妨げられることとなった遊牧民をここで思い浮かべてみて欲しい。農民が自分の田畑を手放すのを余儀なくされるのと同様に、遊牧民は生計上の資源から切り離されてしまう。しかし、その国の政府からは、彼らは最終的に自分たちが「属している」場所に落ち着いたようにみえてしまうかもしれない。これは、まさしく「強制立ち退き」の反対で結構なことだというわけだ。「強制立ち退き」が結果的に果たす役割上の意味（生計手段から切り離されること）を、地理的な特定の代理地へ移動すること（ある土地の放棄を強いられること）と、ひとまず区別して考えることは、遊牧の脈絡における人道的支援のローカライゼーションが挑むべき課題の一つかもしれない。

参考文献

Behnke, R.H., I. Scoones & C. Kerven (eds.) 1993. *Range Ecology at Disequilibrium: New Models of Natural Variability and Pastoral Adaptation in African Savannas*. Overseas Development Institute, London.

Ellis, J.E. & D.M. Swift 1988. Stability of African ecosystems: Alternate paradigms and implications for development. *Journal of Range Management*, 41(6): 450–459.

Gulliver, P.H. 1955. *The Family Herds. A Study of Two Pastoral Tribes in East Africa. The Jie and Turkana.* Routledge, London.

Krätli, S. 2016. Discontinuity in pastoral development: Time to update the method. *OIE Scientific and Technical Review*, 35(2): 485–497.

Roe, E. 2013. *Making the Most of Mess. Reliability and Policy in Today's Management Challenges*. Duke University Press, Durham and London.

Roe, E., L. Huntsinger & K. Labnow 1998. High-reliability pastoralism versus risk-averse pastoralism. *Journal of Environment and Development*, 7(4): 387–421.

Schareika, N. 2003. *Know to Move, Move to Know: Ecological Knowledge among the WoDaaBe of South Eastern Niger*. FAO.

Walker, B.H., D. Ludwig, C.S. Holling & R.M. Peterman 1981. Stability of semi-arid savanna grazing systems. *Journal of Ecology*, 69(2): 473–498.

終章　東アフリカ遊牧社会の現場からみた新しい人道支援モデルに向けて

湖中真哉

1　序——本章の構成

この終章では、はじめに、本書のこれまでの議論を総括しながら、東アフリカ遊牧民に対する人道支援のローカライゼーションに関して、人的、時間的、空間的な三つの枠組みからなるモデルを提示する。そして、本書の各議論を総括した到達点から「内的シェルター支援モデル」という支援モデルを打ち出すことを試みる。最後に、地域研究の立場から、「普遍的普遍主義」に基づく人道支援のあり方を展望する。

2　接合領域接近法による人道支援の時空間モデル

⑴　人間的枠組み——遊牧民の人間性と最低基準

まず、東アフリカ遊牧民に対する人道支援のローカライゼーションに関する人的、時間的、空間的な三つの枠組みからなるモデルの一つとして、人的な枠組みからなるモデルについて検討を行いたい。

二〇世紀における開発研究の潮流は、二〇世紀中ごろには楽観的な経済発展重視の考え方が主流を占めていた。しかし、二〇世紀後期においては、「持続可能な開発（sustainable development）」（開発と環境に関する世界委員会一九八七）や「人間の安全保障（human security）」（人間の安全保障委員会二〇〇三）等の概念が提唱されるようになり、危険性や環境に配慮しながら、弱者が最低限人間らしい生活を営むことができるような方向へと転換してきた。

それゆえ、東アフリカ遊牧社会を対象とした現行の人道支援やそれに付随する開発のプロジェクトは、何らかの最低基準にかかわる概念を前提としている。たとえば、ベーシック・ヒューマン・ニーズ（basic human needs）、ミレニアム開発計画（MDGs: Millennium Development Goals）、持続可能な開発計画（SDGs: Sustainable Development Goals）、普遍的初等教育（universal primary education）、プライマリー・ヘルス・ケア（primary health care）等の概念がそれに該当する。序章で概観したスフィア・プロジェクトに代表される人道支援の最低基準もこうした潮流の中に位置づけることができるだろう。東アフリカ遊牧社会は、最低限の生活水準すら保証されない状態に長らく置かれつづけてきたことを考えると、これらの概念が用いられることはとりわけ驚くべきこととはいえない。

ここでは、東アフリカ遊牧社会におけるそうした最低限の基準がどういうものであるのかを、無理矢理すべてまとめ上げて、実体的に提示することはしない。無限の多様性を持つ各社会において、それぞれが置かれた状況によって、それらの基準は違ってしかるべきであろう。第12章でクラトゥリが述べている関係論的アプローチの観点からいえば、遊牧民が最低限人間らしい生活を営むための最低基準やそれにかかわるニーズは、人道支援機関が、遊牧社会の諸事情をまったく考慮に入れずに、一方的に規定できるものでもなければ、遊牧社会の内部の伝統としてもとから存在するものでもない。それは、人道支援機関と遊牧社会の間に何らかの接点ができた際に、両者の関係性によって、そのつど定義され、生成するものであると考えられる。ここでは、この点に関して、本書から明らかになったいくつかの重要な点のみをまとめておこう。

人道支援の最低限人間らしい生活にかかわる概念は、人間の尊厳（human dignity）の問題とは不可分である。東アフリカ遊牧社会においては、人間や人格の概念は、家畜と深く結びついていることは、すでに古典的な民族誌においてすら描写されてきた（エヴァンズ＝プリチャード 一九九七）。波佐間（二〇一五）は、近年、彼らのアイデンティティ形成が、家畜と深く関係していることを論じている。それゆえ、人道的危機に見舞われた遊牧民に接する場合は、そのような人間の尊厳のあり方も同様に危機にさらされてきたことに注意を払っておく必要がある。

本書の各章は、人道的危機に直面する以前には、それぞれの避難民は、さまざまな人間の尊厳のあり方のなかに生きており、それはさまざまなネットワークと結びついてきたことを報告している。尊厳の重要性は、湖中による第3章や、マイヤーによる第8章をはじめ、本書の各章で指摘されている。マイヤーが第8章で指摘するように、「尊厳を持って生きる権利は、たんに食糧を持つだけでなく、自分たちの文化的価値を持つことである」。そして、その際には、バントゥ系ソマリ人のように遊牧社会の内部でさらに周縁化された人びとの文化的価値観も考慮する必要がある。また、尊厳は決して過去とのみ結びついているだけではなく、若い世代が、ときには過去を打ち破って、新たな世界へと参加する可能性にも通じている。第6章で、内海は、遊牧民がいかに良好な教育機会を強く求めているのかを、「教育難民化」の事例を通じて描き出している。さらに、尊厳の問題は、人間とモノや環境との関係性の問題にも通じている。第3章で湖中が示したとおり、人道支援におけるさまざまなカテゴリーや枠組みのあり方は、各社会における人間とモノとの関係性という観点からも見直す必要がある。第8章でマイヤーが、第5章でタフェセが報告しているように、遊牧民の生活は植生や動物相を含む地域の自然環境とも密接に関連しており、彼らの尊厳は環境とも関連づけて理解する必要がある。

もちろん、この尊厳のあり方は、湖中が第3章で指摘したとおり、人道的危機に見舞われた人びとが、家畜を持って避難したのか、それとも家畜を放棄せざるをえなかったのか、あるいは、孫が第1章で、湖中が第3章で指摘したとおり、年齢やジェンダーといかにかかわるのか、といった課題ともかかわっており、これらのより細かな点に注意を払う必要があることも同時に明らかになった。

(2) 時間的枠組み――畜群の回復過程と家畜を失った遊牧民

つぎに、時間的な枠組みからなるモデルについて検討してみたい。この問題は、人道的危機における段階（phase）とサイクル（cycle）に関係している。緊急危機管理研究においては、災害マネジメントサイクルは、緊急対応（response）、復旧（recovery）、減災（mitigation）、予防（preparedness）の四つの段階から構成されている（NEHRP, 2009, Haddow et al., 2011）。こうした議論の一方で、東アフリカ遊牧社会の研究においては、深刻な旱魃からの家畜群の回復過程がおもに問題になり、議論されつづけてきた（Dahl & Hjort, 1976, McCabe, 1987, Little & Leslie, 1999）。家畜に生計の基盤を置く遊牧社会は、家畜が順調に出産することによって、畜群が成長していくことを前提としている。しかし、旱魃等の機会に水や牧草が枯渇してしまうと、家畜の健康に深刻な悪影響を及ぼし、畜群が急激に縮小することになる（第1章で孫が指摘しているようにそれとは逆の洪水の被害もある）。畜群が縮小すると、家畜の出産頭数も減少し、その結果、遊牧民の貴重な食料である乳の泌乳量も減少することになる。しかし、出産可能な個体がわずかでも畜群に残っていれば、旱魃等の危機が去って再び水や牧草が利用可能になりさえすれば、家畜の健康状態は回復し、出産や泌乳も再開し、畜群は回復過程に入ることができる。

本書の接合領域接近法によるアプローチの観点からいえば、ここでは、人道支援機関が設定している災害マネジメントサイクルとこうした遊牧民の畜群回復過程の関係性が問題になる。この点に関して、先行研究は、いかにして、ごくわずかな頭数の家畜をしか持たなかった遊牧民が標準的なサイズの家畜群を回復してきたのかという点をおもに問題としてきた。しかしながら、より重要なのは、全家畜を失った遊牧民が最低限の頭数の家畜を入手するまでの過程である。全家畜を失った遊牧民は、農業、養蜂、小売業、賃金労働等の代替となる生計手段（alternative livelihood）を探すかも知れない（Johnson & Anderson, 1988, Fratkin et al., 2012）。

遊牧社会の研究においては、全家畜を失った遊牧民が、最低限の家畜を獲得するまでの過程や、代替となる生計手段を得るまでの過程については、これまで十分に解明されてこなかったため、ある種の「ミッシング・リンク」といえるかも知れない。遊牧民の研究にとっては逆説的な事態ではあるが、人道支援の観点からいえば、家畜群を持たない被災者こそがもっとも脆弱であり、家畜群を有する被災者よりもむしろ重点的な支援対象として考慮されなければならないことになる。つまり、遊牧民の研究者は、家畜を有する被災者のみならず、家畜を有しない被災者に対しても目を向けなければならない。

また、この課題は、人道支援研究と開発研究の中間領域とも関連している。人道支援と開発をどのように接合していくのかという課題は、「人道支援―開発ギャップ（humanitarian-development gap）」とよばれ、現在、関連する学問領域において、大きな注目を集めている（Branczik, 2004, Gabaudan, 2012, Moore, 2010, Kay-Fowlow, 2012, Hinds, 2015）。ガボーダン（Gabaudan, 2012）がいうように、「緊急人道支援と長期的な開発支援の間のギャップを橋渡ししていくことは、人びとが災害を生き延びて、自立し尊厳ある生活を営める道筋に戻ることを手助けするためには、欠くことができない」。私たちが本書において提唱する接合領域接近法を通じて見出そうとしているのも、まさに、この被災者の自立と尊厳に他ならない。

緊急人道支援と開発援助の連動が必要であると認識されるようになった経緯、および、難民支援現場におけるその実状については、村橋が第7章で詳細に報告している。第2章では望月が、それまでの生活基盤を奪われて国外に脱出して難民となった「元遊牧民（ex-pastoralists）」は、難民居住地周辺において、それを代替／復元しうる生業を求めてさまざまな試行錯誤をつづけていることを報告している。第3章では、湖中が、家畜をすべて失った世帯がいかにして生活用品を回復してきたのかについて論じている。第1章で孫が論じているように、現金移転事業は、地域のつけ買い制度とうまく接合することで、家畜を持たない貧困世帯が食糧援助から脱却できるような新たな食糧安全保障のしくみを構築できるかも知れない。クラトゥリが第12章で論じた関係論的な観点からいえば、そもそもこうした回復過程における時間の流れは遊牧民の経験や感覚に基づくものであり、機器によって計測される物理的な時間とは必ずしも一致しない。遊牧民が、家畜の成長を見守る長い時の流れの中で生きてきたことは指摘されてきた（Spencer, 1998）。遊牧民は、何らかの人道的危機に直面した場合、家畜を失い、その時間の流れから切断されて、災害マネジメントサイクルとの調整を余儀なくされることになるが、そこには少なからぬギャップがあると思われる。おそらく難民や国内避難民となった遊牧民は、避難先においても、それまでの経験に基づく時間感覚をしばらくは持ちつづけると考えられる。時間的枠組みからみれば、人道支援枠組みを東アフリカ遊牧社会にローカライズするためには、家畜群の回復という問題のみならず、「家畜群を有しない元遊牧民」をもっとも困難を抱えた人びととして重点的にとらえつつも、家畜群の成長を基盤とした遊牧民の経験や感覚を考慮することが必要である。

また、第10章で村尾は、農耕民が、避難先での経験を通じて得た緊急人道支援の改良早生種トウモロコシを日常の生計に補完的に取り入れてきたことを報告している。この事例は、農耕社会における生業回復過程を、ここでいう時間的枠組みによって示すものである。この事例と比較すると、遊牧社会における畜群の再構築過程は、農耕社会における種子による作物の再構築過程に相当するものといえ、両者の比較による生業の包括的な理解に可能性を拓くものといえる。

(3) 空間的枠組み——遊牧と避難の関係

最後に、空間的枠組みについて検討してみたい。遊牧社会における空間的課題において重要な課題は、「強制立ち退きと遊動の二分法（displacement-nomadism dichotomy）」である。ここではその内容について十分に検討する余裕がないが、「強制立ち退きと強制移住（forced migration）」の研究においては、「スカッダー＝コルソン・モデル（Scudder-Colson model）」（Scudder & Colson, 1982）や「貧困化リスクと再構築モデル（Impoverishment Risks and Reconstruction model）」（Cernea & McDowell, 2000）のようないくつかの再定住の普遍的なモデルが提案されている。接合領域接近法の観点からいえば、こうした普遍的なモデルと、遊牧民の難民や避難民が直面している居住の現実との間の中間領域が問題になるといえるだろう。

過去数十年間にわたり、東アフリカ遊牧社会研究においては、定住化（sedentarization）問題に関する研究が主流を占めてきた。ロスとフラトキン（Roth & Fratkin, 2005: 17-18）が指摘するように、「東アフリカ遊牧民の定住への移行は、経済的、政治的、人口的、環境的な変化の結果として、二〇世紀後期に劇的に増加した」。つまり、定住化問題は、東アフリカ遊牧社会研究における最重要課題の一つでありつづけてきたといってよい。

もし、極めて高い移動性によって特徴づけられるような純粋に遊動的な生活様式を仮定すると、強制立ち退きによる移動は、たいした問題をもたらさないかもしれない。純粋な遊牧民にとっては、強制立ち退きによる移動は、遊牧民が通常行っているような遊動とさほど変わらない事態ということになる。このように「純粋な遊牧民」というものを想定すると、遊動民にとって問題となるのは、遊動の禁止である定住化であり、強制立ち退きはたいした問題ではない、ということになってしまう。

しかしながら、遊牧民にとって強制立ち退きが重大な危機となる機会は増加している。とりわけ、殺傷能力が高い兵器が紛争に用いられるようになってからは、紛争が発生すると、広域にわたって大量の遊牧民が一斉に避難する現象がみられるようになった。また、政府等が、遊牧民の居住地内の一定の区域に野生動物保護区等の施設を設立することによって、その地域に居住していた遊牧民が一方的に立ち退きを要求されることもみられる。こうした新たな事態に対しては、序章で述べたとおり、「変化の後」に注目する接合領域接近法の観点からいえば、定住化が進行してから以降の、遊牧社会におけるさらなる変容を考慮に入れなければならない。遊牧民のうちかなりの人びとが、今日、すでに、純粋な遊動から半―遊動的（semi-nomadic）、あるいは定住的な居住様式に移行しており、遊牧民は、彼らの居住地の周辺で、社会的なネットワークや社会関係資本をすでに張り巡らせている。孫（二〇一二）がケニア北部のレンディーレ社会について報告しているように、遊牧民は、牧草や水に加えて、学校、家畜市場、小売店等を彼らの居住地の重要な構成要素とみなすようになった。

それゆえ、とりわけ、半―遊動的、あるいは定住的な遊牧民にとっては、強制立ち退きは、むしろ、定住化に勝るとも劣らない深刻な問題である。強制立ち退きの結果、遊牧民は、社会的なネットワーク、社会関係資本、教育機会、収入源、市場へのアクセス等のうちかなりの部分を喪失する可能性が高い。もちろん、遊牧民が現在の居住地を選んでいるのは、遊牧民が、水系、植生、岩塩、地質などの点で、家畜の生育にとって好適な条件が揃っていると判断したからであり、強制立ち退きによって、それらの条件が失われることは遊牧にとって大きな打撃といわざるをえない。マイヤーが第8章で指摘するとおり、それは「遊牧民が土地や景観と結んでいる関係に心の傷を残すようなショッキングな変化」でもある。タフェセが第5章で、クラトゥリが第12章で指摘しているように、遊牧という生業は、通常考えられているよりもはるかに繊細な社会的・自然的ネットワークの複雑な絡み合いによって可能になっているのである。強制立ち退きは、そのような繊細なネットワークの絡み合いを一挙に切断してしまう。

つまり、今や彼らの生計に対して多大な打撃を与えるにもかかわらず、遊牧民の強制立ち退きの問題は、不当に無視されてきたのである。ＩＤＭＣが指摘するように、「とくに旱魃や遊牧的生活空間が徐々に浸食されている状況では、自主的な形態の遊動と、強制立ち退きの間の線引きは困難であり不明瞭である」（IDMC, 2014: 16）。遊牧社会の外部の人間の観点からすれば、強制立ち退きは、常に遊動と混同されがちになってしまう。このように、「純粋な遊牧民」という古いステレオタイプ・イメージが、強制立ち退きの問題を覆い隠してしまっているのである。

また、第12章でクラトゥリが指摘しているように、これとは逆の事態も問題となる。遊牧民の遊動が国家等のアクターによって制限されることで、遊動を必要とする遊牧民の生計維持に支障が出ている場合でも、それが強制立ち退きへの解決策として受けとめられてしまうような事態がそれにあたる。先に批判したケースでは無条件に遊動が良いこととされて、強制立ち退きがそれと混同され、クラトゥリが批判したケースでは無条件に定住が良いこととされてそれが強制立ち退きへの解決策とされている。しかしながら、遊動が良いのか、定住が良いのかという問いにそもそも普遍的に正しい回答は存在しない。とりわけ、ここで、注意を促しておきたいのは、遊牧民にとって遊動が良いのか、定住が良いのかという問題が、当事者である遊牧民自身が営む生活の実態とは無関係に決められてしまうことである。遊牧民自身は、そのような一元的なとらえ方をしておらず、湖中が別稿（Konaka, 2017）で指摘したとおり、遊動と定住を連続的なものとしてとらえていると考えられる。このように、空間的枠組みからみれば、人道支援枠組みを東アフリカ遊牧社会にローカライズするためには、遊牧と定住の二分法を前提とするのではなく、両者を連続的にとらえる視角が重要であることが指摘できる。

遊動民（nomads）には、家畜を飼養する遊牧民（nomadic pastoralists）のみならず、採集狩猟民（hunter-gatherers）や漂海民（see nomads）などが存在し、そうした遊動民の多くもそれぞれの国家の中で周縁化されている。本書第11章では、松浦が狩猟採集民を対象とした人道支援について概観しているが、遊動民をより包括的に考えるためには、本研究の成果が、遊牧民以外の遊動民の事例を含めて検討されなければならない。

3　結論――内的シェルター支援モデルに向けて

(1)　内的シェルター支援モデル

本書第12章を寄稿したクラトゥリは、別の論考（Krätli 2013）において、開発研究におけるナラティブ・アプローチ（Roe, 1991, Swift, 1996）を援用しながら、遊牧民と彼らが暮らす乾燥地が、「グローバルな開発物語」のなかで、周縁的な位置に追いやられてきたことを指摘している（Ferguson, 1990 も参照）。「たいていの定義は、遊牧民がどういう人びとであるかという点をみて決められているのではなく、むしろ、遊牧民がどのような人びとでないかという点をみて決められている。たとえば、耕作していないこと、自然資源が稀少であること、経済成長の可能性が欠けていることなどがこれに当たる」（Krätli, 2013: 2）。クラトゥリは、シャレイカとの共著論文では、これを「欠如の物語（narratives of deficit）」とよんでいる（Krätli & Schareika, 2010: 606）。本書が問題にしている人道支援が、グローバルな気候変動や食糧安全保障上の危機と同様、こうした開発におけるグローバルな開発物語のかなりの部分を構成していることは疑いがない。クラトゥリは、また、主流を占めていくような政策の語りは、「政治的に中立な関心（a politically neutral concern）」という特徴を持つことについても示唆している。これは、本書の序章で扱った人道支援と政治的中立性の問題を思い起こさせる。遊牧民に対する開発や人道支援は、それを政治性と意識しないうちに、非遊牧民中心主義的な政治性を持ち込んでしまいがちなのである。

この意味において、本書に収められた民族誌的な調査報告は、グローバルな人道支援の物語の下で、実際の遊牧社会の現場では一体何が起こっていたのかを報告している。それらの論考の多くは、グローバルな人道支援の物語と遊牧社会の現場でみられる実態との間には大きなギャップがあることを示している。たとえば、第1章で孫が食糧援助について、第3章で湖中が生活物資について、第4章で波佐間が医療について述べているように、人道的危機に直面した遊牧民は、彼ら自身による自助努力のしくみを創りあげてきたことが明らかになった。こうした本書の報告から明らかになったことは、人道的危機の被災者に対する「保護」の概念そのものを問い直すことが必要なことである。「保護の物語」は、人道的危機の被災者が、無力で、脆弱で、悲惨であり、依存的であるというステレオタイプ・イメージを前提としている。同時に、こうしたステレオタイプ・イメージは、遊牧社会の外部からの介入を正当化する根拠ともなっている。しかしながら、本書の各章から明らかになった重要な知見の一つは、人道的危機の被災者に対する保護は、外部からの回路にのみ限定されてしまうわけではなく、遊牧共同体の内部、あるいは遊牧共同体と遊牧共同体の間に、「不可視の保護（invisible protection）」の領域が存在するということであった。とりわけ、第1章の孫、第3章の湖中、第4章の波佐間の論考は、こうした遊牧共同体の側の「不可視の保護」の領域を民族誌的に活写している。それゆえ、共同体の外部から持ちこまれる目に見える保護の領域に対して、共同体レベルの見えない保護の領域は、「内的シェルター（inner shelter）」を形成しているといえるだろう。この内的シェルターは、救援食糧のトウモロコシの袋やテントや緊急医薬品のようにはっきりと目に見えるわけではない。ここでいう内的シェルターは、非常に儚く、壊れやすく、柔軟な特徴を持っているが、その一方で危機には強く、その意味でまさにレジリエントである。それは古典的な人類学者が好んで扱いがちな伝統文化や社会構造ではなく、それらが被災後の変化によって生み出した変異体であり、本書がいう接合領域接近法はまさにそこに注目している。この領域は、開発や人道支援にたずさわる実務家からも、民族誌的な現地調査を行う研究者からも見過ごされてきた。

この不可視の保護の領域を可視化するためには、その領域を意識的に注視して発見する必要がある。この意味で、本書第8章でマイヤーが導入した「知識中心型アプローチ（knowledge-centered approach）」は極めて示唆的である。遊牧生活では人びとの手元に残るものは非常に少なく、彼らの生活様式は、知識を口承によって語り継ぐことを通じて保存される。遊牧民の作るモノはいつか消失しうるので、それを必要なときには、いつでも作り直せる知識を保存しておくことが重要になる。こうした目に見えない知識こそが、人道的危機において、人びとの生存を可能にしてきたのである。第5章でタフェセが報告しているエチオピアの民族獣医学的な知識もまた、こうした目に見えない知識を構成しており、彼は、自身の経験に基づいて、その記録保存には繊細な配慮が必要であったことを報告している。

また、この不可視の保護の領域は、たんに市場経済における貨幣価値に還元されてしまうわけではないことも重要である。第9章において、島田と本村は、ソーシャル・キャピタルに焦点を当てた新しい開発アプローチが、従来の金銭的インセンティブに基づくアプローチよりも効果的であったことを報告している。東アフリカ遊牧社会のように社会関係資本が強靱な社会では、こうしたアプローチはとりわけ好適であると思われる。また、同章で指摘されている社会関係資本の「ブリッジング」と同様、不可視の保護の範囲は、特定の遊牧共同体の内部に限定されてしまうわけでなく、遊牧民の複数の共同体間でも形成されうる。エミリー・ローら（Roe et al. 1998: 15-16）は、そのような遊牧民同士の連携（pastoralist-to-pastoralist links）を促進することを提唱している。

ここでいう「内的シェルター」の具体例として、湖中が別稿（湖中 近刊）で報告した遊牧民の国内避難民が持つ「最低限のもののセット（minimum set of commodities）」の事例をごく簡単に要約して紹介しておこう。湖中は、東アフリカ遊牧社会の複数の社会において、国際避難民が避難する際に、ある特定の物品からなる「最小限のもののセット」を持って避難することを発見した。それらの物品は、家畜の乳容器、家畜の皮の敷物、椅子など、貨幣価値に換算すると決して高価とはいえないものばかりである。そこで、湖中は、なぜ、国内避難民の世帯が、生死がかかっているような状況で、あえてそれらの最低限のもののセットを優先的に持ち出して避難したのかを分析した。それらの物品は、彼らの社会では、たんなる物品ではなく、身体の一部としてとらえられており、彼らがそれらの物品を残して避難することができないのは、自らの身体の一部のみを残して避難できないのと同じであることが分析の結果明らかになった。避難民の立場にたってみれば、ここには深い意味がある。すべてを喪失した被災者が、まず自らの身体イメージを取り戻すことから、復興へのきっかけをつかむとしたら、身体と一体化した最小限のもののセットがレジリエンスの起点として果たす役割は決して小さくない。たとえ全家畜が失われても、最低限のもののセットさえあれば、人びとはそれを起点として身体イメージの広がりを回復させ、やがて自尊心を取り戻すことができるかもしれない。その役割は決して人道支援によって配給されるテントや鍋が代替することのできないものなのである。

ただし、ここで私たちは、人道支援による外部からの介入を全面的に否定しているわけではない。私たちは人道的危機に直面した遊牧民が、外部からの介入によって救済されてきたことを目撃してきた。人道的危機によって共同体が危機に瀕している以上、外部からの介入にまったく頼らずに、共同体のみが独力で行う人道支援のモデルを考えることはあまり現実的とはいえない。「力強く逞しい難民」といった彼らを無責任に讃えるような避難民像は、先に指摘した脆弱な避難民像のたんなる裏返しに過ぎない。ここで私たちが提唱するのは、遊牧共同体が創り上げてきた内的シェルターと、外部介入による外からのシェルターを相補的に組み合わせていくことである。接合領域接近法は、こうした方向性を追求するためのアプローチといってよい。

(2) 地域研究による普遍的普遍主義に向けて

最後に、地域研究の立場から、人道支援のあり方についての展望を行うことで、本書を結びたい。ジェームズ・スコットによる著書『国家のようにものをみる(Scott, 1998)』のタイトルを文字って、カトリーら(Catley et al., 2013)は、「開発援助機関のようにものをみる(seen like a development agency)」視座と「遊牧民のようにものをみる(seen like a pastoralist)」視座を対比している。彼らは、遊牧民自身によるイノベーション、創意工夫、情熱が生み出していく開発の多様な経路のあり方に着目しており、それは、本書が提唱する接合領域接近法と方向性を同じくしている。カトリーらのいい方を援用すると、私たちが本書の接合領域接近法によって提唱するのは、「開発援助機関と遊牧民の双方の視座でものをみる」ことである。それによって、現行の人道支援枠組みを、より人道的危機に直面してきた人びとの生活に即したものにローカライズすることが可能になっていくと思われる。この視座は、研究者と開発援助や人道支援の実務家がより緊密に協力していくことによって達成されると思われる。

地域研究者がフィールドワークを通じて発見した接合領域が、地域に根差した開発援助の新たな可能性を切り拓くことについては、すでに先例がある。湖中(二〇〇四)は、ケニア北部の遊牧民サンブルの社会を調査して、彼らの社会に開設された家畜市において、いかにして生業経済と市場経済が接合してきたのかを分析した。その結果、サンブルの人びとは、家畜市において、家畜を売却してたんに物品を購入するのではなく、家畜を売却して得た現金で、未経産メス家畜を購入する取引を行っていることが明らかになった。市場経済の導入後に地域住民自身が新たに創出したこうした取引は、本書でいう接合領域に当たる。湖中が解明したこうした家畜群を増やすための未経産メス家畜取引のしくみは、国際協力機構（JICA）が二〇一二年二月から二〇一五年一〇月にかけて実施した「北部ケニア干ばつレジリエンス向上のための総合開発及び緊急支援計画策定プロジェクト」中におけるパイロット事業において参照された。同パイロット事業では、湖中が発見した家畜群を増やすための家畜取引のしくみをケニア北部のマルサビット県とトゥルカナ県で導入することが試みられた。その結果について、村上らは、以下のように報告している。

「未経産家畜販売プログラムの効果によって小家畜の販売頭数は、七六五頭から一四三五頭と一・八八倍に増加したと算定される。これは短期的な家畜マーケットの活性化手法の一つとして、本アプローチが有効であることを証明するとともに、今後の北部ケニアにおける家畜マーケットのバリューチェーン改善事業にとって、非常に大きな示唆を与える結果であるといえる」（村上・中河 二〇一七：四二）。

上記の先例は、必ずしも人道支援にかかわるものではないが、地域住民自身がグローバルなものとローカルなものを組み合わせながら創り上げてきた接合領域は、開発援助や人道支援にうまく用いられた場合には、新しい可能性を拓きうることを示すものと思われる。

さて、それでは、こうした接合領域接近法によって実現される地域研究からみた新しい人道支援のあり方とは、いかなるものとして展望できるのであろうか。アントニオ・ドニニ（Donini, 2012: 191）は、現在主流となっている人道支援は、たんに「西洋的な普遍主義（Western universalism）」に基づくものに過ぎないと述べている。その普遍主義は、人道主義、人道支援、植民地主義、帝国主義の基礎に根ざしており、西洋以外の社会との、無数の紛争や衝突をもたらしてきた。これに代わるものとして、ドニニは、ある種の「普遍的な普遍主義（universal universalism）」を提唱している。彼は、西洋社会流の人道主義や人道支援を唯一の正しい規範とし、それを非西洋世界に押しつけるような普遍主義ではなく、非西洋社会の多様性を包摂できるようなより広い意味での普遍主義のあり方を提唱しているのである。しかし、もちろん、この普遍主義の枠組みがどのようなものであるかについては、現在までのところ、国際的な同意もなければ、明確な青写真も存在しないことも同時に彼は指摘している。

本書が試みた接合領域接近法による人道支援のローカライゼーションの研究は、まさに、この「普遍的な普遍主義」への具体的なステップとして位置づけられる。この意味において、地域研究の立場からそれぞれの地域に即した人道的支援のローカライズを模索する本書の試みは、各地域の伝統文化に回帰することを主張する偏狭な党派主義とは異なる。逆説的に聞こえるかも知れないが、本書が試みたことは、人道支援という普遍的とされてきたもののローカライゼーションを検討することによって、西洋的な規範を唯一正しい規範とみるような現在の普遍主義のあり方を、非西洋地域も包摂できるような、真の意味で普遍的なものの考え方へと解き放っていくことなのである。そのなかでは、西洋的な規範はもちろんあってよいが、あくまで世界各地に存在する多様な規範の一つとして理解されなければならない。

たとえば、「人権」という概念を考えてみよう。南スーダンの遊牧民ディンカの社会における人権の概念を検討したフランシス・デン（Deng, 1990）は、「ディンカが彼らの全体的な価値体系の一部として、人権の概念のうちいくつかを定義して、それを遵守していることはほとんど疑う余地がない」と述べている。つまり、東アフリカ遊牧社会を含め、そもそも非西洋社会に「人権」と共通する要素を持つ考え方は存在しないとみることは明らかに間違っており、近代的な人権概念と必ずしも完全に同じではないにしても、「人権」に相当する概念は、非西洋社会にも多く広がっている。むしろ、それらが西洋起源の人権概念とさまざまな方法で接続してきたことで今日の世界の人権をめぐる状況が形成されてきたとみるべきである。人権概念をめぐる普遍主義と相対主義の相克を乗り越えようと試みるアリソン・ダンダス・レンテルン（Renteln, 1990: 115）がいうように、「通文化的な普遍性によって人権概念を支えることによって、基準はより受け容れやすくなり、より真剣に受けとめられるようになるだろう」。人道主義についても同じことがいえるだろう。つまり、唯一正しい人道主義の規範が西洋社会にしか存在せず、それを非西洋社会に広めていくことこそが正しいと考えるのではなく、西洋社会と非西洋社会のさまざまな接続によって、多様な規範が生み出される可能性がありうることに目を向け直す必要がある。それを考えることは、多くの非西洋社会にとって、人道主義や人道支援を受け容れやすくする素地を作ることにつながるはずだ。

この歩みを、東アフリカ遊牧社会の研究から開始することには大きな意味があるだろう。なぜなら、序章で述べた通り、彼らの地域こそが、世界の中でもっとも周縁化され、もっとも深刻な人道的危機に直面してきた地域の一つである以上、彼らのことを真っ先に考え、そこから出発することが普遍的な普遍主義に立つ人道主義の出発点として相応しいと考えるからである。地域研究の立場からみた人道支援は、この意味で、地域的多様性に満ちたこの世界において、その多様性をそのまま肯定しうるような新しい普遍主義に向けての一つのステップとなるに違いない。地域研究は、強者の論理の押しつけによってできあがった現在あるような普遍主義を乗り越えて、これまで顧みられなかった地域住民の声に耳を傾けることによって、地域的多様性がぶつかり合うなかで生み出されつつある未来の普遍性へ向けて道を少しずつ拓きつつあるのである。地域研究からみた人道支援を提示した本書の試みは、その歩みの一歩となるだろう。

謝辞
現地調査でお世話になった東アフリカ遊牧民の国内避難民の皆様には、数々の御協力をいただいた。本研究はＪＳＰＳ科研費ＪＰ二五二五七〇〇五、ＪＰ二〇四〇一〇一〇、ＪＰ一六Ｋ一三三〇五、ＪＰ二四六五一二七五、静岡県立大学教員特別研究推進費の助成を受けて行われた。また、本科研プロジェクトのメンバーの先生方には有益な御助言をいただいた。以上の方々の御厚意と御協力に、心より御礼申し上げる。

参考文献

エヴァンズ＝プリチャード、EE　一九九七『ヌアー族――ナイル系一民族の生業形態と政治制度の調査記録』平凡社。

開発と環境に関する世界委員会（大来佐武郎 監修）　一九八七『地球の未来を守るために』福武書店。

湖中真哉　二〇〇四「牧畜民による市場の利用方法――ケニア中北部サンブルの家畜市の事例」田中二郎・佐藤俊・菅原和孝・太田至（編）『遊動民――アフリカの原野に生きる』昭和堂、六五〇―六八五頁。

湖中真哉　近刊「サヴァンナの存在論――東アフリカ遊牧社会における避難の物質文化」床呂郁哉・河合香吏（編）『ものの人類学二』京都大学学術出版会、頁数未定。

孫暁剛　二〇一二『遊牧と定住の人類学――ケニア・レンディーレ社会の持続と変容』昭和堂。

人間の安全保障委員会　二〇〇三『安全保障の今日的課題』朝日新聞社。

波佐間逸博　二〇一五『牧畜世界の共生論理――カリモジョンとドドスの民族誌』京都大学学術出版会。

村上文明・中河卓也　二〇一七「人類学的視点を取り入れた牧畜民コミュニティの家畜マーケット改善」『こうえいフォーラム』二五：三五―四二。

Branczik, A. 2004. Humanitarian aid and development assistance. *Beyond Intractability*. February 2004. Online.（http://www.beyondintractability.org/essay/humanitarian-aid　二〇一五年一〇月一日閲覧）

Catley, A., J. Lind & I. Scoones (eds.) 2013. *Pastoralism and Development in Africa: Dynamic Change at the Margins*. Routledge, London.

Cernea, M. & C. McDowell (eds.) 2000. *Risks and Reconstruction: Experiences of Resettlers and Refugees*. The World Bank, Washington, D.C.

Dahl, G. & A. Hjort 1976. *Having Herds: Pastoral Herd Growth and Household Economy*. Stockholm Studies in Social Anthropology. University of Stockholm, Stockholm.

Deng, F. M. 1990. A Cultural approach to human rights among the Dinka. In (A. A. An-Na'im & F Deng, eds.) *Human Rights in Africa: Cross-Cultural Perspectives*, pp. 261-289. The Brookings Institution, Washindon, D. C.

Donini, A. 2012. Humanitarianism, perceptions, power. In (C. Abu-Sada, ed.) *In the Eyes of Others: How People in Crises Perceive Humanitarian Aid*, pp. 190–199. Médecins Sans Frontières (MSF), Geneva.

Ferguson, J. 1990. *The Anti-Politics Machine: Development, Depoliticization and Bureaucratic Power in Lesotho*. University of Minnesota Press, Minneapolis.

Fratkin, E., M. Nathan & E.A. Roth (eds.) 2012. *Seeking Alternative Livelihoods in Northern Kenya: Costs and Benefits in Health and Nutrition*. Paper Presented at the International Conference on the Future of Pastoralism. March 21–23, 2011. Feinstein International Center of Tufts University.

Gabaudan, M. 2012. From emergency aid to development aid: Agencies are failing to connect. *The Guardian*, January 19, 2012. Online. (https://www.theguardian.com/global-development/poverty-matters/2012/jan/19/humanitarian-aid-development-assistance-connect　二〇一五年一〇月一日閲覧)

Haddow, G., J. Bullock & D.P. Coppola (eds.) 2011. *Introduction to Emergency Management, Fourth Edition*. Butterworth-Heinemann, Amsterdam.

Hinds, R. 2015. Relationship between humanitarian and development aid. *GSDRC Helpdesk Research Report*, February 16, 2015. Online. (http://reliefweb.int/sites/reliefweb.int/files/resources/HDQ1185.pdf　二〇一五年一〇月一日閲覧)

Internal Displacement Monitoring Center (IDMC) (ed.) 2014. *On the Margin: Kenya's Pastoralists. From Displacement to Solutions, a Conceptual Study on the Internal Displacement of Pastoralists*. Internal Displacement Monitoring Center, Genova.

Johnson D. & D. Anderson (eds.) 1988. *The Ecology of Survival: Case Studies from Northeast African History*. Lester Crook Academic Publishing, London.

Kay-Fowlow, M. 2012. Closing the gap between humanitarian and development aid. *CIGI*, February 28, 2012. Online. (https://www.cigionline.org/articles/2012/02/closing-gap-between-humanitarian-and-development-aid　二〇一五年一〇月一日閲覧)

Konaka, S. 2017. Reconsidering the Spatiality of Nomadic Pastoralists in East African Pastoral Society. *Senri Ethnological Studies*, 95: 279-292.

Krätli S. 2013. Global public policy narratives on the drylands and pastoralism. *Briefing Climate Resilient Drylands Development*, April 2013.

Krätli, S. & N. Schareika 2010. Living off uncertainty: The intelligent animal production of dryland pastoralists. *European Journal of Development Research*, 22(5): 605–622.

Little, M.A. & P.W. Leslie (eds.) 1999. *Turkana Herders of the Dry Savanna: Ecology and Biobehavioral Response of Nomads to an Uncertain Environment*. Oxford University Press, Oxford.

McCabe, J.T. 1987. Drought and recovery: Livestock dynamics among the Ngisonyoka Turkana of Kenya. *Human Ecology*, 15(4): 371–389.

Moore, J. 2010. The humanitarian-development gap. *International Review of the Red Cross*, 833: 103–108.

National Earthquake Hazards Reduction Program (NEHRP) 2009. *Introduction to Emergency Management*. Online. (http://training.fema.gov/EMIWeb/EarthQuake/NEH0101220.htm 二〇一五年一〇月一日閲覧)

Renteln, A. D. 1990. *International Human Rights: Universalism Versus Relativism*. Quid Pro Books, Louisiana.

Roe, E. 1991. Development narratives, or making the best of blueprint development. *World Development*, 19(4): 287–300.

Roe, E., L. Huntsinger & K. Labnow 1998. High-reliability pastoralism versus risk-averse pastoralism. *Journal of Environment and Development*, 7(4): 387–421.

Roth, E. A. & E. Fratkin 2005. Introduction: The social, health, and economic consequences of pastoral sedenterization in Marsabit District, Northern Kenya. In (E. Fratkin & E.A. Roth, eds.) *As Pastoralists Settle: Social, Health, and Economic Consequences of Pastoral Sedentarization in Marsabit District, Kenya*, pp. 1–28, Kluwer Academic Publisher, New York.

Scott, J. 1998. *Seeing Like a State: How Certain Schemes to Improve the Human Condition Have Failed*. Yale University Press, New Haven.

Scudder, T. & E. Colson 1982. From welfare to development: A conceptual framework for the analysis of dislocated people. In (A. Hansen & A. Oliver-Smith, eds.) *Involuntary Migration and Resettlement: The Problems and Responses of Dislocated People*, pp. 267– 287, Westview Press, Boulder.

Spencer, P. 1998. *The Pastoral Continuum: The Marginalization of Tradition in East Africa.* Clarendon Press, Oxford.

Swift, J. 1996. Desertification narratives, winners and losers. In (M. Leach & R. Mearns, eds.) *The Lie of the Land: Challenging Received Wisdom on the African Environment*, pp. 73–90. James Currey, London.

あとがき――人道支援における協働に向けて

西欧近代の普遍性とローカルな現実の多様性・個別性

人道支援とは、国籍や性別、階級、文化、宗教などにかかわりなく、あらゆる差異を捨象したうえですべての人間を同じ人類の一員として認め、苦境にある人は支援すべきである、という考え方にもとづいて行われる。すなわち人道支援という行為の背後には、「すべての人の平等」「誰にでも認められるべき基本的人権」「人間中心主義」といったグローバルに承認されているヒューマニズムや人権思想が存在する。こうした価値観は、とくに西欧近代において歴史的・社会的に形成されたものであるため、人類一般に対して無条件に拡張できるような普遍的なものではないが、その重要性には疑念をはさむ余地はない。

その一方で、支援を受ける側の生活世界に目をむけると、そこには特定の文化や宗教、あるいはローカルな価値観をもった多様な人びとが存在する。彼らには「普遍的な人間像」には回収されないさまざまな生の営みがあり、そのなかで人びとが必要としていること――ニーズ――も、じつに多様である。しかしながら一般的に人道支援は、その対象となる人びとがもつ多様性や個別性に対して十分な配慮をすることができない。本書の序章で湖中が指摘しているように、「人間は、ひとりひとりがとてつもなく広い範囲の文化的、個人的背景をもっているにもかかわらず、人道主義的な言説や行動においては、単一化され、標準化され、同一化され、脱人格化され、普遍的な存在として認識され、そのように扱われてしまう」のである。

本書が焦点を当ててきたのは、このような矛盾とどのように向き合えるのか、という難問である。支援を必要としている人びとの間の差異は、価値観や宗教などをふくむ文化的な多様性として存在しているだけではない。ひとつの文化を共有するとみなされる集団のなかでも、個々人の間にはさまざまな差異がある。本書であつかってきた人道支援とは異なるが、私たちの社会で行われている障害者支援や老人介護、終末期医療といったケアの現場を想像してみよう。そこには、性別や年齢、社会的地位、職業、そして「日本文化」などには還元できない個別の人びとがいることは、容易に理解できるだろう。支援が行われる場で他者と関係をもつときに私たちは、一方では「人権、平等、自由」といった普遍的な考え方に依拠して他者を人類の一員として把握する。この姿勢をここでは「人権の倫理」とよぼう。他方で私たちは、その場の文脈や相手の個別性に対応しつつ他者と向き合い、支援することもある。それは相手のニーズを知り、それに対して可能なかぎりていねいに応答する、というやり方になるはずである。このように、相手を個別で独自な他者として認知しつつ支援するというやり方を、ここでは「ケアの倫理」とよぼう。

「人権の倫理」と「ケアの倫理」は理論的には相互に還元不可能であるし、このどちらかを二者択一的に選択する必要はない。そして支援の現場では、この二つの倫理が相互に交錯し、ぶつかり合う事態がおこる。両者を二元論的にとらえるのではなく、どのようにうまく編みあげることによって、いかなる支援の場が想像＝創造できるのだろうか。グローバルに展開する人権の言説とローカルな文化の尊重、さらには個別で独自な個々人の存在までを視野にいれた支援とは、どのようなものだろうか。

本書は、このように広い射程をもった探究の成果である。本書の執筆者たちはこうした問題意識を共有しつつ、個々の調査地で具体的な出来事を見つめながら思索を繰り返してきた。この探究は、まだ道なかばであるが、以下には、私がよく知っている現場の状況を説明して、こうした課題に対するアプローチの一端を考えたい。

カクマ難民キャンプ——ローカルな共生と難民の尊厳

私は、一九七八年からケニア北西部のトゥルカナ地域で現地調査をつづけてきた。[1] この地域の北西部にはカクマという小さな町があるが、ここを中心として難民キャンプがつくられたのは一九九二年のことである。スーダンやエチオピア、ソマリアで発生した内戦をのがれてケニアに流入した多数の難民に生活の場を提供するために、国連難民高等弁務官事務所（ＵＮＨＣＲ）とケニア政府の協力のもとで、カクマとダダーブに難民キャンプが設営されたのである。設立当初は三万人ほどだったカクマ難民キャンプの人口は急速に増加し、二五年を経過した二〇一七年一〇月の時点では、二〇か国から来た約一八万五〇〇〇人の難民がここで生活している。

この場所は降雨の少ない乾燥地域であり、難民キャンプがつくられる以前から、主として牧畜を生業とするトゥルカナの人びとが暮らしていた。ここはケニア国内でも辺境の地であり、植民地時代から現在にいたるまで、ときおり発生した旱魃のときに食糧援助が行われたことはあっても、持続的な開発＝発展プロジェクトはあまり実施されてこなかった。そんな場所に突然に難民キャンプが設立され、大量の難民が地元民トゥルカナの隣人として暮らすようになった。難民支援にかかわる多数の国際ＮＧＯに所属する外国人やケニア各地から雇用された人びともやってきた。大量の資金と支援物資が難民キャンプに投入され、それが周辺地域にも流出するようになった。そしてこの青天の霹靂の出来事は、地元民であるトゥルカナの生活に甚大な影響を与えた。人びとは、言語や文化が異なる他者との共存を模索し、また、急速に変化する経済的・政治的な環境に対して、自分たちの生活をなんとかうまく適合させてゆく試みをつづけてきたのである。

私は、毎年のようにこの地域を訪問して、トゥルカナの人びとと一緒に難民キャンプを歩き、この人道支援の現場でなにがおこっているのかを見てきた。難民キャンプといっても、その全体が柵で囲われているわけではなく、地元民も自由に往来することができる。キャンプのなかでは多くの異なる言語が話されており、人びとがなじんできた文化や慣習も多様であって、宗教もキリスト教やイスラム教、伝統宗教などが混在している。また、キャンプでは多くの教育・医療・社会サービスが提供されている。幼稚園や小学校、中学校、職業訓練所などがつくられており、病院や診療所、図書館、多目的のコミュニティセンター、教会やモスク、警察署もある。そして難民は支援物資の配給だけに依存するのではなく、みずからさまざまな経済活動に従事している。キャンプのなかには、雑貨店や肉屋、八百屋、洋服や布を売る店、家具屋、電器屋、レストランやバー、衛星テレビやビデオを上映する劇場、美容院、製粉所などが立ち並び、コンピュータ学校やコピー屋、そして海外からの送金を仲介するサービスまである。つまりカクマ難民キャンプは高度に都市的な空間なのである。このキャンプの出現が、辺境の地で暮らしてきたトゥルカナの社会に与えた影響は、ほんとうに大きなものだった。

私は、「難民キャンプ」に対する自分の常識的なイメージをくつがえされながら、この場所の調査をつづけてきた。その経験から、以下に二つのことを指摘したい。第一は、難民と地元民が相互の共生を実現するために、自発的・能動的に社会関係を構築してきたことであり、第二は、人道支援を受ける難民の尊厳の問題である。

カクマ難民キャンプがつくられてから、言語や文化などが異なる難民と難民、そして難民と地元民の間には、暴力的な衝突が何度もおこった。対立する二者は、お互いに相手を「乱暴」「礼儀知らず」「きたない」「おかしな習慣をもつ」といったようにネガティブに表象し、衝突は集団レベルで発生した。しかし同時に人びとは、この空間で共存するための方策をみずから構築してきた。そのときには難民も地元民も、お互いを「顔が見える」存在として遇し、社会関係は個々人の間につくられていった。

遊牧民であるトゥルカナは難民キャンプに家畜やそのミルク、難民が調理に使う薪や炭、建材となる木の枝や日干しレンガなどを売りにいき、そこで得たカネで難民に支給された食糧や鍋などの道具、家を覆うためのテントシートなどを購入するようになった。難民が経営する店で雇用されたり、難民と協力して商売を始めるトゥルカナも出現した。こうした活動をとおして、難民と地元民の間に個人的な社会関係が創出されていったのである。結婚したり友人になった人びとは、お互いに相手を自分の家に招待して食事を提供してもてなし、個人間の関係は親族や友人をふくむ広範なネットワークに発展していった。こうして形成された両者の社会関係は、難民と地元民の双方の生活にとって必要不可欠のものとなった。

ここで強調したいことは、こうした社会関係は難民支援を行うＵＮＨＣＲや国際ＮＧＯが主導したものではなく、難民と地元民がみずから能動的に創出したものだという点である。このような社会関係が存在するからこそ、難民の生活が成立しているという事情を、その支援にかかわる人びとはほとんど認識していない。大量の支援物資と資金、人材、情報などをこの地域に投入することになった人道支援は、こうして難民と地元民によって主体的に「ローカライズ」されている。このプロセスを経て、はじめて難民キャンプという空間が維持されているのである。これは、本書の終章で湖中が「内的シェルター」とよぶものにほかならない。人びとはこのように、能動的・自生的・即興的に自分たちの生活世界や社会関係を構築してゆく潜在能力を有している。

つぎに、難民の尊厳の問題について考えたい。本書では湖中が第3章と終章で、また、マイヤーが第8章でこの問題をとりあげている。さきほど述べたようにカクマ難民キャンプでは、難民と地元民によって活発な経済活動が行われている。このキャンプを調査したオカ（Oka, 2014）によれば、キャンプ全体で一か月あたり約四〇〇〇万円の現金が使われており、その五六％は難民の海外に住む親族や友人からの送金、二五％は配給された支援物資の売却によって生み出されているという[2]。こうした活動によって難民は、支援物資としては供給されないさまざまなものを購入している。米や肉、干し魚、砂糖、野菜、スパイス、酒やソフトドリンク、菓子などの食料品だけではなく、衣類やアクセサリー、家具、携帯電話、ラジオ、化粧品など、普通の生活に必要な品物は、ほとんどすべてが難民キャンプのなかで売買されている。

オカ（Oka, 2014）は、難民が行う消費活動を「agentive consumption」（主体的な消費）とよんでいる。支援する側が「本当には必要ではない」とみなすものを、難民はみずから購入し、そのことをとおして生活の活力を得ている。こうした活動はけっして非合理的ではなく、むしろ難民の暮らしにとって必須のものである。キャンプを運営する側は、難民のインフォーマルな経済活動を「ブラック・マーケット」とよぶ。これは、自分たちには管理できない状況を発生させるし、難民の栄養状態を考慮しつつ配給した食糧が売却されてしまうため、どれだけの支援をすべきかも計算できなくなる。そのために、難民の「生存と安全を守ること」に献身している支援者たちは、難民の消費活動をしばしば「些末で」「ぜいたく」なものとみなし、有害であると断ずることさえある。ときには支援者は「恩知らずの難民に裏切られている」といった感情ももつ（Oka, 2014）。

しかし、難民が海外から送金を受けとることを禁止できるわけではないし、そもそも支援にたずさわる側は、こうした難民の自主的な行為を統制・管理するのではなく、むしろ奨励すべきだという議論もある。送金のためには携帯電話やスマートフォンが活用されているが、その普及は現在、難民が外部世界との連帯を強め、生活をよりよいものにするために不可欠になっている（UNHCR, 2016）。このような自生的・能動的な活動をとおして難民は、自分が「正常な生活を送っている」と実感し、自己を主体的で尊厳をもった存在であるとみなすことができるのである。

一般的に人道支援において「人間らしい生活」が語られるときには、十分な食糧配給、適切な医療体制や治安の確保が重視されるし、難民の生存と安全を守ることはもちろん重要である。しかし難民は、単に生物学的な意味で生命を維持しているだけの存在ではない。自分たちの文化や価値観をもち、主体的に生きる存在である。

支援の場での協働に向けて

支援というものが、相手が直面する困難をとりのぞくために助けることであるならば、それは一方的な行為であるように見える。しかしながら実際にある支援が行われるとき、その意味を決めるのは支援する側ではないし、また、支援を受ける人でもない。支援がどのように行われ、被支援者がそれをどのように受けとるのか――その場がどんなものとして現出するのか――によって、支援の意味は変わってくる。たとえば、ある食物が同じ量だけ配給されたとしよう。そのときに支援者が外部から単純に問題を特定し（「食糧が不足している」）、一方的な目的（「供給すべきなのは〇〇カロリー」）を設定して食糧を配給すれば、支援を受ける側は自分の尊厳を無視されたと感じるかもしれない。「人道的」という価値観にもとづいて善意にあふれた支援が行われても、その支援を相手がどのように受けとめ、どのように応じるかによって、支援は、どちら側にとってもネガティブなものになる可能性をもつ。反対に両者の関係次第では、おなじ食糧配給の場で両者が連帯と交歓を創出できることもあるだろう。すなわち、支援は両者の相互関係のなかで生起する出来事であり、支援に対する意味づけは、その関係性をふくめた場の状況に依存している。本書の序章や終章で湖中が「接合領域」という表現をとおして議論したことも、このような関係論的な考え方の重要性であった。こうした視座に立つならば、「人権の倫理」と「ケアの倫理」の二元論を超克する道も明確になるはずである。

また、支援する側とそれを受ける人の相互関係は、あくまでも非対称である。「現地のニーズを理解して、それにもとづく支援をすればよい」という言説はおなじみのものだが、本書のテーマである「人道支援のローカライズ」とは、そのような意味ではない。ニーズとは、あくまでもその帰属先である当事者のものである。外部者が一方的にニーズを特定して、それを必要としているとみなす相手に押しつけることはできない。そもそもニーズとは、そのような単純な実体として存在するのではなく、状況に応じて動的に変化するものである。

このように、支援する側とそれを受ける人の関係が非対称であることは、支援の場を構成する前提条件であるが、しかしそれは、支援する側が自立した能動的な存在であり、受ける側はそれに従属する受動的な存在であるということではない。カクマ難民キャンプの事例でみてきたように難民と地元民は、みずからのエイジェンシーによって相互に「顔の見える関係」をつくりだし、それは双方の生活にとって不可欠のものとなっていた。難民はまた、「仮住まい」のキャンプのなかで活発な経済活動を行い、主体的な消費をしつつ自己を尊厳ある存在として定立していた。難民は「弱くて哀れで、なにもできずに援助を待っている」ような存在ではなく、自分の意思や価値観をもった能動的な行為主体なのである。そのことは、本書の主たる対象である東アフリカ遊牧民をふくめて、すべての人びとにあてはまることはいうまでもない。こうした能動性を深く認識するならば、支援する側とそれを受ける側の関係が非対称なものであっても、両者がお互いの声に呼応しつつ協働するような支援のかたちが想像＝創造できるにちがいない。

注

1　この地域は降水量が少なく農業にはあまり適していない。この地の主たる住民である遊牧民トゥルカナは、ウシとラクダ、ヤギ、ヒツジ、ロバの五種類の家畜を飼養しながら、乾燥地域という生態環境を巧みに利用する牧畜生活をいとなみ、それに呼応する社会や文化をはぐくんできた。

2　オカ（Oka, 2014）によれば、キャンプ全体で一か月あたり三五万五〇〇〇ドルの現金が使われており、それは北米やヨーロッパ、アラビア半島などに住む難民の親族や友人からの送金（二〇万ドル）、支援物資の売却（八万九〇〇〇ドル）そして難民支援組織が支払う給料（六万六〇〇〇ドル）によって得たものだという。この数字は、ケニアの片田舎で運営されている難民キャンプの存在が、じつは世界全体と密接につながっていることを如実に物語っている。私は地元民トゥルカナが難民キャンプでどれだけの家畜を売却しているのかを調査したことがあるが（二〇一一年）、その金額は一か月に換算すると約二七万ドルに達していた。この家畜はと殺・解体されて、難民キャンプのなかの肉屋で売られている。

参考文献

Oka, R. C. 2014. Coping with the refugee wait: The role of consumption, normalcy, and dignity in refugee lives at Kakuma refugee camp, Kenya. *American Anthropologist*, 116 (1): 23-37.

UNHCR. 2016. *Connecting Refugees: How Internet and Mobile Connectivity Can Improve Refugee Well-Being and Transform Humanitarian Action*. UNHCR, Geneva.

太田　至

地域研究ライブラリ 3
地域研究からみた人道支援
――アフリカ遊牧民の現場から問い直す

2018 年 3 月 30 日　初版第 1 刷発行

湖 中 真 哉
編　者　太 田 　 至
孫 　 暁 剛

発行者　杉 田 啓 三

〒 607-8494　京都市山科区日ノ岡堤谷町 3-1
発行所　株式会社　昭和堂
振替口座　01060-5-9347
TEL（075）502-7500 ／ FAX（075）502-7501
ホームページ　http://www.showado-kyoto.jp

印刷　モリモト印刷

ISBN978-4-8122-1711-5

＊乱丁・落丁本はお取り替えいたします。

Printed in Japan

■編者・執筆者紹介（執筆順。＊印編者）

＊湖中真哉（こなか　しんや）

静岡県立大学国際関係学部教授。博士（地域研究）。専門はアフリカ地域研究、人類学。おもな著作に『牧畜二重経済の人類学――ケニア・サンブルの民族誌的研究』世界思想社、2006年、「ポスト・グローバリゼーション期への人類学的射程――東アフリカ牧畜社会における紛争の事例」三尾裕子・床呂郁哉（編）『グローバリゼーションズ――人類学、歴史学、地域研究の現場から』弘文堂、2012年、「アフリカ国内避難民のシティズンシップ――東アフリカ牧畜社会の事例」錦田愛子（編）『移民／難民のシティズンシップ』有信堂、2016年など。

＊孫　暁剛（ソン　ショウガン）

京都大学大学院アジア・アフリカ地域研究研究科特任准教授。博士（地域研究）。専門はアフリカ地域研究、生態人類学。

おもな著作に『遊牧と定住の人類学――ケニア・レンディーレ社会の持続と変容』昭和堂、2012年、「不確実性に生きる人々のリスク・マネジメント――自然災害とともに生きる東アフリカ遊牧社会」速水洋子・西真如・木村周平（編）『人間圏の再構築――熱帯社会の潜在力』京都大学学術出版会、2012年、 Sun, X. 2005. Dynamics of continuity and changes of pastoral subsistence among the Rendille in northern Kenya: With special reference to livestock management and response to socio-economic changes. *Supplementary Issue of African Study Monographs* 31など。

望月良憲（もちづき　よしのり）

静岡県立大学大学院国際関係学研究科附属グローバル・スタディーズ研究センター客員研究員。修士（国際関係）。専門はアフリカ地域研究。

おもな著作に「崩壊国家に順応する人びと――コンゴ民主共和国の民族誌的復元」『国際関係・比較文化研究』12（2）、2014年など。

波佐間逸博（はざま　いつひろ）

長崎大学多文化社会学部准教授。博士（地域研究）。専門は人類学、アフリカ地域研究。おもな著作に『牧畜世界の共生論理――カリモジョンとドドスの民族誌』京都大学学術出版会、2015年、「ウガンダ北東部の牧畜民ドドス社会における生と死をめぐる高齢女性の役割」『アフリカ研究』90、2016年、「東アフリカ牧畜世界における擬人化／擬獣化」木村大治（編）『動物と出会うⅡ　心と社会の生成』ナカニシヤ出版、2015年など。

メスフィン・メテキア・タフェセ（Mesfin Metekia Taffese）

国際NGOアフリカ角地域遊牧環境ネットワーク（PENHA）理事。獣医学学士。専門は民族獣医学、遊牧開発。

おもな著作に Taffese, M. & S. Samson 2009. *Indigenous Veterinary Practices of South Omo Agro-Pastoral Communities*. Addis Ababa: Culture and Art Society of Ethiopia など。

内海成治（うつみ　せいじ）

京都女子大学発達教育学部教授、大阪大学名誉教授。博士（人間科学）。専門は国際教育協力、国際緊急人道支援論、ボランティア論。

おもな著作に『学びの発見――国際教育協力論考』ナカニシヤ出版、2017年、『新版国際協力論を学ぶ人のために』内海成治（編）世界思想社、2016年、『国際緊急人道支援』内海成治ほか（編）ナカニシヤ出版、2008年など。

村橋　勲（むらはし　いさお）

日本学術振興会特別研究員PD（京都大学大学院アジア・アフリカ地域研究研究科）。修士（人間・環境学）。専門はアフリカ地域研究、人類学。

おもな著作に「南スーダン難民の生計活動と対処戦略――ウガンダ、キリヤドンゴ難民居住地の事例」『難民研究ジャーナル』6、2016年、「難民とホスト住民との平和的共存に向けた課題――ウガンダにおける南スーダン難民の移送をめぐるコンフリクトの事例から」『未来共生学』4、2017年、「テレビが作り出すリアリティとフィールドワークの可能性」椎野若菜・福井幸太郎（編）『マスメディアとフィールドワーカー』FENICS　100万人のフィールドワーカーシリーズ　第6巻　古今書院、2017年など。

サダ・マイヤー（Sada Mire）

ライデン大学考古学部助教。博士。専門は考古学、人類学。

おもな著作にMire, S. 2015. Mapping the archaeology of Somaliland: Religion, art, script, time, urbanism, trade and empire. *African Archaeological Review* 32(1), Mire, S. 2015. Wagar, fertility and phallic stelae: Cushitic sky-god belief and the site of Saint Aw-Barkhadle in Somaliland. *African Archaeological Review* 32(1), Mire, S. 2016. 'The child that tiire doesn't give you, God won't give you either.' The role of *Rotheca myricoides* in Somali fertility practices. *Anthropology & Medicine* 23(3)など。

島田　剛（しまだ　ごう）

静岡県立大学国際関係学部准教授、コロンビア大学客員研究員、JICA研究所招聘研究員。博士（学術）。専門は国際経済学、開発経済学、産業開発、ソーシャル・キャピタル、国連研究。

おもな著作にShimada, G. 2017. Inside the black box of Japan's institution for industrial policy: An institutional analysis of development bank, private sector and labour. In Akbar Noman and Joseph Stiglitz, eds. *Efficiency, Finance and Varieties of Industrial Policy*. New York: Columbia University Press, Shimada, G. 2016. The economic implications of comprehensive approach to learning on industrial development (policy and managerial capability learning): A case of Ethiopia. In Akbar Noman and Joseph Stiglitz, eds. *Industrial Policy and Economic Transformation in Africa*. New York: Columbia University Pressなど。

本村美紀（もとむら　みき）

独立行政法人国際協力機構（JICA）農村開発部。専門は開発経済学。

村尾るみこ（むらお　るみこ）

立教大学大学院二十一世紀社会デザイン研究科助教。博士（地域研究）。専門はアフリカ地域研究、生態人類学。

おもな著作に『創造するアフリカ農民――紛争国周辺農村を生き抜く生計戦略』昭和堂、2012年、「限界を生きる焼畑農耕民の近現代史――ザンビア西部のキャッサバ栽培技術を中心に」石川博樹・小松かおり・藤本武（編）『食と農のアフリカ史――現代の基層に迫る』昭和堂、2016年、『衣食住からの発見』佐藤靖明・村尾るみこ（編）古今書院、2014年など。

松浦直毅（まつうら　なおき）

静岡県立大学国際関係学部助教。博士（理学）。専門はアフリカ地域研究、人類学。

おもな著作に『現代の「森の民」――中部アフリカ、バボンゴ・ピグミーの民族誌』昭和堂、2012年、「アフリカ熱帯雨林における文化多様性と参加型保全――ふたつの自然保護区における地域社会の比較から」山越言・目黒紀夫・佐藤哲（編）『自然は誰のものか――住民参加型保全の逆説を乗り越える』京都大学学術出版会、2016年、Matsuura, N. 2016. Dynamics of social changes and relationships with neighbors among African hunter-gatherers: A case of the Babongo in southern Gabon from 2003 to 2012. *Senri Ethnological Studies* 94など。

サヴェリオ・クラトリ（Saverio Krätli）

国際学術誌 Nomadic Peoples 編集主任。博士（開発研究）。専門は開発研究、人類学。

おもな著作にKrätli, S., C. Hülsebusch, S. Brooks and B. Kaufmann. 2013. Pastoralism: A critical asset for food security under global climate change. *Animal Frontiers* 2(5), Krätli, S. 2015. *Valuing Variability: New Perspectives on Climate Resilient Drylands Development*. London: IIED, Krätli, S. 2016. Discontinuity in pastoral development: Time to update the method.*OIE Scientific and Technical Review* 35(2) など。

＊太田　至（おおた　いたる）

京都大学大学院アジア・アフリカ地域研究研究科、アフリカ地域研究資料センター教授。理学博士。専門はアフリカ地域研究、人類学。

おもな著作に『遊動民（ノマッド）――アフリカの原野に生きる』昭和堂、2004年（田中二郎・佐藤俊・菅原和孝と共編著）、 Ohta, I. and Y. Gebre (eds.) 2004. *Displacement Risks in Africa: Refugees, Resettlers and Their Host Population*. Kyoto: Kyoto University Press、『アフリカ潜在力シリーズ』全5巻　京都大学学術出版会、2016年（総編著）、Gebre, Y., I. Ohta, and M. Matsuda (eds.) 2017. *African Virtues in the Pursuit of Conviviality: Exploring Local Solutions in Light of Global Prescriptions*. Bamenda: Langaa RPCIG など。

索　引

あ 行

アーリーマチュア　224
アイデンティフィケーション　93
アフリカン・オリーブ　186
雨乞い　186
アンゴラ紛争　214
遺跡　181
　——ツーリズム　187
移動性　36
癒し　92, 103, 105, 109, 111
インフォーマル　199
インフラストラクチャー　209
インフラの復旧　198
ウィンドル・トラスト　128
雨季　28
ウシ放牧キャンプ　33
栄養不良　40, 43
エージェンシー　176, 179
援助
　——依存　4
　新しい——　44
欧州委員会人道支援・市民保護総局（ECHO）　241
オーナーシップ　122
オーバーエイジ　136
夫方居住婚　80
オラ　202

か 行

開発援助　28
　——プロジェクト　31
開発主義　94
改良早生種　224
科学知　115
カクマⅣ　123
カクマ難民キャンプ　16, 123, 285
家計　192
貸し借り関係　38
家族よび寄せ　142
家畜　53, 56-59, 61, 192
　——種　117
　——乳腺炎　119
　——マーケット　34
　小——　33
　屠殺用——　116
　繁殖用——　116
　非繁殖——　116
学校建設　127
ガバナンス　122, 242
家父長的権力　81
可変性　17, 252, 253, 255, 259
カロベエイキャンプ　136
乾季　28
環境保全政策　237
環境問題　184
関係性　17, 257, 259, 265
関係論的　264, 268
旱魃　27, 35, 40, 46, 66, 200, 254, 256-258, 266, 270
　——後　117
　——対策　30, 116, 189
　——の警戒期　116
　——の発生頻度　29
　——の被害　29
記憶　182
帰還事業　213
気候変動　2, 30, 189, 272
基本的（な）ニーズ　180, 182
キャッサバ　216
キャッシュ・フォー・ワーク（cash for work）

202
牛疫　117
教育協力　123
教育難民化　16, 123, 265
教育ミニマムスタンダード――緊急時の教育のための最低基準　126
教員研修　127
共助　198
共生関係　234, 236
強制立ち退き　175, 180, 260, 261, 268-271
共同　198
協働　198
居住集団リンボ（limbo）　226
緊急医療支援　107, 111
緊急人道支援　92, 109, 110, 213
均衡　252
――的　252
グローバルヘルス　110, 111
軍事的人道主義　7
ケアの倫理　284, 289
景観　180, 188
神聖な――　187
携帯電話　40, 46, 177
現金移転事業　39, 41, 43, 268
現金支給　42
現金収入源　36
健康（の）格差　92, 94, 95
権力闘争　179
考古学　183
高信頼性システム　253
抗生物質　119, 120
構造的に可変的な環境（structurally variable environment）　254
構造的暴力　10, 11
高等教育　130
交配種　119
顧客　37
国際
――NGO　122
――機関　122
――教育協力　143
――協力機構　2, 17, 122, 189, 276
――緊急人道支援　122
国内避難民　3, 52, 66, 68-71
国連人道問題調整事務所（OCHA）　241
国連難民高等弁務官事務所（UNHCR）　52, 122, 241
互恵性　16
互酬関係　178
互酬性　177
互助グループ　45
個人認証システム　42
古代遺跡　185
個体主義　93, 94
個体性　111
国境なき医師団　7
子どもの労働　141
コミュニティ　197
混血乳　33
混合的な生業　184

さ　行

災害マネジメントサイクル　266, 268
採掘事業　237
最小限のもののセット　274
最低（限の）基準　264
再分配　35
在野の治療者　103, 104
在来種　119, 224
在来知　115
雑穀　216
シェルター　128
嗜好する食糧品　42
嗜好性　17, 258, 259
味の――　215
市場　59
自助努力　78, 79, 84, 272
自然災害　28, 29, 189

持続可能　88
——性　178
——な開発　16, 151, 155-157, 159, 161, 168-170, 264
——な開発計画　264
持続不可能性　260
社会関係資本　270, 273, 274（→ソーシャル・キャピタルもみよ）
社会心理的支援　127
社会的つながり　203
ジャパン・プラットフォーム（JPF）　122
周縁化（marginalization）　10, 11, 233, 234, 237, 238, 240, 243, 265, 271, 278
周縁的　272
就学前教育　127
就学率　130
純——（PER）　130
総——（GER）　130
集中豪雨　29
柔軟性　44, 215
住民参加型保全　237
集約的農業　117
受益世帯　43
主体的選択　176
首長制社会　216
主導性　44
ジュネーブ大学　129
ジュバ第一女子初等学校　123
ジュバ大学　123
狩猟採集民　233
商人　37, 38
消費生活　194
職業訓練校　129
植生変化　117
植民地解放闘争　219
植民地主義　276
食糧　55, 60, 61
——（食料）安全保障　2, 30, 44, 241, 272
——援助　27, 30, 35
——価格　39
——確保　30, 34
——確保手段　43
——自給率　34
——の安定供給　39
——農業機関　2, 66, 192
——の再分配　36
——（の）生産・流通・利用ネットワーク　31, 41
——備蓄能力　45
——流通の担い手　39
救援——（relief food）　28, 32, 34, 40, 45
初等教育　127
シリア危機　126
進級率　134
疑似的——　134
人権　6, 9, 277
——思想　283
——の倫理　284, 289
新自由主義　156, 157, 161, 168
神聖な森　186
心臓病　98, 101, 103, 105
人道支援　51, 92, 175, 283
人道支援—開発ギャップ　267
人道主義　5, 6, 276-278
——的逆説　7
——的免責　7
信頼関係　37
森林破壊　196
スクマウィキ　56, 57, 62
ステークホルダー　203
ステレオタイプ・イメージ　4, 12, 18, 79, 81, 86-88, 270, 272
スフィア・プロジェクト　7, 264
スマートカード　42
炭焼き　185
生計戦略　51, 61

政策提言　84, 88
政治介入　179
政治的中立性　272
脆弱　267
　——性　260
　——世帯　31, 35
青少年活動　127
精神障害　101, 103, 105
精神的な傷　186
精神病　98
セーフティネット　39, 86
世界銀行　192
世界食糧計画　2, 66
赤十字　81
　——社　6-8
責任意識　179
世帯用品の悉皆調査　72
接合　12, 67, 68, 120, 275
接合領域（articulation sphere）12-15, 30, 88, 275, 276
　——接近法　12, 13, 66, 87, 88, 176, 266, 269, 273, 275-277
セツルメント型　136
相関的にみた場合の安定性（relative stability）255
相互扶助　35, 36, 78, 79, 85
創造　92, 105
ソーシャル・キャピタル（社会関係資本）17, 197, 273
ゾド（zud）257
ソルガム　56, 57, 60, 62
尊厳　265

た　行

第三国再定住　126, 142
対処戦略　255
多文化医療　15, 92, 99, 109
多民族社会　91, 93
多様性　181, 278
男女格差　131
地域研究　3-5, 18, 275, 275-278
地域社会組織（CBO: Community-Based Organization）163
地域セーフティネット　36, 45
畜産物の流通　45
知識　182
　——中心型アプローチ（knowledge-centered approach）16, 182, 183, 187, 273
　——の保存　183
中等教育　127
中立　272
　——性　6, 7
長期化難民　213
通文化的（クロスカルチュラル）143
ツーリズム　185
つけ買い　36, 43, 45
　——の返済　38
抵抗　92, 105, 107
定住　269, 270, 271
　——化　31, 67, 269
　——化政策　28, 92, 96, 97, 106
　——集落　32, 36
適応戦略　27, 30
天候インデックス保険　200
伝統医　100-102, 112
伝統的な獣医学知識　118
同一視　93
同質化　8
トウモロコシ　214
登録難民　125
トップダウン　178
トリアージ　4
ドン・ボスコ　129

な　行

内戦　239
内的シェルター　18, 263, 273-275, 287

ナラティブ・アプローチ　271
南部アフリカ　213
難民　3, 51, 52, 66, 269
　――開発援助　151, 156, 159, 160, 168
　――化効果（Refugee Effect）　122, 123
　――居住地　51, 52, 53, 55
　――戦士　7
　――を助ける会（AAR）　128
　エチオピア――　125
　ソマリア――　125
　長期化――　213
　登録――　125
　南スーダン――　123
人間の安全保障　264
妊産婦死亡　98, 99
ネットワーク　270
練粥　216
農業　192
　――の再構築　215
農産物類　32
ノン・フード・アイテムズ　15, 65, 67, 76, 85

は　行

配給　228
　――生活物資　65
伐採事業　235
ハロ　205
半構造的インタビュー　71
半一遊動的　270
ピースウィンズ・ジャパン（PWJ）　128
東アフリカ大旱魃　29
東アフリカ遊牧民　27
庇護希望者（asylum-seekers）　125
ヒューマニズム　283
標準化　256
平等主義社会　234
品種改良　119
フィールドワーク　4, 9, 275
複合的な暴力　97, 106
複雑性　252
父系外婚制　80
武装解除　97, 98, 106, 107
部族放牧区　28
復興・開発支援　123
物質文化　15, 65-68, 87
普遍主義　276-278
普遍性　5, 8, 278
普遍的　269
　――（な）普遍主義　18, 263, 276-278
プライマリー・ヘルス・ケア　103, 264
ブリッジング　206, 274
文化　3, 11-14, 273, 277
　――遺産　16, 175, 181
　――帝国主義　14
　――的　265
　――的価値　178, 187
　――的ギャップ　9
　――的景観　176
　――的（な）権利　9, 13, 16, 181
　――的多様性　8-10, 13
　――的知識　188
分散居住　40
文書記録　118
紛争　3, 69, 70, 239
　低強度――　10
米国国際開発庁（USAID）　2, 66, 241
平和　106, 109, 110
　――構築　15, 16
ベーシック・ヒューマン・ニーズ　16, 234, 264
ベネフィシャリー　108
ヘルスケア文化　103-105, 111
放牧キャンプ　32, 36, 41, 44
放牧地の接収　117
暴力に起因する病　97, 98
保健教育　127
保険制度　45

保健ボランティア（コミュニティヘルスワーカー） 100, 103, 104
保護 272
不可視の―― 273
母子保健 101, 103
保全の武装化 238
保全メカニズム 186
ボレナ・ガダ・システム 200
ボンディング 206

ま 行

マイノリティ 16
マニャッタ 99-101, 103
未資格教員 129
南オモ地区 118
ミレニアム開発計画 264
民族（間）関係 242, 244
民族共生 91
民族獣医学 115
民族対立 240
無秩序なシステム（mess systems） 253
無秩序のパラドックス（mess paradox） 253
村組織（PA: Peasant Assosiation） 202
モグ 38
元遊牧民 15, 72, 267, 268
モナ 202
物語り方（narrative） 17, 259
モバイル・クリニック 107, 108

や 行

焼畑農耕社会 215
薬草 120
遊動 261, 269, 271
――生活 244
――民 271
遊牧 59
――活動 183
――文化 182
――民 55
ユニセフ 124
予測不可能性 13

ら 行

ラクダ放牧キャンプ 33
ラスト・マイル 3
流動性 215
ルーテル連盟・ケニア 128
ルワンダ虐殺 239
レジリエンス（resilience） 156, 157, 160, 168, 252, 276
――の起点 274
レジリエント 189, 197, 273
労働力不足 215
ローカライズ 10, 14, 271, 275
ローカライゼーション 5, 12, 13, 18, 175, 181, 251, 256, 259, 260, 263, 264, 277
ローカル NGO 122
ローカルスタッフ 103, 104, 109
ローカルな交通手段 41, 46

わ 行

ワレダ 202

略語・アルファベット

EFA（Education for All） 16, 143
――のパラドックス 143
CBO（→地域社会組織をみよ）
ECHO（→欧州委員会人道支援・市民保護総局をみよ）
GOSS（Government of South Sudan） 123
INEE（Inter-Agency Network for Education Emergencies） 126
IP（Implementation Partner） 128
JPF（→ジャパン・プラットホームをみよ）
JICA（→国際協力機構をみよ）
NGO（非政府組織） 124

ReHoPE（難民とホスト住民のエンパワーメント） 151, 160, 161, 167, 178, 170
Two School in One　132
OCHA（→国連人道問題調整事務所をみよ）
PA（→村組織をみよ）
UNHCR（→国連難民高等弁務官事務所をみよ）
——レセプション・センター　52, 125, 127, 241
USAID（→米国国際開発庁をみよ）

【民族名・集団名】

オロモ　99
——系遊牧民　115
カリモジョン　93, 96, 99, 101, 103, 105, 106
ジエ　105, 107
スワヒリ　121
ソマリ（人） 16, 99, 100
バントゥ系——　181
遊牧民——　175
ディンカ　55, 124, 277
トゥルカナ　99, 100, 104, 105, 111, 285
ドドス　93, 97, 99, 101, 105-109
トポサ　105
ヌエル（ヌアー Nuer） 100, 123
——ランド　141
ピグミー　233, 244, 245
ポコット　100, 103
マサイ　121
レンディーレ　27, 31, 38, 270
ンブンダ　215

【国　名】

アフガニスタン　122
アンゴラ　17, 213
——紛争　214
インドネシア　133
ウガンダ　2, 14-16, 51, 122
——北部　2
エチオピア　2, 15, 17, 115, 199
——飢饉　2, 66
——難民　125
ケニア　2, 14, 276
——初等教育資格 KCPE　129
——中等教育資格 KCSE　129
——北部　2, 270
ザンビア　216
スーダン　261
——人民解放運動（SPLM） 124
ソマリア　2
——難民　125
タンザニア　2
ドイツ　126
東ティモール　122
南スーダン　2, 51, 122, 123, 261, 277
——難民　123

【人　名】

アンダーソン（メアリー・アンダーソン） 6
エヴァンズ＝プリチャード（エドワード・エヴァンズ＝プリチャード） 141
ガラン（ジョン・ガラン・デ・マビオル） 124
キール（サルバ・キール・マヤルディ） 124
スコット（ジェームズ・スコット） 275
セン（アマルィア・セン） 257
トランプ大統領（ドナルド・トランプ） 126
ドニニ（アントニオ・ドニニ） 276
マチャル（リエック・マチャル） 124
マルッキ（リサ・マルッキ） 8
ロー（エミリー・ロー） 253, 274